中国农业产业组织发展演变的制度分析

胡剑锋　著

人民出版社

责任编辑:陈寒节

责任校对:湖　催

图书在版编目(CIP)数据

中国农业产业组织发展演变的制度分析/胡剑锋 著.
—北京:人民出版社,2010.11
ISBN 978 - 7 - 01 - 009359 - 8

Ⅰ.①中⋯　Ⅱ.①胡⋯　Ⅲ.①农业产业化 - 产业组织
- 研究 - 中国　Ⅳ.①F320.1

中国版本图书馆 CIP 数据核字(2010)第 200919 号

中国农业产业组织发展演变的制度分析
ZHONGGUO NONGYE CHANYE ZUZHI FAZHAN YANBIAN DE ZHIDU FENXI

胡剑锋　著

人 ﾑ 出 版 社 出版发行
(100706　北京朝阳门内大街 166 号)

北京龙之冉印务有限公司印刷　新华书店经销

2010 年 11 月第 1 版　2010 年 11 月北京第 1 次印刷
开本:710 毫米×1000 毫米　1/16　印张:17.25
字数:255 千字　印数:0,001 - 2,500 册

ISBN 978 - 7 - 01 - 009359 - 8　　定价:33.00 元

邮购地址:100706　北京朝阳门内大街 166 号
人民东方图书销售中心　电话:(010)65250042　65289539

摘　要

　　农业产业组织的发展问题,是当前中国所面临的一个重要的现实问题。自从实行家庭联产承包制以来,农户成为了农业生产经营的主体。这种制度安排充分调动了广大农民的生产积极性,从而使中国亿万农民的"温饱"问题得到了基本解决。然而,这种制度安排同时也带来了一个负面的效应,使"小生产与大市场"的矛盾日益凸现出来,由此而导致了"卖粮难"、增产不增收等问题。如果不能将这些独立生产、分散经营的农户有效地组织起来,那么已经走出贫困深渊的中国农民就难以走上共同致富的道路,实现全面小康的目标也就只能是一句口号而已。历史正赋予中国农业产业组织一个艰巨而神圣的使命。

　　农业产业组织的发展问题,也是一个具有重大意义的理论问题。20多年来,中国农村出现了一大批农业产业组织,其发展速度之快,组织形式之多,是世界历史舞台上所罕见的。如何来解释这些组织现象? 如何来指导这些组织的发展实践? 现实对理论提出了迫切的要求。如果理论能揭示出这些组织内在的作用机理,如果理论能够归结出这些组织的发展规律,那么我们就能引导其健康地发展,发挥其应有的功能。如果我们能够把当前的实践提炼和提升为具有中国特色的农业经济理论、产业组织理论或者其他新的理论,那么它对世界社会科学也将是一个巨大的贡献。这是一个令人兴奋的研究课题。

　　这些年,我国理论界在农业产业组织的研究方面已取得了很大的进展,一些具有重要理论价值的研究文献正在不断涌现。然而,有两个学术现象值得我们关注和思考:一是学者们多数只侧重于某一类农业产业组织的研究,不少研究者则在极力寻找最佳的农业产业组织形式。这里引发出两个疑问:首先,不同形式的产业组织之间究竟是相互孤立还是互为联系的?如果是孤立的,我们可以分开来考察,但如果是有联系的,那我们就应该进行综合地分析;其次,理论上究竟有没有最理想的产业组织形式呢?如果有,那么现实中为什么会出现这么多的组织形式呢?是否除了最佳组织外,其他产业组织最终都会逐渐消亡?二是多数学者都仅从经济学视角来研究农业产业组织的有关问题,是不是所有的农业产业组织都只有一个效率目标呢?答案显然是否定的。可见,只从经济学一个视角来考察农业产业组织问题或许是不够的。

作者认为,任何一种产业组织的功能都有其局限性,在制度方面每种组织形式必将存在某些缺陷。只有通过不同产业组织之间的相互交叉、相互补充,形成一个系统、完善的组织体系,才能真正有效地解决中国农业生产经营中遇到的有关问题。因此,农业产业组织研究的核心问题应该是不同产业组织之间的协调互动机制,而不仅仅是单一组织形式的研究,或者是最佳组织形式的选择。同时,组织问题是一个复杂的问题,它涉及到社会、经济、文化、法律、心理等诸多方面因素的影响。所以,我们在研究中也要拓宽视野,突破单一经济学视角的分析方法。当然,不同学科的理论都有其自身的假设前提,并具有不同的分析逻辑。这就是说,要把各种不同学科的理论进行完全整合是有难度的,甚至是不可能的。不过,我们可以把不同的理论放到同一个历史事实上进行比较、分析和验证,就可以对哪种理论更适用于解释哪些组织现象作出判断。这就是所谓的比较理论分析方法。

本书引入了新制度经济学和新制度社会学的有关理论和方法,试图从制度的视角对我国农业产业组织产生原因、变迁规律和互动机制等作出理论解释和比较分析。在此基础上,再进一步提出有针对性和可行性的政策建议,并构建一些富有解释力的新理论和新方法。本书由9章组成。

第1章"导论",通过对有关农业产业组织研究文献的回顾和评述,指出理论有待深化和探讨的问题,并交代本书的研究背景和主要观点,以及研究目标、研究内容和研究方法等。

第2章"组织理论的历史回顾:三个视角理论的比较分析",对经济学、社会学和管理学三个视角的组织理论进行了简要地梳理。通过纵向的回顾和横向的比较,目的是为了分析它们之间的不同之处,同时探讨它们之间进行交叉融合的可行性。本章研究的另一个目的,就是为后面相关内容的分析提供一个简明扼要的理论"图谱"。

第3章"中国农业产业组织的产生原因:基于效率机制的四种解释逻辑的比较分析",首先回顾了建国以来我国农业产业组织的发展历程及其现状,目的是以之作为一个历史事实,对效率机制和制度视角的有关组织理论的不同流派进行经验验证。接着,把基于效率机制的四种解释组织产生原因的分析逻辑(规模经济分析逻辑、交易成本分析逻辑、分工经济分析逻辑和信息处理分析逻辑)放在中国农业产业组织发展的现实平台上进行比较和验证,看看它们各自究竟有多大的解释力。虽然分析发现,没有一个分析逻辑能完美地解释我国农业产业组织产生的根本原因,但是从中我们可以进一步地了解到哪些是影响农业产业组织产生的重要因素,并且这些因素又是通过什么机理发生作用的。

第4章"中国农业产业组织演进原因的解释:基于制度环境的四种分析方法的比较",本书引入了制度视角的四个演变理论(新制度经济学的变迁理论,马克思主义经济学的制度变迁理论,以及组织生态学和演化经济学两个演化理论)。通过对前两个理论的比较,以及对中国农业产业组织现实变迁的解释力分析,研究得出:两个制度变迁理论在解释我国农业产业组织演变问题上都有一定的解释力,但各自都存在着一定的局限性。在比较分析的基础上,本书提出,要分析组织的变迁规律,最重要的一点就是要突破经济学的静态分析方法,构建一个动态的分析模型。而在这个方面,两个演化理论为我们提供了许多具有启发性的分析思路和研究方法。

研究组织演变及其相互关系的一个基本前提,就是要对各种形式的农业产业组织作出科学、合理的分类和定位。因此,在第5章的"中国农业产业组织的特性分析:组织分类与组织定位"中,作者比较了经济学和社会学的几种主要分类方法,并分析了目前我国政府对社会组织的分类管理办法,以及我国理论界对农业产业组织的各种分类方法。针对当前理论界普遍将专业合作社和农产品行业协会混为一谈的现象,作者从多个层面比较了两者之间的差别,并着重讨论了农产品行业协会的组织定位问题(包括角色定位、功能定位和目标定位)。

在以上3、4、5三章的研究基础上,第6章"中国农业产业组织协调互动机制研究:一个新的交易成本理论分析框架的构建",将进入农业产业组织制度变迁以及不同产业组织之间相互关系的具体分析。在此,作者采纳了新制度经济学的研究方法,即以交易成本作为研究的分析工具。本章首先对交易成本理论的代表人物威廉姆森的几个主要文献进行了回顾、比较和总结,并指出这一理论中四个假设前提(有限理性、机会主义、小数交易和不确定性)及其分析框架存在着严重的缺陷与不足。在充分借鉴社会学中有关组织理论的有关研究成果,并综合利用前面几章的研究成果的基础上,作者对组织内外部的重要影响因素作出了深入分析,进而提出了一个动态的交易成本理论分析框架。为了检验该理论的解释力和有效性,作者又根据这个理论分析框架,推导出一个农业产业组织协调互动的分析模型,并运用该模型来分析中国农业产业组织发展中的若干现象和现实问题。经验验证表明,这个理论分析框架,至少在农业产业组织的分析上,比威廉姆森的分析框架具有更强的解释力。

基础研究是为了更好地理解组织的本质和运行,而理论最终还是需要回到现实中去,以解决特定的现实问题。组织生态学理论指出,在组织发展初期,合法性是组织能否取得快速发展的一个最重要因素。为此,第7章"中国农业产业组织面临的危机及规制政策研究:一个基于社会学合法性视角的分析",作者从新制度社会学的合法性视角分析了当前我国农业产业组织所面临的制度环境。分析表明,近20年我国农业产业组织之所以能取得如此迅速的发展,主要是因为具有较强的行政合法性和政府合法性。然而,抑制它们进一步发展的障碍则在于缺乏社会合法性和法律合法性。基于此,作者提出应加快农业产业组织的规则冲突救济机制建设和农业产业组织监督体系的构建。

第8章"国外农业产业组织发展模式的比较:经验及启示",作者深入分析和比较了美国、德国和日本这三个典型发达国家的农业产业组织发展模式。该研究不仅为理论研究提供大量的实证经验,同时也为中国农业产业组织的发展带来了若干有益的启示。

第9章"简要结论与研究展望",作者归纳和总结了本研究的主要成果和观点,并提出了相应的政策建议,同时也指出了本研究的不足之处,以及有待进一步深入的研究方向。

在本书撰写初期,由于理论界对"公司+农户"、农业专业合作社的研究成果已经比较多,而有关农业(农产品)行业协会的研究则相对较少,因此作者曾一度专门研究了农业(农产品)行业协会的组织特性、发展战略和具体策略等问题。其中的部分研究成果已融入以上内容,但考虑到行文的紧凑和内容的平衡,本书把两个专题研究成果放在附录当中。附录一根据美国著名社会学家Scott教授在《组织理论》一书中所归纳的组织研究最为关注的三个分析层次,即社会心理层次、结构分析层次和生态层次,对我国农产品行业协会发展状况进行了实证研究。附录二在全面阐述当前加快培育和发展我国农业行业协会的重要性和必要性基础上,充分借鉴美、德、日、韩等发达国家的成功经验,并结合我国国情,从六个方面提出了建立农业行业协会的基本思路和具体方案。

关键词:农业产业组织;制度变迁;交易成本理论;合法性机制;理论解释;比较分析

Abstract

The development of agricultural industry organizations is an important practical issue facing contemporary China. Since the introduction of the household contract responsibility system, farm households have become the actors of agricultural production and operation. Such system fully motivates farmers' enthusiasm of production and ensures the basic food and clothing supply for the majority of farmers in China. However, the system arrangement also brings about a negative effect which exacerbates the conflicts between 'the small production and the big market' and consequently leads to the difficult sale of agricultural products and stagnant incomes despite the increasing yield. If farm households with independent production and separate operation cannot be organized effectively, it will be very difficult for farmers who have just shaken off poverty to get rich. The goal of 'building a well – off society in an all round way' will be just a slogan. History is endowing the agricultural industry organizations with a tough but sacred mission.

The development of agricultural industry organizations in China is also a significant theoretical issue. Over the past two decades, the agricultural industry organizations in China have been developing at a remarkable rate and in vast diversity, which is quite rare in the world. How to explain these organizational phenomena? How to guide the practices of these organizations? The reality has an urgent requirement for the theoretical explanation and guide. If theories can reveal the internal mechanism of the organizational development, or if theories can summarize the rules of the organizational development, the organizations will be led to a healthy development and play their due roles. If we can abstract and upgrade the practices into theories of agricultural economics, industrial organizations or other new theories with Chinese features, it will be a great contribution to the social sciences in the world. It's really an exciting research topic.

In recent years, Chinese academia has made great progresses in the theories of China's agricultural industry organizations. Research literatures with important theoretical values are emerging in large numbers. However, there're two academic phenomena need our attention and reflection. One is that most scholars focus only on the research of a certain type of agricultural industry organizations, trying to find out the best agricultural industry organizations. It brings two questions. First, are different types of industrial organizations independent of each other or mutually related? If independent, they should be studied separately; if mutually related, they should be studied comprehensively. Second, are there the most ideal industrial organization forms? If yes, why there are so many organizational forms in reality? Will all the other industrial organizations other than the most ideal ones gradually die out? The other remarkable phenomenon is that most scholars study the issues on the agricultural industry organizations from the economic perspectives. Is the efficiency the exclusive goal for all the agricultural industry organizations? The answer is definitely 'no'. Therefore, it's may not be enough to study the issues on the agricultural industry organizations from the economic perspective.

The author points out that any industrial organization has some limitations in its functions and some deficiencies in its institution. Through intercrossing and complementing, different types of industrial organizations can form a systematic and complete organizational system, effectively solving various problems in the production and operation of agriculture in China. Therefore, the core of research on the agricultural industry organization issues should be the interactive mechanism within different types of organizations but not the single type of organizations or the most ideal type of organizations. Meanwhile, organization is a complicated issue which involves factors of society, economy, culture, laws, psychology and etc. Therefore, it's necessary to expand our research vision and break through the analysis based on the sole perspective of economics. However, theories of different disciplines have their own assumptions and analytical logics. It's difficult or even impossible to completely integrate the theories of different disciplines. But by being applied to the same historical fact, different theories can be compared, analyzed and testified, to find out which theory is more suitable to explain certain organizational phenomenon. This is so called comparative theoretical analysis.

The book introduces the theories and methodologies of neo - institutional economics and sociology, trying to make theoretical explanations and comparative analysis of the causes, transition rules and interactive mechanisms of the agricultural industry organizations in China. On this basis, the book puts forward the corresponding and feasible policy suggestions, and builds new theories and methods. The book consists of 9 chapters.

Chapter 1 "Introduction" reviews the research literature on the agricultural industry organizations, points out the issues worthy of further discussion and research, introduces the background, main viewpoints, research objectives, contents and methodologies of the book.

In Chapter 2 "Historical review of the organization theories: a comparative analysis of theories from three perspectives", the organization theories from three perspectives, namely, economics, social sciences and management sciences, are reviewed. The vertical review and the horizontal comparison are applied to analyze their differences and the possibilities of their integration. But the more important is to provide a brief theoretic atlas for the subsequent analysis.

In Chapter 3 "The causes of agricultural industry organizations in China: a comparative analysis based on the four explanatory logics of efficiency mechanism", the author reviews the development courses of agricultural industry organizations in China which is used as a historical fact to testify the different schools of organization theories from the perspectives of efficiency mechanism and institutions. Then on the reality platform of the development of China's agricultural industry organizations, the author compares the efficiency mechanism based four explanation logics, namely, analysis logic of scale economy, analysis logic of transaction cost, analysis logic of labor – division economy and analysis logic of information processing, to find out their respective explanation powers. Although no single analysis logic can really explain the causes of agricultural industry organizations in China, the analysis helps understand the important factors for the causes of organizations and the mechanism behind these factors.

In Chapter 4 "An explanation of the evolution causes of China's agricultural industry organizations: a comparison of four analysis methods based on the institutional environments", the author introduces four evolution theories from the institutional perspective, namely, theory of changes in neo – institutional economics, theory of institutional changes in Marxist economics, evolutional theories on the organization ecology and evolutional economics. The comparison of the former two theories and the analysis of their explanations of the reality changes of China's agricultural industry organizations indicate that both theories are able to explain the issues to some extent, although with their own limitations. On the basis of the comparative analysis, the author argues that the most important thing for analyzing the rules of organization changes is to break through the static analysis of economics and build a dynamic analysis model. In this aspect, the two evolutionary theories have provided many inspiring implications for our analytical thoughts and research methodologies.

A basic precondition for the research on the organizational changes and their interrelationships is to scientifically and rationally classify and define various forms of organizations. In Chapter 5 "The characteristic analysis, organizational classification and organizational orientation of China's agricultural industry organizations", the author introduces several major classification methods of economics and social sciences, and analyzes the China's governmental classification and management of social organizations and academia's theoretical classification of agricultural industry organizations in China. Based on the fact that most researchers confuse specialized cooperatives with the trade associations of agricultural products, the author compares the differences between them from various perspectives and focuses on the orientations of the trade associations of agricultural products, including role orientation, function orientation and target orientation.

Based on the research of the previous three chapters, namely, Chapter 3, Chapter 4 and Chapter 5, in Chapter 6 "A study of coordination and interaction mechanism of agricultural industry organizations in China: construction of a new theoretical analysis framework of transaction cost", the author studies the changes of agricultural industry organizations and their interrelationship with the research methodologies of neo – institutional economics, using the transaction cost as the analytical tool for the research. This chapter reviews, compares and analyzes the major literature of Oliver E. Williamson who is a representative of transaction cost theory, and points out the serious deficiencies in its four assumptions (bounded rationality, opportunism, small – number transaction and uncertainty) and analytical framework. With the reference to the research findings on the organization theories in social sciences and on the basis of the research findings of the previous chapters, the author has a deep analysis of the important determinants both inside and outside of the organizations and builds a dynamic theoretical analysis framework of transaction cost. To testify the explanation power and effectiveness of the theory, an analytical model of coordination and interaction of agricultural industry organizations is developed to analyze some phenomena and practical problems in the development of China's agricultural industry organizations. The empirical study shows that the new theoretical analysis framework explains the agricultural industry organizations better than Williamson's analytical framework does.

Fundamental research is for the better understanding of the nature and operation of the organizations. And theories have to go back to the reality to solve practical problems. According to the theories of organizational ecology, legitimacy is one of the most important factors for the rapid development of organizations in their initial stages. Therefore, in Chapter 7 "Research on crisis facing China's agricultural industry organizations and regulations and policies: an analysis from the perspective of sociological legitimacy", the author analyzes the institutional environment facing China's agricultural industry organizations from the perspective of legitimacy in the neo – institutional sociology. The analysis indicates that the rapid development of China's agricultural industry organizations over the past two decades is due to the strong administrative legitimacy and governmental legitimacy. The obstacles to the further development of these organizations are the lack of social and legal legitimacy. Therefore, the author suggests quickening the construction of the relief mechanism for the rules disputes and the supervision system of the agricultural industry organizations.

In Chapter 8 "A comparison of the development models of overseas agricultural industry organizations: experience and implications", the author has a profound analysis and comparison of the development models of agricultural industry organizations in three typical developed countries including the U. S. A. , Germany and Japan. The research provides not only rich empirical experience for the theoretical study but also useful implications for the development of agricultural industry organizations in China.

In Chapter 9 "Brief conclusions and research prospects", the author summarizes the major findings and viewpoints of the research, putting forward corresponding policy suggestions, pointing out the limitations of the research and the fields need further research.

Upon writing the book, there has already been plenty of research on the models of "company plus farmer households" and specialized agricultural cooperatives, but with comparatively little research on the agricultural (produce) industry associations. Therefore, the author specially conducted research on the organizational characteristics, developmental strategies and tactics of the agricultural (produce) industry associations. Some research findings are included in the book. However, given the limited space of the book and balance of contents, the author includes the research findings of two relevant topics in the appendices. In Appendix One, according to the three analytical hierarchies, i. e., social psychological hierarchy, structural analytical hierarchy and ecological hierarchy, summarized by the famous American sociologist W. Richard Scott in his book "Organizations: Rational, Natural, and Open Systems", the author has an empirical research on the development of the produce trade associations in China. And in Appendix Two, on the basis of a thorough discussion on the importance and necessity of quickening the cultivation and development of agricultural industry associations in China and with a reference to the successful experience in the developed countries such as the U. S. A., Germany, Japan and South Korea, the author puts forward some fundamental thoughts and concrete plans for building agricultural industry associations in China from six perspectives.

Key words: Agricultural Industry Organization; Institution Transition; Theory of Transaction Cost; Legitimacy Mechanism; Theoretical Explanation; Comparative Analysis

序

20 世纪 80 年代初期,我国全面推行了农业家庭承包责任制,从而确立了农户是农业生产经营的主体。如果说建国初期的土地改革实现了"耕者有其田",那么家庭承包责任制则实现了"耕者有其权"。从生产效率角度来看,这种制度设计具有十分明显的优越性,它大大地调动了农民的生产积极性,彻底改变了我国农产品供给长期短缺的局面。但从市场经营的视角来看,这种以一家一户为主体的经营活动,在强大而又激烈的市场竞争中就显得过于分散和弱小,以致"小生产与大市场"的矛盾日益凸现。由此表明,农户的农业家庭经营还存在一定的局限性。因此,我国农村要持续稳定地发展,真正实现"耕者有其利",还需要在产业组织和制度方面作出进一步的创新。

20 世纪 90 年代以来,我国农村又发生了第三次制度大变革,这就是各类农业产业组织的相继出现和快速发展。从实践来看,这种制度变革有利于实现农业要素投入的集约化、资源配置的市场化、生产手段的科技化和产业经营的一体化。它是对家庭承包责任制的一种有效补充,更是为农业现代化的发展创造了一个有利的条件。可以说,农业组织化的过程也是一个农业现代化的过程。

回顾我国农业组织制度变革的发展历程,其规模之庞大、影响之深远,是世界历史所罕见的,由此而引发出许多理论性的问题。譬如,这些产业组织为什么会产生(发生学问题),它们是如何发生作用的(机理问题),不同形式农业产业组织之间存在怎样的关系(组织体系问题),这些产业组织制度是如何发展变迁的(演变规律问题),等等。目前,有关中国农业产业组织的研究文献可谓汗牛充栋,在许多方面已作出了重要的贡献。不过,现有成果多数只侧重于某类农业产业组织的研究,而没有把不同形式的农业产业组织放在一个平台上进行比较分析,这就难免会使研究结论产生偏颇。同时,有关研究主要采用了经济学视角的分析,而很少引入其它学科的研究方法,使研究视野也受到一定的局限。如何改变这种研究状况,更加系统和深入地剖析农业产业组织的产生原因、作用机理和演变规律,这就是该书的写作初衷,也是该书的主要贡献。我认为,该书的特色主要体现在以下几个方面:

特点之一,采用了一个比较理论分析方法,将经济学、社会学和管理学等学科中有关组织理论或学术流派纳入一个框架中进行比较分析,并以我国农业组织发展变迁的事实来验证各种理论的解释力。这种方法不仅可以为研究提供一个清晰的理论图谱,同时也可说明现有理论在解释中国问题的局限性。更为重要的是,从中加深了对组织问题的认识和了解。譬如,劳动分工是组织产生的前提,交易成本的高低是组织制度演变的重要原因,而组织规模、组织行为模式、组织的可靠性和责任感,以及制度环境等可能是影响组织内外部交易成本的主要因素。这为本书的理论创新奠定了一个重要的基础。

特点之二,综合考虑了组织的内部协调控制成本和组织外部的交易成本,并且把组织三个层面(微观、中观和宏观)的因素和交易层面的因素联系在一起,创建了一个交易成本理论分析框架。这个理论框架不仅打开了组织这个"黑箱",而且还突破了威廉姆森对交易成本概念的狭义理解,以及其分析维度难以观察的局限性。如果该理论框架能得到更多经验的证实,那么这对交易成本经济学的发展将是意义重大。

特色之三,通过交易成本分析模型,深入揭示了我国农业产业组织的产生原因、演变规律和作用机理,同时对企业一体化、企业边界等问题也作出了一些新的理论解释。这既有相当的理论价值,又有重要的现实意义。

特色之四,从组织特性视角,比较分析了农业专业合作社和农产品行业协会的本质区别，进一步明确了两类组织的目标定位、角色定位和功能定位，理清了我国农业产业组织的分类问题。这有利于消除目前理论界和政府管理部门对有关概念在理解和运用上的混乱现象。特色之五，利用社会学的合法性机制，对当前我国农业产业组织所面临的制度环境作出分析判断，进而从建立组织规则救济机制和组织监督体系两个方面提出了相应的政策建议，这在我国农业经济管理研究文献中并不多见。

需要指出的是，该书中所构建的交易成本理论分析框架，并在此基础上推导出的典型农业产业组织交易成本比较分析模型，是一项探索性和原创性的研究，难免显得有些粗糙，还有待于进一步完善和精练，书中提出的有些观点和理论假设，也需要给出更多的经验验证。但本书的创新意义和价值是毋庸置疑的。

作者曾经是我的一名博士研究生，该书就是在其博士论文基础上修改完成的。他长期兼任行政工作，但对学术研究却一直独有情衷，总有一股"语不惊人势不休"的冲劲，以及"不用扬鞭自奋蹄"的毅力。勤奋好学，敏于思考，刻苦钻研，是他给我留下的最深刻印象。在攻读博士学位期间，他就因独特的观点和巧妙的研究构思，而获得国家自然科学基金和国家社会科学基金的资助，并破格晋升为教授。近几年，他一直在新制度经济学和发展经济学领域苦苦探索，因为他认为这是最有可能率先诞生中国特色经济学的两个学术领域。其孜孜不倦、锲而不舍、勇于创新的学术精神，令我甚为欣慰。我期待他在学术研究的道路上继续攀登，取得更大的建树。

谨此为序。

浙江大学中国农村发展研究院院长 黄祖辉 教授
2010 年 6 月 18 日于浙大卡特楼

目　录

图目录

表 目 录

第 1 章 导 论

任何制度形式的产生都必然与其特定的社会文化历史环境有着密切的关系。即使市场制度在美国和西欧各国的实施也是各有特色,反映了特有文化环境的制约性。可以想象,中国改革这一个巨大的社会变革过程会造就出一些不同于西方市场经济制度的新兴制度形式。从学术研究的角度来看,这可能是中国改革实践对世界社会科学的重大贡献之一。因此,研究这些新兴制度形式是如何产生的、这些制度的性质和作用,以及与其他制度设施的异同,是中国组织与制度变迁研究领域中最令人兴奋的课题。

周雪光(社会学研究,1999)

1.1 研究背景与意义

中国的农民问题是一个古老而永久的话题。当他们从"耕者无其田"的封建体制中被拯救出来以后,却意外地陷入了"一大二公"的低效率体系之中;"家庭承包责任制"的伟大创举,刚刚把他们从集体偷懒的制度中解救出来,却又惊奇地发现仅仅依靠自己"日出而作,日落而息"的传统本色,并不能使自己的生存状况得到根本性改善。

早期,政府和研究人员一直在微观层面和技术手段中寻求解决的答案,但是始终未能触及中国农村问题的实质。后来,人们发现,虽然以家庭为基本生产经营主体的制度有效地调动了农民的积极性,虽然技术进步大大地提高了农业劳动生产率,可是随着从计划经济向市场经济的转型,随着农产品从"卖方"市场到"买方"市场的转变,中国农民却面临着增产不增收、"买难"、"卖难"等一系列问题,以致农民的收入依然难以提高,以致"三农问题"依旧是中国政府和人民在实现全面小康、建设社会主义新农村中所面临的一条深坎。张晓山(2002)曾经借用农民的话讲,这地是越来越难种了,种什么,什么多;而调结构的结果是"你也调,我也调,调来调去卖不掉"。那么,中国农民究竟应何去何从?

中国有句古话:穷则变,变则通,通则久。面对激励的市场竞争,面对国外农产品的长驱直入,农民们开始意识到仅靠自己的"单打独斗"已难以适应瞬息万变的需求市场,更难以抗衡国外组织有序的强大竞争对手,所以他们就开始有了相互帮助、相互合作或相互联合的动机和愿望。当这些动机付诸实施时,他们之间就形成了这样那样新的不同的契约关系,而每一种新的契约关系的出现,又都标志着一类新的农业产业组织的产生。

从农村股份合作制企业,到"公司＋农户"契约型组织的悄然兴起,再从互助型农业合作经济组织;一直到相对松散的联合组织——农产品行业协会的蓬勃发展,可以说是中国农民勇于创新的结果,也是中国农民聪明智慧的具体体现。这印证了老人家的一句话:人民群众是创造历史的英雄。

随着新的农业产业组织的不断涌现和发展,无论是学界人士还是政府要员,都认识到了组织创新在中国农业现代化和农村发展中的重要意义。知名学者石磊曾经指出:"组织创新是我国农村当前与未来较长时期制度改革的主题,它比改革初期所推行的土地承包制要复杂、艰巨得多。组织创新的目的就是要在继续稳定现有地权制度的前提下,调整农村组织结构,改变农户因小规模承包土地而导致的自我封闭的落后状态;改进组织目标,增加农村居民的合法收入;优化组织行为,减少农村经济运行中的不确定性"(马涛,2000)。2002年6月,温家宝总理还专门就农产品行业协会的发展问题作出了重要批示:"农产品行业协会,是行业自律性组织,是政府联系农民和企业的桥梁。办好协会,对于转变政府职能,完善农业社会化服务体系,应对 WTO 挑战,提高我国农产品的竞争力,都具有重要作用。"同时,温总理要求政府有关部门和社会各界对此做出调查研究,提出政策建议和解决对策。

据有关方面统计,目前我国仅专业合作经济组织和农产品行业协会的数量已经超过了 15 万个。那么,为什么在短短的二十年左右时间里,中国的农业产业组织会以如此迅猛的速度发展? 为什么会出现这么多不同形式的农业产业组织? 它们是在什么状况和条件下产生的? 这些组织将长期存在还是只是一个短暂的过渡? 它们之间在结构和功能方面有何差异? 它们之间存在着一种什么样的关系? 或者说,它们究竟是通过什么机理发挥作用的? 它们之间是相互孤立还是互为关联的? 等等等等,这就引出了许多理论上的问题。

如果我们再深入地分析,我们还可以发现在组织的演变和发展过程中存在着许多有趣的现象。譬如,为什么中国东部沿海地区的农业产业组织比其他地方发展得更快一些? 为什么专业合作组织主要出现在产前和产后的环节,而在产中的合作却很少见? 为什么有些农民愿意参加合作经济组织,而有些农民却更愿意成为农产品行业协会的成员? 这些现象都需要理论作出有说服力的解释,因为理论的价值就在于能对现实问题和社会现象作出解释。从一定意义上讲,所有的社会科学都是解释学。

总之,改革开放以来的 30 年,中国农村已发生了翻天覆地的组织变革和制度变迁,这种变革的庞大规模和深刻程度在世界历史舞台上是罕见的。西方理论学家从来没有经历过这种巨大的社会变革,他们不能真正理解中国的农村经济和社会运行的实际情况,当然他们的经典理论未曾关注也无法解释这些问题。所以,他们中就有人提出,"谁能解释中国现象,谁就可以拿诺贝尔奖"。

无疑,现实正为我们理论界提出了一个令人兴奋的研究课题。如果我们的理论能揭示出这些组织的产生原因,剖析它们发展演变的内在机理,归结出农业产业组织的发展规律,那么我们的理论就能更好地指导中国农业产业组织的发展实践,这对破解中国的"三农问题"将是一个重要的贡献,同时这些理论对世界社会科学也将是一个重大的贡献。

1.2 我国农业产业组织研究的理论回顾及其评述

我国农业产业组织的发展,可以追溯到解放前的农会,或者是20世纪50年代的农业合作化运动,但是真正得到理论界的广泛重视还是从20世纪90年代初开始。纵观近20年的理论发展轨迹,我们不难发现,对农业产业组织的研究一直是以现实的农业产业组织创新为主线的。

90年代初,人们把实行股份合作制视为当时农业服务体系建设的新战略(陈绍锋,1994)。90年代中期,"龙头企业+农户"组织形式的出现,又使人们心头一热,把它看作是产业化经营系统的"组织者、营运中心、服务中心、信息中心、技术创新主体和市场开拓者"(牛若峰,1999)。而农业专业合作经济组织的产生,则更被认为是"连接龙头企业和农户的重要层次,是协调龙头企业与农户利益关系的理想中介(徐奎祥,2003)。进入21世纪,尤其在温家宝总理作出重要批示后,农产品行业协会也取得了快速的发展,人们又把它作为"沟通企业与政府的中介者"、"提供多功能服务的勤务兵"、"调研和技术推广的组织者"和"开展对外交流的联络者"(张若健,2003)。

由此可见,每当一类新的组织形式的出现,理论界总是付之以极大的热情和希冀。然而,在农业产业组织走过20多个春秋的今天,现实的问题依然很多,理论研究也没有取得根本性的突破。因此,我们有必要对它的理论发展轨迹作出一个回顾和梳理,以便为它的进一步发展和更深入的理论探讨奠定基础。

1.2.1 研究文献的简要回顾

有关农业产业组织的研究文献,可谓是汗牛充栋。但简单地罗列,显然是毫无意义的。为了便于分析,本书按研究目标和内容将有关文献作出如下归类。

(1)农业产业组织需求论

　　从有关研究文献看,对在以家庭联产承包责任制为标志的中国农村经济体制下,应提高农民的组织化程度,这在理论界早已成为共识。学者们主要是从三个层面论述了农业产业组织发展的必要性。

　　第一,农民生产经营的需要。自 20 世纪 80 年代初我国全面推行"家庭联产承包制"后,农户家庭成为了农业资源配置和社会秩序优化的基本组织单元。这一制度充分调动了农民生产经营的积极性,从而解决了亿万农民的"温饱"问题,但同时也使我国农业生产经营出现了小规模、分散化的特点,从而产生了农户的小生产与大市场的矛盾。于是,农业产业组织的出现有利于解决农户一家一户办不了、办不好或者办了也不经济的问题(唐仁建等,1992)。此外,农户自身力量薄弱,对外交往能力有限,在与流通、金融等部门乃至中外企业打交道时经常处于不利的地位。同时,分散弱小的农户也难以同政府开展对话,不能使自己的要求在政府的各项政策中得以落实。为了维护自身权益,从事同一专业生产的农民联合起来,以协会或专业合作社名义同有关部门、企事业单位乃至政府打交道,其社会经济地位、市场竞争能力和谈判能力将会得到明显提高。(潘劲,1996;张晓山等,2002)

　　第二,市场经济发展的需要。市场主体的数量、规模、构成,决定着市场规模和构成。我国有近 2 亿农户,农业生产的目的是"吃饭",这导致农产品供给的同构性和农户市场行为的趋同,以及农产品市场供给结构单调。随着国民收入水平的逐渐提高,人们越来越要求农产品类型的多样化,所以单调的农产品供给结构就适应不了不断变化的需求结构,由此必然会出现农产品的供求失衡。而农户行为的趋同,又进一步强化了这种失衡和市场波动。反复出现的农产品"卖难"现象,就是农户与市场联系的中介组织稀缺,农户无力预测市场供求的变化方向,导致农业部门内部资源配置不当的结构。因此,"农户合作组织是农业社会化和市场化的有效组织载体"(朱广其,1996)。

　　第三,政府行业管理的需要。早些年,我国正在开展新一轮大规模的政府机构改革,其总体目标就是要实现三个转变:即由原来的直接管理为主转向间接管理为主,由原来的微观管理为主转向宏观管理为主,由原来的部门管理为主转向行业管理为主。对于国家机关让出的那部分职能,显然不能全部交由农民或农业企业自主处理,而是应该由合法的具有较大覆盖面和代表性的农业产业组织尤其是行业组织来接管(许行贯,2002)。

(2)最佳组织选择论或主流组织论

在农业产业组织出现多元化发展态势后,理论界开始考虑一个问题,即在农户与市场、农户与政府之间,应当以何种组织形式为主体呢? 这些年,一些学者一直致力于最佳或主流农业产业组织形式的寻找。

早期,有人主张发展农工商一体化的主导产业集团,也有人主张发展供销合作社系统。徐祥临(1996)则反对这两种观点,他认为前者是大企业,它介入农业领域的目的是为了赚钱,不可能为农户排忧解难;而后者的优势仅在供销方面,但广大农户特别是小规模农户还需要在资金、技术等方面的帮助。因此,他提出应该由社区性合作经济组织充当农业服务体系的行为主体,并主张社区性经济组织的服务边界同行政区划相吻合。

孙天琦(2000)则认为,目前中国农业产业组织演进中组织创新的主要形式应该是"龙头企业、中介组织、专业农协等 + 农户"的准市场、准企业形式,同时他也强调,市场最终选择的组织形式才是最优的。池泽新等(2003)则在孙天琦的研究基础上,运用制度经济学的交易成本理论,比较分析了市场、准市场(准企业)、企业、准政府和政府的制度运行成本,最后得出了与孙天琦类似的结论:我国农业的最佳经济组织形式应是具有准市场(准企业)性质的中介组织。

不少学者也认为,农民合作组织的发展是农业产业化的最佳组织形式,归结起来有四点理由。第一,合作经济组织使农产品加工、储藏、运输专业化、系统化;第二,农业合作经济组织可以把农产品加工、贮运、批发和其他服务环节所取代的农产品附加值返还给农民;第三,农业合作经济组织可以向产前的生产资料、购销等部门延伸,并且向农产品销售、加工等产后部门延伸,向产中环节提供全方位服务;第四,农业合作经济组织是联结市场和农户的重要层次,是协调"龙头"企业与农户利益的理想中介。(上海科教兴农网,美国农业合作组织发展的经验对我国农村合作组织发展的启示)

如果说准市场(准企业)性质的中介组织、农民合作组织等还是一个较大范围的概念,那么张晓山(2002)、杜吟棠(2002)的观点就显得更加具体和明确。他们认为,未来中国农村的主流组织形式将是合作社,"公司+农户"只不过是合作社发展不顺利的情况下产生的一种过渡性组织形式。但温铁军并不同意这种观点,他在2005年的一次记者采访时提出,中国应发展像日本那样的农协。总之,公说公有理婆说婆有理,大家似乎乐此不疲。

黄祖辉和徐旭初(2005)的研究似乎更加审慎一些,他们从实证视角分析了农业产业组织的发展现状和趋势。他们认为,就全国而言,传统合作社和股份制合作社将是中国农民专业合作社的主流形式。而在以浙江省为代表的沿海地区,股份制合作社将是该地区农民专业合作社的主流形式。

(3)农业产业组织发展演变论

学者们普遍认为,随着经济社会的发展和环境因素的变化,农业产业组织也会发生制度变迁。如果说最佳组织选择论更多地采用了规范研究的方法进行判断,那么农业组织发展演变论则主要从实证和动态的视角对农业组织的发展趋势作出分析。

郭红东、徐旭初、邵雪伟和陆宏强(2004)基于当时浙江省的发展情况,提出农业产业组织中的专业协会有向以下几个方向演变的趋势:一是向农产品行业协会发展。随着政府职能的转变,一些条件较好的农民专业协会逐步承担政府原来行使的行业管理职能,有可能发展成为区域性的行业协会。二是向专业合作社转变。三是向股份制企业转化。黄祖辉和徐旭初(2005)进一步提出,中国农民专业合作社将呈现一定程度的联合趋势,农民专业合作社的立法进程和结果将极大地影响中国农民专业合作社的发展走向。这两个研究的一个共同点是,农业产业组织会向规模化方向发展,即农产品行业协会或专业合作社联合会将是一个发展方向。

罗夫永(2006)明确提出,农村合作经济组织演进基础是农民协会,其特征是农民入会时缴纳会费而不是股金,不是经济实体,不以盈利为目的,利益关系比较松散。因此,农业产业组织的演进重点是专业合作社,它代表了我国农业经营体制创新的方向;而演进方向是股份合作,其特征是股份制与合作制的结合。罗夫永的观点可以理解为,利益松散型组织会演进为利益紧密型组织,股份合作制是一个理想的组织制度。

刘劲松(2004)专门考察了农业合作经济组织中的三种不同模式,即生产主体型、流通服务主体型和综合型。他认为,生产主体型的合作经济组织只是一种过渡性的合作经济组织,流通服务主体型的合作经济组织是中国农民所迫切需要的一种农业合作经济组织。也就是说,流通领域的合作比生产环节的合作更加重要。

农业部访美代表团(2001)通过实地考察发现,现在美国的许多农民经济组织表面上还打着合作社的旗号,已有很大部分公司化了,实际上演变成为企业。而原有的服务于农户和企业的各类合作系统也在适应形势的变化,纷纷转变职能,由过去侧重于农业生产、销售的合作转向科技推广和环境治理方面的服务。原来意义的合作系统已有很大的变化,成为类似行业协会的非政府组织。这个现象与上述很多学者提出的"以合作经济组织为发展方向"的观点并不一致,但与黄祖辉等的观点相对比较接近。

此外,一些学者在研究合作经济组织的演变路径和规律时,将合作经济组织分为三类,即农民协会、专业合作社和股份合作制合作社。而郑有贵和龙熹(2003)则按照政策制定和立法调整对象,将合作经济组织分为两类:一是协会型,其特征是入会时缴纳会费而不是股金,不是经济实体;二是合作社型,其特征是入社时缴纳股金,属于经济实体。尽管这些研究的分类方法各不相同,但他们均认为,由于协会是松散型的,它是合作经济发展的起步阶段,随着经济的发展,将会向合作社转型。而合作社必然会面临资本的挑战,一人一票和资本报酬限制原则将制约其吸收资本的能力,所以它又将向股份合作制转变。其结论是,农民专业合作经济组织将以农民协会为基础,以专业合作为重点,以股份合作为方向。至于这些归类或分类方法是否科学合理,作者将在下节提出自己的观点,并在第5章展开讨论。

(4)农业组织异化弱化论

农业产业组织出现"异化现象",是杜吟棠、潘劲(2000)在研究北京市顺义区农民合作经济组织时最先提出的。他们认为,他们所分析的案例中

"没有一个符合传统合作社规范"。苑鹏(2001)的研究也表明,农业产业组织与国家之间没有形成良性的互动关系,参与政府活动的能力也非常有限,同时对政府又有较大的依赖性。同时,它们应有的功能没有得到发挥,甚至还出现了许多"异化现象"。她在文中还引用了法国艾伯特基金专家的话说:"中国的合作社并不是真正的合作社,而农业协会却具有西方合作社的特征"。

应瑞瑶(2002)在考察江苏省75家农民专业协会和47家合作社以及山东莱阳的10家农民合作社时,也得出了类似的结论:这些组织绝大多数并不是真正意义上的合作社,而是"异化"了的合作组织,因为它们在许多方面背离了合作社的基本原则。他认为,造成合作社出现异化现象的原因主要是三个因素:一是制度环境因素,因为我们没有一部合作社法,使合作社的成立和经营活动缺乏法律依据,所以合作社章程的内容更多的是反映牵头单位(或个人)的利益要求;二是意识形态因素,长期以来,在我国的一些政策文件和一些人的观念上一直把传统集体经济等同于合作经济,甚至把合作社定义为"土地和劳动力的联合",这种观念严重束缚了农民合作组织的健康发展;三是产品和要素的相对价格,由于缺乏资金,制约了合作社对农副产品进行必要加工,结果使得农副产品增值幅度较小,农民收入难以快速提高,因此形势逼迫着合作社改变集资方式,以聚集生存与发展所需的资金。

刘纯阳(2003)也提出,我国农村合作经济组织普遍发生变异现象,主要表现在两个方面:一是由于政府行政力量向农村合作经济组织内部扩散,甚至对其进行完全的行政控制,致使合作经济组织偏离了合作社的自愿开放、民主管理、自主独立等基本原则,进而丧失了应有的组织功能;二是农村供销合作社、农村信用合作社和股份合作企业等农村合作经济组织,在内部机制上过于偏重以股份的方式来明晰产权或聚合分散的生产要素,而轻视将劳动者和资本要素有机结合起来,出现了企业化倾向,在制度上更像泛泛的股份制企业。

如果说农村合作经济组织普遍表现出一种组织变异的特征,那么农业行业协会表现出的主要是组织功能弱化的现象。戴星翼(2001)认为,目前体制内产生的行业协会最不成功的方面,在于它不能代表企业的利益。在现行规定中,行业协会的部分功能包括行业自律、维护行业整体利益、参与标准制定、保护平等竞争、行业统计等内容都属于自上而下的管理。如果协会只是在这些方面代表企业利益,那么,科层制的和权力更为强大完整的政府机构显然更称职,行业协会就失去了存在的理由。同样,行业协会承担的职能也不应该由政府承担,因为政府在这些领域是无效的。他认为,行业协会的功能应该包括:提供企业与政府沟通的平台,自下而上地汇集会员企业的意愿,在法律的框架内展开活动,以影响政策和立法过程;承担行业自律管理职能和某些社会职能。

中国社会科学院"农产品行业协会研究"课题组(2005)以上海市蔬菜加工与出口行业协会为个案进行了研究,发现该协会也存在凝聚力不强、缺乏威信、功能薄弱等不足。他们认为导致上海蔬菜协会目前的处境,无疑与政府较强的控制力有关。上海市政府部门在蔬菜产业仍然承担着大量有关蔬菜产业的管理职能,例如产品标准制定和认证,企业的评比和产品的评比,行业规划的制定,行业内重点项目的建设与扶持,技术培训、技术服务等,几乎都由这些政府部门或所属事业单位去做,协会了解甚少,参与甚少。

(5)农业组织发展动力论或对策论

大多数研究者(孙亚范,2003;郭红东等,2004)都认为,单靠农民内部的自发力量来推动农业产业组织的发展,将面临很大的困难,需要借助外部的力量(如企业、供销社等),特别是各级政府的组织引导和政策支持,使农民的自发创造与政府推动相结合。

张晓山(2005)提出,中国农民专业合作社的发展将是一个长期的过程,在起步阶段尤其需要政府的扶持。政府最大的扶持是通过政府的法令法规和政策为农民专业合作组织确立一个法律和制度的框架;政府成立地方各级的农民专业合作社综合领导小组;政府对于合作社的发展问题不要硬性定指标、下任务。

牛若峰(2005)具体提出了支持农民专业合作经济组织发展的十项政

策:建立合作社税收体系,实行低税或免税政策;低息贷款或贴息贷款;奖励和无偿补贴;低价供应生产资料或给予价格补贴;设立财政支持农民合作社发展专项基金;合作社接受的社会捐助款项免交所得税;法律禁止任何个人和组织向农民合作社寻租谋利和进行摊派;有关农业的国家项目优先由农民合作社承担或积极吸纳合作社参与;政府部门和机构向农民合作社免费提供政策、市场信息、贸易拓展等项服务;设立全国合作经济学院,为各类合作社培养管理人才等。

　　通过有关文献分析,我们可以发现一个截然不同的现象,即研究农业合作经济组织的学者普遍强调政府支持对农业组织发展的重要性,而研究农业行业协会的学者却多数指出"政社分离"的必要性。戴星翼(2001)就曾经指出,体制内生成的行业协会普遍缺乏活力。他在某地区了解情况时,官员们遍数区内的近百家农业行业协会,发现只有个体私营协会还有点活力。为此,戴星翼认为,如果希望农业行业协会承担起一个现代工商社会中它应当承担的使命,则必须承认现行的模式是不成功的。如果农业行业协会不是独立的,而是政府的下级或附属,则权力、义务和资源的转移就不可能对称,其结果必然是政府(其实是具体负责的官员)将自己不愿承担的义务推给协会,而特权和资源留下,农业行业协会也必然成为发育不良的低能儿,无法承担起任何实质性的责任。

　　胡剑锋、黄祖辉(2004)也指出,我国现有农业行业协会的大部分行业管理的职能仍然掌握在政府行政部门及其事业单位手里。当前急需解决的问题,就是要结合政府机构改革进程,主动将现有一些由政府承担的行业管理职能逐步转移给相关协会,建立和形成政府与协会之间的协调互动关系。首先,必须肯定在现阶段下,我国政府在推动和指导农业行业协会发展的重要意义。其次,在政府有关部门中设置与农业行业协会专门对接的机构和职能。应从法律的角度明确农业行业协会与政府在相关领域的各自权利和义务。再次,政府主要应以经济和法律的手段以及间接的方式对行业进行管理。此外,政府与农业行业协会之间应形成两个有效机制:一是合作机制,二是谈判机制。

在农产品行业协会治理机制方面,潘劲(2005)从农产品行业协会的组织架构、决策机制、行业治理以及治理的制度性软约束等几个方面,探讨了农产品行业协会的治理机制特征及其存在的问题。他认为,民间化是农产品行业协会发展的必然趋势,各地应创造条件促使农产品行业协会的民间化;在不同的地区和不同的农产品行业协会,政府的退出以及退出方式应视具体情况而定,不应一概而论;农产品行业协会应争取最大限度地获得会员的认可,并最终获得会员的授权。

1.2.2　对现有文献的几点评述

从以上的简要回顾中我们可以看到,我国理论界对农业产业组织的研究,在视野上已不断拓展,在内容上也正在逐步深化。这对深入理解农业产业组织的社会特性、经济功能以及组织发展规律等奠定了较好的理论基础,同时对进一步了解我国农业产业组织的发展现状和未来趋势等具有重要的帮助。

然而,由于中国农业产业组织的发展历史并不长,并且理论研究还远远滞后于农业产业组织的发展实践(张晓山等,2002),因此,相对而言,迄今为止我国对农业产业组织的理论探索尚不充分,还有待于进一步深入。归结起来,现有研究主要存在以下一些问题:

第一,概念多,界定少。当前理论界在农业产业组织的研究过程中,出现了一大堆意义相近、说法不一的名词。比如,在系统概念的层面上,出现了农民组织、社会/市场中介组织、农村/村民自治组织、农村/农业社会化服务组织、农村/农业(专业)合作经济组织、乡村社区合作组织、农村集体经济组织、农村民间组织、农民专业合作组织、农业社团组织等等;在具体的组织形式层面上,也出现了专业合作社、农产品加工合作社、股份合作社、专业(技术)协会、农民协会、农业行业协会、农产品行业协会、公司＋农户等大量的概念。但对于这些概念,却很少看到有人进行过科学和严密的界定,尤其是像龙头企业、农业大户之类的概念,可以说本身就是难以作出界定的。这些名词概念多、界定不够清晰的现象,都将不利于开展延续研究和比较研究。

　　第二,归类多,细分少。在农业产业组织的研究中,我们可以看到多种多样的分类方法,但很少见到有人对一类组织按组织特性进行细化研究。由于研究中采用了一些如上所述的混淆不清的概念,加上很多研究者都有"概念帝国主义"的情节(即尽量扩大自己研究对象的内涵和外延),或者是有些人完全是顾名思义等原因,所以在组织分类中就出现了五花八门的现象。如多数研究者把农民专业协会和农民专业合作社统称为农民专业合作组织或市场中介组织;也有人(苑鹏,2001;应瑞瑶,2002)将农民专业协会视为合作社中的一种特殊组织形式。还有上节提到过的,将合作经济组织分为农民协会、专业合作社和股份合作制合作社等三类,或者把合作经济组织分为协会型和合作社型等两类(郑有贵和龙熹,2003),等等。政府部门的分类也是相当混乱,譬如1994年农业部有关部门在《农民专业协会示范章程(试行修改稿)》中规定,农民专业协会"包括专业合作社、专业技术协会等"。而在我国合作社运动实践中,农业部又把农民专业协会和农民专业合作社统称为农民专业合作组织。这种分类不清或分类混乱的现象,必然会导致分析的偏差和研究结论的错误。譬如,农业专业协会究竟是不是属于合作经济组织? 如果不是,那么我们就不能以之没有遵照传统合作社的原则设置,而得出合作社或合作经济组织已出现异化的结论。再如,合作经济组织究竟是营利组织还是非营利组织? 如果是非营利组织,那么它就不该参与市场竞争,并应纳入非营利组织的管理范畴;如果是营利组织,那么它就不能过多地享受国家和地方政府的优惠政策,否则它会影响市场竞争的公平性。还有,农产品行业协会究竟属不属于合作经济组织? 如果是,那么为什么现实中它不像专业合作社那样在政府的工商行政管理部门登记,而是要在民政部门注册? 如果它不是经济组织,而是社会组织或者是非营利组织,那么为什么理论界只是一致呼吁要给合作经济组织立法并给予优惠政策,反而没有学者提出其实行业协会更需要立法和资助呢? 这些问题都要求理论界对现有的农业产业组织形式进行一个科学的分类和清晰的界定。

第三,选择多,构建少。现实中,不同地区可能存在不同的主流农业组织形式,对这种现象进行分析是有必要的。因为通过这些分析,有利于了解农业组织产生的原因,以及影响农业组织发展的主要因素。但是,以此来推论这个主流形式就是最佳农业产业组织,那就过于简单化了。在地域辽阔、地区差异巨大的中国,是否可以用一种组织来解决农村中所面临的各种复杂的问题,这是值得疑问的。如果理论上存在着一种最佳的组织形式,那么为什么现实中还出现了那么多形式各异的组织结构呢? 作者认为,过早地断定哪类农业产业组织是最佳的组织形式,这无论是对理论还是对实践都绝不是一件好事情,毕竟中国新型农业产业组织的发展历史最多也只有20年左右的时间。理论可以有大胆的设想,但需要小心谨慎地求证,这是学术界的常识。而与此相反,学术界对不同形式的农业产业组织之间是否存在协调、互动关系,如何构建整个农业产业组织体系等问题,却始终没有予以足够的关注和重视。这种学术现象是值得检讨和反思的。

第四,实证多,规范少。目前理论界对实证研究给予了高度的重视,这本无可厚非。因为实证研究不仅可以发现问题,而且也可以检验理论的解释力。但是,在农业产业组织发展初期,尤其在现实中的组织体制、组织制度或运行机制尚不成熟的情况下,如果事先没有作出必要的规范研究,就直接以现实为依据进行分析和总结,就容易引起一些分析上的误差。一方面在没有弄清各种组织本质与特性的基础上,我们就难以准确判断组织发展状况的是与非,由此归纳出来的理论和方法就容易产生偏离;另一方面如果将这些理论和方法再用于指导实践,就会进一步强化农业产业组织的原有缺陷和不足,甚至会引起误导。以农产品行业协会的功能为例,本来它的基本功能应该是代表和维护本行业的根本利益(胡剑锋、文聪,2004)。但在我国的发展初期,因各种现实原因,这一功能既没有得到重视,也没有得到发挥,大多数农产品行业协会都只是局限于提供科技、市场等信息服务,所以有些学者就以此推论"服务功能应该作为农产品行业协会的唯一宗旨,一切工作都要围绕这一宗旨进行"(陈昭玖,2004)。按照这种说法,似乎农产品行业协会的作用与农业专业合作社的功能就几无二致了。

此外,还存在"迎合多,理性少"等现象。当前有些学者在研究中缺乏科学精神和严谨态度。每当一类新的农业产业组织出现,理论界总是能听到一片赞叹之声,却缺乏科学研究必须具有的理性态度。同时,学术界在研究分析中,对一些概念的使用也缺乏谨慎的态度。譬如,农业产业化的概念,它是政府为了加强农业发展所提出的一个口号性概念。但是,这个概念的内涵和外延都无法作出界定,因此它是不能作为一个学术概念来运用的。此外,在借鉴国际经验时,有些学者也没有深入分析有关国家农业产业组织产生和发展中所处的政治、经济、文化、社会等背景,没有认真比较分析不同国家同类组织在制度安排上的区别,而是依样画葫芦地照搬照抄。作者认为,我国农产品行业协会普遍出现与专业合作社的同化现象,就与过多地模仿日本农协的做法有关。其实,日本农协不同于西方国家的农产品行业协会(如美国)或农民协会(如德国),它是介于农业行业协会和农业专业合作社之间,或者说兼有两者特点的另外一种制度安排。(胡剑锋、黄祖辉,2004)

1.3　主要观点与研究内容

通过对我国现有文献的回顾分析,本节将提出作者对农业产业组织研究的认识和观点,并根据这些观点确定本书的研究目标与主要内容。

1.3.1　本书的主要观点

根据作者在过去十年对我国农业产业组织发展现象的观察,以及对国外发达国家农业产业组织发展模式和演变规律的比较研究,本书提出以下几个主要观点。

首先,组织分类是组织研究的关键,而组织特性则是组织分类的根本依据。根据研究的需要,我们可以对组织作出不同的分类方法,但是不管采取什么分类方法,都必须以组织的特性为依据,而不能进行随意的归类和划分。因为对于某种具体的组织形式来说,它的组织特性(包括组织目标、组织结构、组织技术和组织参与者的特征等)应该是相对稳定的。有些组织即使使用了相同或类似的名称,但由于它们的规范结构、行为结构或者成员结构等不同,其组织性质和功能也会有很大的差别。例如消费合作社和供销合作社,都是采用合作机制或遵循合作社原则组建和运行,但它们的组织目标有很大的差异。前者完全是一个非营利组织,而后者则基本可归入营利性组织范畴。因此,明确界定各类组织的特性是农业产业组织研究的一个重要环节。

其次,中国农业产业组织的研究重点,应该从组织个体的研究转向组织体系或者是组织之间协调互动机制的研究上来。中国的农业问题不能仅仅依赖某一类农业产业组织,因为任何一类农业产业组织的功能都有其局限性,在制度方面每类组织必将存在某些缺陷。与此相类似,每类农业产业组织只能侧重于服务某一类群体,而不是所有的农业组织都要面对千家万户,即组织之间应该具有层次性。或者说,各类农业产业组织的服务对象应有侧重点。只有通过不同农业产业组织在功能上相互交叉、相互补充,才能有效地解决我国农业生产经营中遇到的各种问题。因此,我们不应把研究目光仅仅放在最佳组织的选择上,而是要更加关注这些农业产业组织之间的内在关系,研究这些组织之间的协调互动机制,以及整个农业产业组织体系的构建问题。

再次,对农业产业组织的研究,仅仅运用经济学的理论和方法是不够的。农业产业组织问题并非单单是一个经济学问题或者效率问题,而是一个非常复杂的综合性问题。它的复杂性不仅体现在组织类型的巨大差异性,而且也体现在其研究层面和研究视角的多样性上。从组织目标来看,它们有的是营利的,有的是非营利的;从组织结构来看,它们既有紧密的,也有松散的,还有半紧密半松散的;从组织性质来看,它们可能是市场组织,也可能是社会组织,还可能是政治组织。对于如此之多的组织形态和组织目标,经济学的研究范式显然难以作出全面的解释。如果要分析组织内部成员的行为或态度,就需要掌握一些社会心理学的知识;如果要分析组织的结构和功能,经济学、管理学和社会学的知识都是必要的;而要考察具体组织与环境之间的关系,有时可能还要借助公共管理学、规制经济学甚至生物学的研究思想和方法。因此,无论是理论依据还是研究方法,农业产业组织的研究已越来越需要从经济学以外的学科中汲取更多新的营养和能量。

还有,理论界应更加重视农业产业组织的规范研究。作者认为,有关文献将专业协会作为合作社的一种特殊组织形式,或者认为农产品行业协会只是农业专业合作社发展的起点,以及现实中大量出现的农民协会与专业合作社的同化现象,都与理论界缺乏规范研究密切相关。所以,在开展实证研究之前,作出一些必要的规范研究或者比较研究是不可或缺的。

1.3.2　研究目标与内容

按照以上的观点,本书将以揭示农业产业组织之间的协调互动机制,以及如何促进中国农业产业组织的又好又快发展为主要目标。要实现这一研究目标,那么至少必须先明确三个问题:一是影响农业产业组织发展的内部因素和外部条件主要有哪些? 二是农业产业组织应如何作出合理、科学地分类? 三是什么要素决定着农业产业组织的演变或互动关系? 为此,本书将按以下内容展开分析。

(1)中国农业产业组织的产生原因分析。本书先对我国农业产业组织的发展历程作出一个简要回顾,然后对经济学的四种解释组织起源的理论进行经验验证和比较分析。其目的并非要找到我国农业产业组织产生的真正根源,而是希望通过分析比较发现影响这些组织发展的一些重要的内在因素。

(2)中国农业产业组织的演进分析。通过对新制度经济学的制度变迁理论和马克思主义经济学的制度变迁理论的实证分析和比较,目的是为了说明现有的制度理论在解释中国农业产业组织变迁问题的局限性,同时探索制度环境对这些组织发展的影响机理。而两个演化理论的比较分析的目的,主要是为了探究从静态分析转向动态分析的研究思路与分析方法。

(3)中国农业产业组织的分类与定位研究。本书主要是针对目前我国理论界在农业产业组织分类中存在的问题而展开的。在研究中,将着重比较农业专业合作社和农产品行业协会的组织特性,并重点从角色、功能和目标三个方面深入地讨论农产品行业协会的定位问题。

(4)中国农业产业组织之间的协调互动机制研究。本书以交易成本作为分析单位,通过对威廉姆森组织理论贡献及其不足的讨论,提出一个新的交易成本理论分析框架,并根据这一分析框架建立一个农业产业组织协调互动的分析模型,进而对有关农业产业组织的发展现象作出理论性解释。

(5)中国农业产业组织的激励与规制政策研究。根据组织生态学的理论观点,合法性是组织产生与发展初期的一个重要因素。为此,本书专门从新制度社会学的合法性视角讨论了我国农业产业组织发展的两个问题:一是如何营造一个良好的制度环境,以促进我国农业产业组织的又好又快发展;二是如何加强政府的有效规制,以免我国农业产业组织出现一些负面行为和不良影响。

(6)国外三种农业产业组织发展模式的比较研究。本书选择了美国、德国和日本三个典型国家的农业产业组织发展模式进行比较,从中找出一些对中国有借鉴和启发意义的经验和做法,同时也可利用这些国家的实践来进一步来验证本书提出的有关理论和观点。

1.4 主要研究方法:一种比较理论分析方法

正如以上所述,农业产业组织研究应该是一门跨学科、跨领域的工作,涉及到经济学、社会学、管理学、政治学、心理学、人类学等诸多学科和领域。实践表明,组织为理论学家提供了一个共同的研究领域,但不同的研究者可以从不同的视角、不同的层面和不同的方法进行研究。

美国斯坦福大学组织研究中心创始人斯格特(Scott,1998)曾经提出,组织研究可以采取三个不同的理论视角,即理性的(rational)视角、自然的(natural)视角和开放的(open)视角。不同的视角对组织有不同的定义,理性视角把组织视为寻求特定目标的、高度形式化的集合体;自然视角把组织视为一致或冲突而产生的、但始终寻求生存的社会体系;而开放视角把组织视为在环境的巨大影响下,有着不同利益关系的参与者的联合。

著名社会学家周雪光(2003)认为,不同的组织现象可以运用经济学中的交易成本学派、社会学中的制度学派和社会网络理论等三个不同的理论解释逻辑,以及相应的效率机制、合法性机制和社会网络机制。从因果关系的机制来说,经济学强调的是个人追求效率的动机和行为;制度学派却认为个人的主观能动性是有限的;而社会网络理论则认为,一个人或组织所处的网络结构限制和塑造了其行为。从分析的着眼点来看,一般来说,效率机制的着眼点是个人或组织的利益关系如何导致各种做法,它强调各种各样的关系都是利益关系;而制度学派通常讲的是整个制度对组织的影响,强调制度环境、文化观念、行为规范对组织的制约;社会关系网络研究则着重强调网络结构和人们在这个结构中的地位。从研究层次来讲,效率机制侧重于个人层次,网络机制侧重于中间层次,而制度学派侧重于宏观层次。

斯格特和周雪光的观点都说明了一个道理,即对同一个问题可以从不同的视角来研究。然而,目前学科之间的分工已越来越细,并且各个学科的研究视角和分析逻辑也是千差万别,因此要将这些学科进行整合显然是很困难的,甚至是不可能的。正如《社会学手册》的作者斯梅尔瑟所写的,"现在看来似乎没有证据表明需要在理论综合上搭建一个整体构架,没有理由相信这样的努力即将成功。我们目前在专业化和多样化的道路上已经走得太远。"可见,严格的学科划分已经使组织的研究显示出很大的局限性和约束性,也难以全面理解和解释当前我国农业产业组织发展中的若干问题和现象。

不过,在阅读了青木昌彦和奥野正宽编著的《经济体制的比较制度分析》(1999,中文版)后给我一个启发,在不同学科之间构建一个交流平台并非完全不可能,采用一种"比较理论分析"(Comparative Institutional Analysis)方法可以在一定程度上解决学科分立的局限性。青木昌彦和奥野正宽运用这种方法研究了经济体制的多样性问题,而本书则将之应用到组织多样性的分析领域。

所谓比较理论分析方法就是选择组织研究领域中一些重要的理论逻辑

进行重点介绍、分析,并且特别注重这些理论逻辑之间相互关系的对比。通过这种有意识的"比较分析",不仅可以加深我们对这些理论逻辑脉搏的了解和把握,而且还可以推动新的理论和研究方向的产生。(周雪光,2003)

　　本书这样做的目的,就是想打破传统固有的学术边界,搭建一个让各种理论能进行对话的平台,或者是为各种理论之间的沟通建立一座桥梁。Turner(1990)曾经说过,"任何专业内超越一般观点通常都是从其他学科或专业的相关思想中得来,而不是来自本专业内部的狭窄研究。将自己孤立起来的专业,很容易由于缺少外部新思想的交流而奄奄一息。"

1.5　研究技术路线

　　根据上述目标、内容和方法,本研究拟采用的技术路线可由以下框图表示。

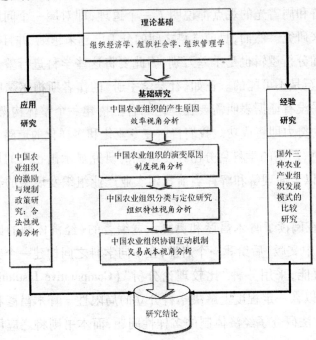

图1.1　本研究的技术路线图

1.6　本书特色与创新之处

本书的特色与创新之处,主要体现在以下几个方面。

1.6.1　研究特色

本书具有三大鲜明的特色:一是多学科交融,二是比较分析,三理论解释。

组织问题和组织现象是极其有趣的,也是相当复杂的。单一视角的观察研究往往会陷入"瞎子摸象"的局限性,难以了解组织的概貌。正如威廉姆森(Williamson,1990)所言,"(组织科学)这门新的科学,如果它确实形成了,那么它将跨越学科的界限。它将主要由经济学和组织理论组成,前者提供一种经济导向,后者提供行为和组织内容,而法律(特别是合同和财产法)将为之提供支持。"因此,本书把经济学、社会学、管理学、法学等多种学科的有关理论和学派观点引入,这对全面、深入地理解组织问题和现象是大有裨益的。

然而,本书作为一个理论研究专著,而不是教科书,仅仅罗列一些不同学科、不同学派的分析视角和研究结果显然是不够的。我们需要进行比较、分析和综合,从中归结出一些有价值和启发意义的思想和观点。因此,引入比较分析方法就顺理成章了。在理论比较方面,本书作出了三个层面的比较:第一个层面,是对不同学科之间的研究视角、研究目标、研究对象和研究内容等进行综合比较,譬如本研究的第 2 章比较分析了经济学、社会学和管理学三个学科在组织问题研究上的区别和联系;还有是跨学科的不同理论之间的比较,例如第 5 章比较了经济学和社会学的不同分类方法。第二个层面,是对同一个学科领域中的不同理论之间作出分析比较,如第 3、4 两章分别比较了基于效率机制的四种不同解释逻辑,以及基于制度主义下的四个变迁理论。第三个层面,是对同一个学派中不同学者的研究成果进行比较,或者是对同一个学者在不同时期的研究文献作出比较,如在第 6 章中比较了威廉姆森在不同时期所取得的研究成果。

除了理论比较外,本书在其他方面的分析中也大量采用了比较分析的方法。譬如,第 5 章的农业专业合作社与农产品行业协会的组织特性比较,第 6 章的不同农业组织模式的交易成本比较,以及第 8 章的对美国、德国和日本三种典型农业组织发展模式的比较等等。

当然,理论研究应该是为现实服务的,也就是说,理论对现实必须要有解释力。本书的理论解释主要是制度视角的,比如在解释中国农业产业组织的产生原因和演变规律时,采用的是交易成本的分析方法,这属于新制度经济学的理论范畴,而在解释中国农业产业组织的发展环境时,运用了合法性的分析逻辑,这属于新制度社会学的学科领域。

1.6.2　创新之处

从目前已取得的国内外有关成果看,本书有以下三方面的创新之处。

(1)理论创新。本书将交易成本理解为一个广义的概念,即交易成本不仅仅是使用市场机制的成本,也应包括使用组织机制的成本,同时把组织的微观层面、中观层面、宏观层面以及交易层面的关键影响因素联系在一起,构建了一个新的交易成本理论框架,并在此基础上推导出一个比较不同农业产业组织模式的交易成本分析模型。它的理论价值,不仅体现在对威廉姆森组织理论四个假设前提之不足的修正,而且还突破了威廉姆森交易成本理论只能进行静态分析的局限性。通过初步验证,这个理论分析框架不仅对国内外农业产业组织的产生原因、演变规律和路径依赖具有较好的解释力,而且对企业一体化、企业边界等的解释也具有较强的说服力。可见,这个理论创新对新制度经济学的交易成本理论和农业产业组织理论的发展将具有重要意义。

(2)方法创新。本书采用了一个比较理论分析方法,将经济学、社会学和管理学等有关组织理论或理论学派纳入一些框架中进行比较、分析和验证,这在我国学术界未见先例;通过创建交易成本分析模型,来揭示中国农业产业组织的发展演变规律及其协调互动机制,这在我国农业经济管理研究领域尚属首次;而利用社会学的合法性机制,对当前我国农业产业组织所面临的制度环境作出判断,进而提出政府应采取的激励和规制政策,这在我国现有研究文献中也极为少见。

(3)成果新创。除了以上所述的理论创新和方法创新外,本书还取得一系列的创新性研究成果。例如,研究表明:任何组织形式的产生,都是在内部交易成本和外部交易成本综合权衡之后的结果。通常情况下,内部交易成本较低的组织,对环境的适应性反而较差,其外部交易成本的增速较快;反之,外部交易成本的增速就会较为缓慢。说明理论上并不存在一个最佳的组织模式,在不同的环境条件下,需要有不同的组织模式与之相对应,这是农业产业组织多元化的原因所在。又如,在农业领域大量出现合作机制,是因为这种互倚的组织方式不仅有利于充分发挥农户在生产环节上所具有的明显的成本优势,同时又可弥补它在经营方面的交易缺陷。现实中出现各种不同的合作方式,一方面取决于组织内部的分配机制,另一方面受到组织内部成员结构的影响。还如,在组织发展初期,能否取得合法性是发展的关键,如果取得了合法性,组织发展就会很快,反之,组织发展就会步履维艰。当组织发展到一定数量和规模后,就必须适时引入竞争机制,通过市场的优胜劣汰,迫使一些组织自行开展合并、重组,甚至关闭,进而逐步增强各类农业产业组织的生存能力和竞争能力。而在组织之间建立一个完善的分工协调的组织体系,则有利于充分发挥各类农业产业组织的功能和绩效。此外,与其他组织一样,农业产业组织也可能会出现权力滥用或误用、联合欺诈或共谋等负面行为,因此在采取必要鼓励和扶持政策的同时,政府还要加强监督体系和规则救济机制的建设,等等。这些研究结论和政策建议,对理论研究和现实工作都具有重要的指导意义。

第 2 章 组织理论的历史回顾：三个视角理论的比较分析

我们经济学界应该从跨学科的视角思考制度问题，这需要学科之间的交融，所以应该呼吁经济学界跟其他学界相互沟通和交流，包括与法学界、社会学界、论理学界、人类学界等的学者们一起讨论制度问题，包括宪政改革和法治建设问题。这对理解未来中国的社会走向，是非常重要的。

韦森（制度经济学三人谈，2005）

现代社会是一个组织化的社会，各类组织的出现及多元化的发展，恰恰说明了组织的重要性。一个人从出生、成长、工作、生活，一直到死亡，几乎都离不开相关组织，如医院、学校、企业、商场、银行、火葬场等等。组织如此之普遍，让许多人感到疑惑，甚至有些震惊。因此，"现代管理学之父"彼得·德鲁克（Peter Drucker）曾经指出："现在的年轻人必须了解组织，就如他们的祖先必须学习耕作一样"。

组织研究最早可以追溯到 18 世纪亚当·斯密对劳动分工的研究，但"直到 20 世纪四十年代后期，组织研究才真正作为一个独立研究领域而存在"（斯格特，2002 中译本）。在过去的半个多世纪里，参与这一问题研究的既有政治学家和社会学家，如米歇尔、莫顿、斯格特、齐美尔等，也有经济学家和管理学家，如韦伯、西蒙、威廉姆森、科尔曼，甚至还有人类学家和心理学家，如汉南、费里曼等。所以，组织研究已成为一门跨越经济学、社会学、心理学、政治学、人类学等诸多学科的研究工作。

正是由于这些原因，使组织理论呈现出丰富多彩，各个流派精彩纷纭，在诸多学科中都有所表达。如产业组织理论、组织经济学、组织行为学、规制经济、交易费用经济学、法与经济学、公共选择理论、政府与企业、比较经济制度（体制）、转型理论等等（周立群，1998）。

根据"导论"中的研究设想，本书需要搭建一个比较理论的分析框架。那么，它的一个前提工作就是要对组织理论进行分类。然而，在着手这项工作时作者才发现，这是多么困难的工作。正如邱泽奇在《组织理论》（2002 中译本）"校者的话"中所说的，组织研究是一个庞杂的领域，如果有人期望建立一门"组织学"的话，恐怕很难在这些学科之间达成共识。这需要承担"开宗立派"的危险。

不过，还是有人在这方面大胆地作出了尝试，那是美国斯坦福大学的斯格特教授，但他选择的是一种缓和的折中方法。在《组织理论》一书中，他将各门各派的成果进行综合，并把有关理论划分为三种研究视角：即理性系统视角、自然系统视角和开放系统视角。这种分类方法的好处，就是"为初涉组织研究者跨入门槛，或对组织研究已经有所了解的人，深入下去提供一本深浅皆宜的文本。"（理查德·斯格特，2002 中译本）

当然，斯格特的分类方法也受到了不少质疑，最关键的是他的理性系统与自然系统的界限不清。关于这一点，斯格特本人也虚心地予以接受。他在《组织理论》第四版的前言中写道："在分类中所强调的理性系统与自然系统间的区别，只是对组织研究中的假设和方法进行区分的主要分界线，但这种界限即使没有消失，也已开始变得逐渐模糊了。"

本书不想采用斯格特的理论分类方法，而是选择按学科分类的方法对组织理论进行简要的梳理和比较。这种考虑的理由，主要是基于我国现有高等教育和科学研究的实际情况考虑。我国的高校几乎都是按学科专业的模式进行人才培养的，大多数研究人员所接受的专业训练都比较狭窄，不同学科之间的交流较少。所以，按学科构建一个比较理论分析框架，不仅有利于对同一学科的不同理论进行比较分析，同时也有利于为不同学科的对话搭建一个平台。

不过,要将汗毛充栋的组织理论按学科进行逐一归类,是一件烦琐而困难的事。首先,目前国内外理论界对学科的分类标准问题仍然争论不休,尚未形成一个统一的共识。譬如,什么是社会学? 社会学研究的基本问题是什么? 经济学和管理学的本质区别是什么? 对于这些问题,理论界至今仍然存在若干不同的观点。其次,现有的组织社会学和组织经济学等文献都或多或少地存在"帝国主义"的倾向,即各个学科都会尽可能多地把有关理论纳入自己的学科范畴,以致使本书的分类缺乏参考依据。如国内的《组织社会学》多数都将古典管理理论列入其理论体系,有的甚至将交易成本经济学也囊括其中。杜玛和斯赖德(2006)合著的《组织经济学》已经注意并尽量避免这一问题,但本书作者还是不很赞成他们将《战略理论》也纳入"组织经济学家属"中的核心成员。此外,与斯格特的问题类似,随着理论的发展,学科之间的交融,目前有些理论已越来越难以界定其学科的归属了。

基于以上这些问题,为了便于操作,本书作出了如下处理:第一,本章在介绍和分析有关理论时并非面面俱到,而是根据研究需要有重点地进行选择;第二,提出一个简单的分类方法,即基于效率标准、研究经济问题的理论,都归入组织经济学的学科范畴;以个别组织为研究对象、关心组织面临的独特问题的有关理论,都归入组织管理学的学科范畴;而研究社会组织现象或社会组织行动的过程及结果的有关理论均归入组织社会学的学科范畴。当然,这种分类方法并非完全科学、合理,如《组织行为学》无论对经济学还是社会学研究都产生了巨大的影响,但本书作者更愿意把它列入管理学视角的学科范畴。

为了对组织理论的发展脉络有一个更加清晰的了解和把握,更重要的是为本书的研究构建一个比较理论分析框架,本章从经济学、社会学和管理学三条主线,对组织理论的发展演变作出一个简明扼要的梳理,尤其是注重每个理论的产生背景、分析逻辑、学术地位和贡献,以及不同理论之间相互交融的可能性。

2.1　经济学视角组织理论的发展演变

经济学是怎样解释组织问题的呢？纵观经济学的发展历程,我们不难发现,许多古典经济学家如亚当·斯密曾经十分注重经济组织问题的研究,但在 20 世纪初微观经济学定型之时,经济学理论的焦点却悄无声息地从经济组织问题转移到资源配置问题。直到 20 世纪七十年代新制度经济学的兴起,尤其是八十年代中期交易成本学派的出现,才重新唤起了经济学家对组织问题的关注。本节简要梳理这一发展历程,并着重分析代理理论、交易成本理论(transaction cost theory)的基本思想和理论框架,以及信息经济学和博弈论对组织研究的贡献。

2.1.1　新古典经济学对组织问题研究的偏离及原因

组织这一形式在古代文明中就已出现,如古代中国、古希腊和古印度。但我们所熟知的经济组织直到 19 世纪,即工业革命引发下的经济扩张时期,才在欧洲和美国初露端倪。企业组织在数量和应用范围方面的飞速增长,以及在结构上的不断变化,开始引起了经济学家的关注与思考。

亚当·斯密(Smith)通常被认为是现代经济学之父。他通过对别针生产的案例观察发现,一个没有恰当工具的非熟练工人,"即使付出最辛勤的劳动,也几乎难以一天生产出一根别针",但是如果将这一工作恰当地分成许多部分,就会得到截然不同的结果。由此,他认为,劳动创造财富的主要原因就在于劳动分工,因为劳动分工能够提高劳动生产率,而劳动生产率的提高也就意味着财富的增长。斯密所指的劳动分工就是指把原来复杂的任务按其组成成分加以分割,并分别完成各个分割部分,这在现代社会中已是一个普遍的现象。

那么,为什么劳动分工能促进生产效率的提高,进而能增加国民财富呢？斯密在其传世之作《国民财富的性质和原因的研究》(简称《国富论》,1776 年)中作出了这样的解释:"有了分工,同样数量的劳动者就能完成比过去多得多的工作量,其原因有三:第一,劳动者的技巧因不断重复而逐渐改善;第二,由一种工作转到另一种工作,通常需要损失不少时间,有了分工就可以免除这种损失;第三,许多简化劳动和缩减劳动的机械的发明,使一个人能够做许多人的工作。"虽然斯密只是强调了分工的重要性,而没有从分工研究进一步去考察组织经济问题,但是他所提出的分工概念却是理解经济组织的一个关键。因为分工与市场之间存在着历史互动关系,而且这种历史互动与经济活动的组织又是密切相关的。因此,如果沿着他的这一条逻辑思路推演下去,就会涉及到企业组织的有关问题。

然而,自从大卫·李嘉图(David Ricard,1817)提出比较优势的概念后,使得经济学家的注意力开始偏离了经济组织问题,而转向资源的配置问题。因为按照斯密基于专业化报酬递增的分工经济概念,分工产生个人生产率的事后差异,也就说个人生产率与个人之间的组织程度及相互依存度概念相关联,这就是一个组织经济问题;而按照李嘉图的比较优势概念,个人生产率的事前差异产生了分工,这就与资源配置问题相联系,因为它以外部给定的个人之间的技术和禀赋差异为基础。

随后,马歇尔(Alfred Marshall,1920)在新古典微观经济学的框架中对古典经济学进行形式化,提出了纯消费者和纯生产者的两分法,以及对需求和供给的狭义解释和强调,这就使生产率问题与经济组织没有任何联系了。尤其是他用规模经济概念替代了专业化经济概念,使与资源配置有关的数量和价格之间的相互影响成为了经济学的焦点,而把组织(企业)完全看作是一个"黑箱"了。因为规模经济概念与个人专业化水平或企业内部专业化水平毫不相关。譬如,一个企业的规模可能很大,但其专业化水平可能很低。

新古典微观经济学,可以说是研究个体选择的理论。它的基本思想是,在消费者和生产者相互作用的市场过程中,双方的行为通过价格加以协调。人们只要在理性的原则下追求自己私利的最大化,市场运行就可以达到帕雷托效率,即实现资源最优化配置。这一理论的分析框架由四个层次构成,底层是技术、偏好和禀赋等,第二层是个人决策,第三层是个人行为,顶层是福利分析（杨小凯、黄有光，1999）。并且，这个分析框架是建立在一组特定的假设之上的，这包括充分的、对称的信息和人们行为的理性选择等等。

新古典微观经济学用一种精深的价值理论来代替劳动价值理论；用消费函数来描述消费者的行为，用供给函数来描述厂商的市场行为，而价格产生在供和求之间的均衡点；此外，还运用数学中导数概念建立了边际学说，等等。这些在经济学史上都可以说是伟大的创举，它使分析模型更为简单并易于处理。

然而，新古典微观经济学的卓著成就，是以放弃古典经济学的思想精髓为代价的。在它的有关分析中，我们看不到有个性的人，也看不到有个性的组织。高度抽象化以后的厂商组织或消费者，成为了一个只关注个人利益就可以完成市场或生产活动的行为者。因此，可以说，新古典经济学的市场关系是一种典型的"非社会性"的关系，即完全排除了社会性关系（周雪光，2003）。

宏观经济学是凯恩斯（Keynes）为处理新古典微观经济学所不能处理的问题而开创的，这个事实本身显示了新古典微观经济学的致命缺陷（只是关注个体的选择问题，而无法分析整个经济的发展问题）。但是，凯恩斯及其追随者的努力却未能切中要害，不仅没有使经济学研究从资源配置问题转回到经济组织问题，而且由于他在分析框架中大量增加变量，而使经济组织问题以及有关经济结构问题变得比在古典微观经济学中更加模糊（杨小凯、黄有光，1999）。

由此可见，在新古典经济学中，无论是微观经济学还是宏观经济学，都漠视了经济组织的有关问题。对于这一学术现象，交易成本学家们如科斯（1991）、威廉姆森（Williamson，1975）曾作出一些能令人信服的批评，他们指出了这样的事实：企业内部的所有有趣的问题，都被只考虑产品数量与价格之间相互关系的新古典经济学家所视而不见。

2.1.2　代理理论对组织问题的分析思路

经典微观经济学中有一个重要假设，就是每一个人都拥有完全信息，即每一个人都知道每一件事。但在现实中这是不可能的,比如企业所有权与控制权的分离就会出现委托代理关系,进而导致代理问题的产生。代理理论的出现,就是为了解决企业存在的"代理问题(agency problem)"。当然,代理关系并不必然引起代理问题。它的产生必须具备两个条件:一是代理人和委托人的效用函数不一致,二是存在信息的不对称性。随着代理理论的发展,代理关系不仅仅是指董事与经理的关系,也包括公司内部的经理与下属的关系,甚至还包括组织之间的授权方和特许经营方的关系。从更一般的抽象意义上讲,经济学上的委托代理关系泛指任何一种涉及非对称信息的交易。凡交易中占有信息优势的一方统称为代理方,而另一方则成为委托方(杨瑞龙,1999)。

其实,代理问题是一个古老的问题,在18世纪股份公司产生开始就已存在。在《国富论》的第五篇第1章中,亚当·斯密就曾经做过这样的描述:"在钱财处理方面,股份公司的董事为他人尽力,而私人合伙公司则纯粹为自己打算。因此,要想股份公司的董事们监视钱财的用途,象私人合伙公司的伙员那样用意周到,那是很难做到的……疏忽和浪费,常为股份公司业务经营上难免的弊窦。"然而,直到20世纪30年代,这个问题才开始引起经济学家的关注。1932年阿道夫·伯利和加德纳·米恩斯合著的《现代公司和私人财产》的出版,拉开了代理问题研究的序幕。在代理理论的发展中出现了两大流派:一个是实证代理理论,另一个是委托代理理论(杜玛、斯赖德,2006)。

实证代理理论把组织看作是一个合同的连接体,它假设所有存在的组织都是有效率的,否则组织就不会继续存在。实证代理理论试图解释为什么组织会以它现有的形式存在,它包括两个方面的问题:一是公司的所有权结构是怎样影响公司管理者行为的?二是我们为什么要在现实世界里观察某类组织形式?这一理论的代表人物就是上述已经提及的伯利和米恩斯。他们通过对所有者控制型公司(即管理者自己只拥有全部股份中的很少一部分的公司)的考察,发现这些大型企业存在不少问题。譬如,大量的股利流向公司外部的股东,所有主要的决策都是由公司的管理者制定,公司外部的股东不能控制公司的管理者,等等。因此,在他们看来,高级经理在他的位子上用股东的钱富了自己,而且他们担心高级经理们有时候还会做出掠夺公司的勾当。

委托代理理论的核心问题是委托人如何设计一个最优的激励与约束机制,以促使代理人从自身利益出发选择对委托人最有利的行为。委托代理理论的一个显著特点,就是把"风险"引入到分析中来。如果代理人是风险中立者,他就会愿意承担风险,而不要求承担风险的补偿。这时最优的解决方法,就是给代理人一个租金合同。如果代理人是风险反对者而委托人是风险中立者,委托人必须在给代理人激励和让代理人承担更多风险之间交替换位。在这种情况下,最好的解决方法就是给代理人一个某种程度上取决于产出收益但是还包括不依赖于产出收益的固定因素的报酬结构。它的另一个特点,就是通过正式的数学模型来解决问题。如鲍莫尔的最大代销售模型、马里斯的增长最大模型、尼斯坎南的行政机构模型等等。

代理理论的基本思想,就是在信息不对称的情况下,通过设计一套有效的合同和相应的机制,以降低代理成本、约束成本和道德风险,进而提高组织的运行效率。显然,代理理论已经开始关注并探讨经济组织的内部关系问题了。

2.1.3　交易成本经济学的发展渊源及其理论构架

"交易"(transaction)一词是康芒斯(J. R. Commons)最先提出来的,而后科斯(Ronald Coase,1937)提出了"交易成本"(transaction cost)概念及其有关思想。威廉姆森(Williamson,1975;1985;1994)则将交易成本运用到组织经济学研究中,使交易成本理论得到了发扬光大。

交易理论的主要代表人物康芒斯在他的《制度经济学》一书中,首次将交易概念普遍化,即将"交易"概念与正统经济学中已经被普遍化的"生产"概念进行比较。他明确指出,生产活动是人对自然的活动,交易活动是人与人之间的活动,两种活动构成了人类的全部经济活动。经济组织并不仅仅只是反映技术特性,而且还是为调整、缓和具有潜在冲突的各种人际关系而存在。因此,交易是研究经济组织的基本要素。

从严格意义上看,科斯的《企业的性质》(The Nature of the Firm, 1937)一文,应该是交易成本理论的开山之作。在该文中,他提出了"交易成本"的概念和有关交易成本的基本思想。科斯的思想是对"企业或纵向一体化为什么会存在"问题产生疑惑而开始的。典型的新古典主义经济模式把企业作为生产作业的管理系统,其决策主要是关注生产要素如原料、劳动力、资金等的最佳组合。在这种模式里,没有社会人、没有组织结构、没有任何与社会有关系的问题。科斯从组织发生学角度,提出了一个看似简单但意义深刻的问题,即既然经济个体之间可以通过市场交易实现生产合作,那么为什么我们还需要企业?是什么因素决定了企业的规模?在相继生产阶段或相继产业之间,为什么既存在长期的合同关系,又存在纵向一体化现象?由此,他断言:之所以需要企业,主要原因可能是由于使用价格机制需要成本,即"真实的市场交易费用不为零",最明显的是要去寻求最贴切的价格就必须花费成本。他把企业的这些运行成本统称为"交易成本"。他的贡献就是为经济学找到了一个"真实而又易于处理"的前提。诚如他在1991年获诺贝尔奖时所言,他没有给经济学贡献过什么高级的理论,但他的工作——找寻一个更现实的前提性假设——却给经济学的结构带来根本的变化。

后来,科斯还进一步提出,在社会经济运行中,企业之所以要采取科层式机制,以行政集权方式运行,主要原因是:采取企业这一科层式组织形式分配资源和组织生产,其交易成本会低于通过市场机制分配资源和组织生产所支付的交易成本。为此,他还进一步提出,企业与市场是"两种可以相互替代的协调生产的手段"。企业组织的收缩或扩张,完全取决于市场协调机制与科层式协调机制之间的函数关系,其主要决定因素就是交易成本。他的这一些重要分析,奠定了交易成本学派的最初理论构架。

对交易成本理论作出重要贡献的是美国著名经济学家威廉姆森,他提出了与新古典经济学不同的观点。在他看来,影响组织交易成本的主要因素有不确定性、少数人交易、有限理性、机会主义、资产专用性和信息障碍等。

　　不确定性意味着产品的价格、质量、品种、交易伙伴以及供求双方可能的搭配等方面情况是难以预见清楚的,这使得交易难度增大,因而产生并增大了交易费用。例如,交易双方为了尽量使自己免受或少受市场变化的影响,会尽量了解合同的一切细节,将未来价格变动因素考虑进去,增加了谈判和签订合同的费用。

　　潜在交易者数量减少会增加交易费用。如果交易者对交易对手的选择受到限制,那么交易人数的减少会增加交易的搜索和等待成本,降低了合同的成功率,从而增加交易费用。

　　有限理性是指人类行为常常处于欲望的理性和有限的条件之间,及在非理性与超理性之间。人们在收集、储藏、加工处理那些服务于实现目标的大量信息方面的能力是有限的,但是尽管能力有限,人们仍然自觉地、有逻辑地追求自己的目标。

　　资产专用性是威廉姆森构建其交易成本理论分析框架的最重要因素之一。他将资产专用性分为六类:一是位置专用性,即由于位置相连而形成相互间的临近关系,使有关费用如运输、储存等费用得以降低;二是物质资产专用性,如生产某类产品的专用工具;三是人力资本专用性,如"边干边学";四是商标资产;五是特定资产,如为特定客户所需而进行的专门性投资;六是暂时的专用性,即与生产技术的不可分割有关的特性,与人力资本有着直接关系。他认为,以上这些资产专用性的存在,都会致使合约双方形成互为依存的依赖性,无疑增加了契约危机产生的可能性,因而带来了组织运行的不稳定性。

　　威廉姆森认为,信息障碍的产生完全是因为信息不对称所致。为克服这一缺陷,势必加大了信息的搜索成本,并因此而影响交易的顺利进行,使组织效率也受到极大的影响。

　　威廉姆森提出,上述这些因素是导致市场失灵的原因。他认为,采取"垂直一体化"的组织形式,有利于降低签约和监督等交易成本。因为在不确定因素存在的情况下,尤其在执行长期合约时,通过权力关系代替合约关系,可以降低因有限理性和机会主义倾向而增大的组织成本。他还进一步扩展了市场与企业之间的关系研究,认为任何一种组织形式的出现都具有相应的合理性和特定的协调与约束机制,并且体现了组织形式对特定环境的适应性,从而达到组织效率最大化的目的。

以上这些就是威廉姆森创立的交易成本理论的基本框架,有关他的学术观点、理论贡献,以及这个理论存在的缺陷和不足,本书将在第6章进一步展开讨论和评述。这里需要强调的是,交易成本理论唤起人们对市场和等级制度这两种组织制度之间关联转化的注意。为此,威廉姆森作出了最为重要的贡献。

2.1.4 信息经济学和博弈论对组织研究的贡献

20世纪70年代以来,经济学在组织研究领域取得了令人瞩目的进展。除了上面提及的代理理论和交易成本学派外,还有两个方面的重大突破。一是20世纪70年代以来出现的信息经济学,二是博弈论的重要发展。这些学科的发展,进一步推动了经济学家对组织现象(组织间关系、组织内部关系)的关注。

信息经济学起源于20世纪40年代,发展于50~60年代,到70年代基本发展成熟。信息经济学的研究从一开始就有两条主线,一是以弗里兹·马克卢普(Fritz Machlup)和马克·尤里·波拉特(Mac Uri Porat)为创始人的宏观信息经济学;二是以斯蒂格勒和阿罗为最早研究者的西方信息经济学、微观信息经济学。宏观信息经济学把信息产业视为在农业、工业、服务业之后的第四产业,以统计数字及数量分析来说明信息经济的发展。比如,信息商品的价值与价格计算,市场主体行为的考查及市场容量的扩展,信息商品的生产、交换、消费、分配规律,以及对信息资源的有效配置等问题的研究。微观信息经济学是研究在不确定、不对称信息条件下如何寻求一种契约和制度来安排规范当事者双方的经济行为,又称为不对称信息经济学或契约理论。按不对称信息发生的时间,在具体工作中会在两种情况下遇到不对称信息的问题。一是在事前发生的信息不对称,会引起逆向选择问题;

二是事后发生的信息不对称,会引起道德风险问题。这就是信息经济学的两大基本研究课题。微观经济学的任务是最优化决策问题,即如何实现资源的最优配置和效率最大化。在发展过程中,微观信息经济学逐步形成了许多有效的分析方法,这使得微观信息经济学相对于传统经济学而言具有更强的实用性,更能广泛、深入地研究和解决现实中的经济组织问题。

博弈论是指某个个人或是组织,面对一定的环境条件,在一定的规则约束下,依靠所掌握的信息,从各自选择的行为或是策略进行选择并加以实施,并从各自取得相应结果或收益的过程。也就是说,博弈论的中心问题是研究个人或组织间互动的过程和模式。在它的研究框架中,行动者不再是没有个性的理性人,这为研究具体的社会活动(例如经理和雇员之间关系、企业间关系)提供了经济分析工具,可以很好地分析两个或更多的人或者组织制定相互制约、相互依赖的决策问题。近年来,许多传统的经济学课题在博弈论框架下得以重新解说,在微观经济学和工业经济学这两个领域尤为突出。博弈论通常把组织作为一个重要的博弈参与者,并且经常把组织作为一种制度进行研究。在大量研究文献中“组织”与“制度”并没有严格的区分,在概念上几乎是完全一致的。博弈论认为,组织的多样性来源于博弈过程的多重均衡。这种多重性来源于两个方面,一是博弈过程本身所具有的多重均衡性,二是博弈所处的环境的复杂性,即博弈所处的域的多样性。

一般来说,博弈论研究的问题是决策各方的行为发生相互影响时各自的决策,以及这些决策所能达到的均衡;而信息经济学研究的问题,则是决策各方的行为发生相互影响时存在着非对称信息。读者想进一步了解信息经济学和博弈论的有关知识,可阅读张维迎的《博弈论与信息经济学》(上海人民出版社,2004 年版)。

2.1.5　对组织经济学的简要总结

从组织经济学的发展历程来看,经济学家对组织问题的研究是以社会劳动分工为起点的,经济学在组织研究方面之所以富有成效,是因为与其他学科相比,它拥有独具特色的分析方法。

第一，它把研究重点特别地放在稀缺资源最优配置的经济问题上。这里包含了三个方面的意思：一是资源的广义界定，是指被广泛接受的，能够满足人们需要的所有物质；二是资源的稀缺性，这是经济学的最基本假设，因为只有资源不是充分供给，人类的需求不能被完全满足时，才会出现经济问题，才能列入经济学的研究范畴；三是它的研究目标是资源的最优配置，而判断资源是否有效配置的标准是效率，或者成本。虽然新古典经济学关注的是生产成本最小化，而交易成本学派关心的是交易成本，但是从一个抽象的角度来讲，两者的解释逻辑是一样的。交易成本理论并没有走出主流经济学追求成本最小化的分析思路，当然它提出来一系列新的问题、新的研究方向，为新古典经济学作出了一个重要的补充。

第二，经济学家总是倾向于将市场与组织进行比较。新古典经济学只是研究了市场和企业的关系问题，而交易成本经济学、代理理论、博弈论等研究的是市场与组织之间的相互转化问题、组织间双边关系、组织内部关系等等。新的理论发展，大大拓宽了经济学的研究对象，使主流经济学的研究主题从市场的资源配置转向组织现象上来，发展起市场制度与组织制度之间以及各种组织制度之间的比较分析。

第三，现代组织经济学有关理论都是在放宽新古典经济学的基本假设或隐含假设的基础上发展起来的。在新古典经济学中，有三个基本假设（即市场上有大量的买者和卖者，企业进出市场是没有任何障碍，市场上的商品是同质的）和四个隐含假设（企业是一个整体实体，企业只有一个利润最大化或者价值最大化的目标，市场信息是完全的，生产者和消费者行为最大化）。每一个假设的放宽都会产生一些新的理论，如代理理论、交易成本理论、信息经济学的出现，都与"信息是一种分布不均匀的稀缺资源"的认识有关。

当然，组织经济学中的不同理论在分析视野上是有所侧重的，并且不同的方法适合于解释不同的组织现象。有时，即使站在同一分析层面，不同的理论对相同的问题也可能会有不同的看法。譬如，代理理论倾向于把组织看作是一种契约关系，而交易成本经济学则将组织作为一个治理结构。总之,不同的理论通过不同的视角来看待世界。每一种理论下的组织形象,都会强有力地影响该理论所观察到的问题种类以及这些问题的重要性。

杜玛和斯赖德在《组织经济学》(2006 年中文版)一书中,曾使用"家属(family)"这个比喻,为组织经济学的理论体系描绘了一张"全家福"。他们认为,代理理论、交易成本经济学、产业经济学、战略理论以及博弈论是这个家庭的核心成员,而其他理论都是延伸的家庭成员。行为理论可以看作是祖父母,因为它对交易成本经济学和演化理论都产生了巨大的影响。演化理论可能是堂兄(妹),在这个理论中组织概念的行为基础是一个家庭的纽带。组织生态学可以被看作是家庭的"奇怪成员",它是一个相对的演化理论,但除了通过竞争这一概念与经济学发生联系外,其他的联系却较小,因此关于它是不是经济学的家属成员仍有疑问。本书第 4 章将会介绍和讨论演化经济学、组织生态学的有关内容。

2.2 社会学视角组织理论的发展回顾

组织社会学的发展是从二战以后开始的。按照周雪光(2003)的说法,它是"一部未完成的交响曲"。它有个序曲(20 世纪初至 20 世纪 30、40 年代),有两个"黄金时代"(20 世纪 50 至 60 年代和 70 年代末至 90 年代初),还有一个没有结束的乐章,即 20 世纪 90 年代以来组织社会学面临的挑战。

2.2.1 组织社会学研究的序曲

组织社会学研究的序曲始于 20 世纪初,这一时期的主要学术活动是泰勒(Taylor)科学管理理论的提出和霍桑试验以后,引起人际关系学派的产生。这一序曲的主题是人和机器的关系。在工业化的大背景下,工程学家和人文学家针锋相对。前者认为大工业就是要把程序严格化、标准化,以提高工作效率;后者则认为应该关心人和人的关系,而不是把人看作机器的一部分。在组织研究领域中,"人和机器的关系"这个主题,始终贯穿在组织管理理论和组织研究领域中,此起彼伏,延绵不断。在一段时间内,人们强调组织的严谨化、效率化;而另外一段时间,人们又会呼吁组织的松散化,强调人的主观能动性(Barley & Kunda, 1992)。

这一时期也出现了一些关于组织的实证研究,如犯罪学家对监狱的研究(Clemmer, 1940),政治分析家对政党结构的考察(Cosnell, 1937),工业社会学家对工厂与工会组织的研究(Whyte, 1946)。同样,在相邻的学科领域中,政治学家考察着立法机关或公共机构的运作,经济学家发展着有关公司的理论。但是,他们都没有超越他们所研究的具体组织形式,也没有将它们进行归纳、总结与升华(斯格特,2002)。

2.2.2　组织研究的两个黄金时期

组织学的第一个黄金时期是在二战以后的五六十年代。当韦伯、米歇尔等关于科层制研究的经典论著翻译成英文传入美国后,在美国社会学界产生了强烈地反响。哥伦比亚大学的默顿(Merton)和他的学生们便开始收集和编撰组织研究各个方面的理论和实证资料。在他的影响下,布劳、古尔德纳和塞尔兹尼克等人也开始了一系列关于组织的开拓性和有影响力的个案研究。譬如对田纳西河谷管理局的研究(Selznick, 1949)、一家石膏厂的研究(Goulgner, 1954)、一家州职业介绍所和一个联邦政府执法机构的研究(Biau, 1955)和一个工会的研究(Lipset, Trow and Coleman, 1956)。这些社会学家早先主要是致力于发展有关组织结构和功能的理论,并对它进行实证研究。这就著名的哥伦比亚学派。

与此同时,另一个学派也在卡耐基技术学院(现为卡耐基—梅隆大学)发展起来。在最早提出"有限理性"概念的西蒙(Herbert Simon)的领导下,组织起了一个由政治学家、经济学家、工程师和心理学家组成的复合团队。这个学派主要是从有限理性的角度去研究组织内的决策制定和选择问题,出版了一系列重要著作。例如西蒙和马奇(James March)在1958年出版的《组织》(Organizations)一书是组织研究的奠基之作。塞特(Richard Cyert)和马奇在1963年发表的《厂商行为理论》(A behavior Theory of the Firm)从行为科学的角度来研究组织现象,是另一本经典之作。

除此之外，在这一研究领域还有一大批重要的学者，如美国加州大学伯克利分校的本迪克斯（Reinhard Bendix）和斯廷奇克姆（Arthur Stinch-combe）、法国社会学家克罗泽（Michel Crozier）等等。总之，这是组织社会学非常辉煌的一个时代。

第二个黄金时代是 20 世纪 70 年代末到 90 年代初。在这一时期，组织社会学的研究集中在"组织与环境的关系"这个主题上，并且在短短的几年中各种重要理论学派蜂拥而出。1976 年提出了组织学习理论（组织决策过程理论），1977 年产生了新制度学派（New Institutionalism）和群体生态学派（Population Ecology），1978 年形成了资源依赖理论（Resource Dependence Theory）。值得一提的是，这些学派都是在美国斯坦福大学任教的社会学系和商学院的学者们提出的。这些理论使得组织社会学不仅成为社会学的中心领域，而且走出了传统社会学的桎梏，对其他学科如经济学、政治学、心理学等产生了深远的影响。

2.2.3 组织社会学研究面临的挑战和发展

在 20 世纪 70 年代末至 90 年代中期的近 20 年，组织社会学进入了一个资料积累的阶段，有关组织现象的重复性研究很多，发展缓慢。也就是说，在研究思路上没有出现突破性进展。这一时期理论研究存在着一些问题，如研究主题主要是组织和社会环境的关系，很少有人关注其他的组织现象；有关研究趋于从宏观的角度去分析组织和环境的关系，如群体生态、社会制度等，把组织作为一个分析单位，忽略了组织里面的人和内部活动等微观基础；许多社会学家只研究非营利组织，而很少涉及经济组织，等等。由于这些原因，第一个黄金时期提出的很多组织内部问题到第二阶段就已经完全避而不谈了。（周雪光，2003）

90 年代中期社会网络学派的出现，恰恰有针对性地填补了上述研究中的空白领域。它从社会网络关系或人际关系的网络结构出发，提出了一系列有趣的结构主义的课题和研究方向，回答了宏观研究未能解释的问题。第一，它从微观的角度去研究组织现象，如找工作、组织内部的升迁问题，即组织内部关系网问题。即使是研究组织之间的关系,也不再是一个宏观的问题,而是一个组织策略性选择合作伙伴的微观问题。第二,很多社会网络分析研究的对象是经济组织,特别是中小企业,有效地弥补了过去组织学研究的不足。

网络学派在技术上对网络结构作出了许多定量分析,比如怎样去描述一个网络,网络里面中心在什么地方,网络的集中程度、分散程度,网络之间的关系等等。对网络地位的测量也有一整套的测量工具和标准。应该说,这是网络学派的一大优势。然而,当研究非常技术化后,能够理解和使用这种技术和操作方法的人越来越少了,使其与其他理论之间缺乏对话,而成为一个很小的群体。此外,网络理论没有把网络代价或成本考虑在内,所以就难以清楚地解释网络的功利性和效率性等问题。

从组织社会学的发展来看,它的起步相对较晚,起先主要是受古典管理理论的影响。它所研究的对象非常多,研究内容也极为广泛,但至今为止,它尚未形成一个统一的理论框架。因为它没有经济学那样有一个占主导地位的中心理论,也就难以理出一条发展主线。从有关的具体理论分析,相对来说,组织与环境的关系、组织的合法性和局限性、组织内部和组织之间的网络关系等,应该是组织社会学的主要研究主题。

2.3　管理学视角组织理论的历史沿革

任何组织,小至家庭,大至国家,都需要管理。管理学从产生到发展,始终都是与组织联系在一起的。起先研究的是正式组织,后来也关注非正式组织。因此,可以说所有的管理学理论都可纳入组织理论,无论是研究管理客体的管理学,还是研究管理主体的管理学。

2.3.1　从古典管理理论到组织行为理论

古典管理理论和组织行为理论,是西方管理学产生最早而又广泛流行的两大理论。两者的理论分析起点,即对人性的假设,是完全相反的。古典管理理论,把人当作机器似的、功利主义的"经济人"来看待;而组织行为理论,则把人看作有思想、有感情、有心理需求的"社会人"。因此,他们所研究的管理内容,提出的管理方法和策略等都截然不同。古典管理理论把重点放在对"事"和"物"的管理上,强调的是自上而下的职权系统和规章制度的作用,以及严格控制和监督的方法。而组织行为理论则关注人及其行为的管理,强调满足个人的需要和尊重人的个性,采用激励和诱导的方式,来调动人的积极性、主动性和创造性。

古典管理理论形成于 19 世纪末、20 世纪初,主要包括三个部分的内容,即泰勒的科学管理理论、法约尔的一般管理理论和韦伯的科层制理论。虽然他们对人性的理论假设是一样的,但他们研究的着眼点却有所不同。泰勒关注的是车间和作业管理,属于微观管理范畴;法约尔则与此相反,他把研究重点放在适用于高层组织的行政管理方面,这是一个宏观的方法。而韦伯却对官僚组织(bureaucratic organization)产生了浓厚的兴趣,他对权威的分类以及对科层组织特征的描述,为组织理论的发展奠定了重要的基础,所以后人把他称为"组织理论之父"。

组织行为理论按研究内容的层次,可以分为个体行为理论、群体行为理论和组织行为理论。个体行为研究是群体行为和组织行为研究的基础,它主要从两个方面进行研究:一是有关人的需求、动机和激励的研究,如马斯洛的层次需求理论和赫茨伯格的双因素理论;二是关于企业中人的特性问题研究,如麦格雷戈提出的"X－Y"学说。群体行为是联系个体行为和组织行为的中间层次,对它的研究主要包括群体动力(group dynamic)、群体压力和群体沟通等内容。组织行为学中对于组织整体这最高层次的行为研究,主要集中在三个方面,即关于领导的理论、关于组织设计的理论和关于组织变革的理论。

应该说,组织行为理论对传统管理理论作出了重要的补充,是一个跨越式的进步。不过,它也不是没有缺陷。首先,它与传统理论一样都持有一种封闭系统观念,没有看到外部环境对企业及其管理工作的影响,更没有研究企业应对环境的对策;此外,它倾向于把局部试验中验证的结论扩大到整个社会范围,难免出现以偏概全的问题。

2.3.2　从管理科学理论到决策行为理论

二战时期,英国、美国等先后采用运筹学(Operation research)方法,成功地解决了有关军事管理与战争问题。比如,英国物理学家布莱克特为合理布置伦敦市的防空雷达,运用了复杂的数学分析方法和电子计算机手段;又如,盟军部队在诺曼底登陆时,也使用了运筹学技术来计算不同国家、不同兵种的出发时间。战后,管理学界认为,借用运筹学方法可以促进管理的科学化,由此而推动了管理科学(Management science)理论的发展。

管理科学的目的是为了管理问题建立数学模型,然后利用数学或统计学及其其他科学方法,借助计算机手段求其最优解,以便为管理决策提供最佳方案。它的研究特点是模型化、定量化和最优化。在管理科学研究中发展出了许多新的方法,如量本利分析法、网络分析法、马尔柯夫决策法、风险分析法、技术评估法等等,这些方法对企业基层的生产作业管理工作和中层较复杂的信息处理和政策工作等都起到了积极的作用。不过,把管理活动中与决策有关的各种复杂因素全部定量化是不现实的。因此,有人评价说,在究竟是让模型适合问题,还是让问题适合模型,管理科学似乎有"削足适履"之嫌。赫伯特·西蒙就是持有这种思想的学者之一。

西蒙认为,在管理科学领域发展起来的规范性决策理论,在决策目标设定即"决策准则"方面,存在一个重大的缺陷,即"一心求优"的理想化缺陷。其实,在现实中的决策者并不是绝对理性的"经济人",而是有限理性的"管理人"。这种有限理性表现在三个方面:第一,人们并不能提出所有的备选行动方案;第二,人们对其决策行为结果的认识并不全面;第三,人们并不总是能准确地评价每个方案的优劣。基于这种新的人性假设,西蒙提出了更具有现实意义的"满意化"决策准则,由此奠定了描述性决策理论的基石,并创立了现代决策理论。正是鉴于西蒙对"经济组织内决策程序进行了开拓性的研究",以及"西蒙的思想大部分是现代企业经济学和管理研究的基础",瑞典皇家科学院在1978年授予他诺贝尔经济学奖。

2.3.3 现代组织管理理论丛林的产生

20 世纪 50 年代以来，管理学家们研究了许许多多的理论问题和方法问题，产生了各式各样的理论，学派林立，观点纷呈。为此，美国著名管理学家孔茨把这种现象称为"丛林战"。

通常认为，到 20 世纪五十年，管理学界已形成古典管理、行为科学和管理科学三大学派，由此奠定了工业工程、组织设计、组织行为学和运筹学四大学科体系的基础。此后发展起来的管理理论，主要是对已有理论的丰富、补充、完善和综合，因此便更倾向被认为是学科、思潮，而不是单纯的学派之分。例如系统管理、权变管理、公司文化等理论观点的提出，实际上是对管理工作的各个方面都产生了影响，将之视为"思潮"要比"学派"更为合理；还有战略管理理论，它本身就包含有多种学派的观点，所以将之视为"学科"更贴切些（杨瑞龙，1999）。

因为管理学有关理论在中国已较为普及，在此不再赘述，但为了对有关理论的区别有一个清晰的了解，本书引用了杨瑞龙主编的《当代主流企业理论与企业管理》一书中的一个表格，也算是对本节的一个小结。

表 2.1　组织管理理论的比较分析

时　间	学派、学科、思潮	管理内容	管理侧重点	管理着眼点	目标	
上世纪初	科学管理、组织管理（古典管理学派）	劳动定额、管理制度效率逻辑	物把人当机器	束之以严（严）	正确地做事	怎么做事
20 年代	人际关系、行为科学	激励、感情逻辑	人	动之以情（情）		
30～50 年代	运筹学、管理科学	作业安排、决策优化	方法技术	精确计算（精）		
50～60 年代	管理过程	职能活动	程序、原理	操作规范（规范）		
60～70 年代	系统管理、权变管理战略管理	管理方法论适应环境、高层管理	整体性、适应性主动创新	系统思维（思）谋略致胜（谋）	做正确的事	做什么事
80 年代	公司文化	共享价值观	共识共存	精神理念（魂）		
90 年代	企业再造、网络组织	组织再设计	突破性思维	革命性变革（跃）		

资料来源：杨瑞龙，1999：304。

2.4 三个视角组织理论的比较分析

前面三节本书从学术史的角度,简要回顾了三种视角组织理论的发展历程,从中知道它们是如何一步一步演变过来的,主要作出了哪些贡献,还存在哪些不足。尽管有关的描述和分析十分简略,只是作出一个粗略的勾勒,但我们已经可以感受到组织理论的博大精深、琳琅满目。同时,我们也可以感受到每个视角都有其独特的价值和意义,它们各自从不同的角度解释了一些有意义并且长期存在的组织现象,各自照明了现实世界的一部分。此外,我们还发现任何一个视角的理论都无法解释组织世界的所有现象,因此就不可能出现某一视角理论驱逐或取代其他视角理论的问题,"组织理论将始终是一个不同视角、不同学派和不同范式共存的无法解开的混合体,任何一个学科的'帝国主义'倾向都是危险的"(杜玛、斯赖德,2006)。

2.4.1 不同视角组织理论的区别

从组织理论的发展史中,我们不难发现,不同视角下的组织理论之间起先是壁垒高筑、泾渭分明、"井水不犯河水"的。综观组织理论的发展变革,每个视角理论的演进都有其自身的规律和要求。

从研究对象来看,由于这些研究者的兴趣爱好、专业训练和职业背景的不同,他们选择的研究对象是各有侧重的。经济学家主要是研究市场以及工业和商业企业;管理学家的研究对象可以是特定的某一组织(如企业),也可以是泛泛的任何一种组织(包括企业、大学、研究单位、医院、教会、政府、军队等);而社会学家对自愿性组织和从事社会福利与社会调控功能的机构更感兴趣。在过去的很长时间里,新古典经济学的研究对象是市场关系和市场,其理论模型中的行为者(消费者或生产者)是没有任何社会性的虚拟人。因此,这些理论研究的成果和社会学研究的对象相去甚远,交流借鉴的意义并不大。

从研究内容来看,不同学科的研究者在研究组织的过程中所选择研究内容和目标也有所差别。经济学家比较强调研究稀缺资源的获取和分配,讲求的是社会整体的效率与公平,以提高社会公共福利为宗旨,为政府制定政策提供依据。管理学家虽然也要兼顾社会的整体利益,但其重点却是为组织利益服务,以改善组织的运行效益,为组织决策提供依据。早期的社会学家主要是研究"秩序与进步"的主题,但后来他们的兴趣变得十分广泛了,以致到目前社会学还没有一个统一的理论框架。如果说有一个中心的话,那就是等级秩序、规范与情绪对行为的影响,以及组织的合法性。

从研究方法上看,经济学家的研究往往是规范性多于经验性,感兴趣的是确立一个理想的高效率和高绩效的模式,即一种"应该"意义上的模式;管理学家的研究既有应用性研究,也有基础性研究,基础性研究主要是致力于组织特性、组织本质和组织运行的研究,而应用性研究则试图解决组织的特定问题,或对组织进行改造;社会学家一直存在三种相互分裂与对立的研究取向,即实证主义取向、人文主义取向和批评主义取向,但实证主义取向长期占据着社会学的主流地位。

从研究层次来看,管理学家主要关注组织内部的行为和功能,即微观层面的问题;经济学家侧重于研究组织之间的相互关系,即中观层面的问题;而社会学家更多的是研究组织与环境之间的关系,属于宏观层面的问题。

2.4.2 三个视角组织理论的相互交融

随着组织研究的深入和理论发展,尤其是 20 世纪"新制度"(new institution)概念的出现,不同学科的理论学家开始有了对话,跨学科之间的知识出现了交融和互动。在许多方面,经济学、管理学与社会学的研究已形成了一种互补的关系。它们相互推进,相互借鉴,共同发展。

首先,一些组织理论学家在研究过程中引入了其他学科的传统概念和机制,为不同学科之间的对话打下了基础。在概念借用方面,如社会学领域的新制度学派借用了管理学家韦伯的"合法性"概念;交易成本理论分析吸收了在行为理论中得到发展完善的"有限理性"假设,使经济学理论和管理学研究能够很好地融合;"权威"一词最先出自心理学,但现在已被社会学家、经济学家和管理学家从不同的学科视角予以广泛运用。在方法借用方面,如经济学引入了生物学的路径分析方法;社会学引入了心理学制作的量表方法;管理学引入了统计学的线形结构关系方法等。当然,各个学科的对外开放度是不一样的。里格尼和巴纳斯(Rigney & Barnes)曾经对 1936～1975 年各个学科研究人员引用本学科同行研究文献的比例进行了统计,政治学家引用本学科的比例占 41%,人类学家引用其同行的比率占到 51%,社会学家引用的文献 58% 来自本学科,心理学家的内部相互引用率为73%,经济学家则为 79%。这些数据表明,在这段时间内最为开放的学科是政治学,而最为封闭的学科是经济学。

　　其次,不同学科的理论学家开始关注和研究共同的现象和问题,为经济学、管理学和社会学之间的研究工作架起了一座桥梁。譬如,20 世纪 80 年代,社会学走出了传统的研究课题,正积极地投入经济问题的研究;管理学家不仅把企业看作是一个营利性组织,更是把它作为一种社会机能性机构,提出了企业价值"社会化"的思路,使研究视野从经济领域拓展到社会领域;交易成本学派的产生和博弈论的发展,使得经济学家日益关注人际互动和社会规范(游戏规则)等传统的管理学和社会学课题。综观各个学科的重要人物,几乎都是从其他若干正式学科中吸取营养的。譬如威廉姆森,他不仅关注社会学的研究动态,而且与管理学家和社会学家一起讨论问题,一起合作写文章。他的文章就曾发表在管理学刊物《行政科学季刊》和社会学刊物《经济社会学手册》上。又如乔恩·厄尔斯特(Jon Elster),他在《理解马克思》(Making Sense of Marx, 1985)一书中就借鉴了哲学、经济学、历史学、社会学和政治学等很多学科的思想和方法。关于马克思、帕累托、西蒙等等,我们甚至不知该把他们列入管理学家、经济学家还是社会学家。

　　再次,正如植物学中的"杂交"能提高物种的性能一样,不同学科之间的知识交叉与融合,不仅能弥补学科划分所留下的缝隙,而且通过制度化后还能产生一些新的学科。自 20 世纪八十年代以来,理论界已相继出现了《产业组织学》、《管理经济学》、《经济社会学》等若干新兴的交叉学科。一些交叉虽然仍以非正式的跨学科项目形式存在,但也有利于不同学科之间进行有规则的交流。例如一个对发展问题感兴趣的经济学家,就可能与具有相同兴趣的政治学家、历史学家、社会学家有很多的交流。

总之,在过去的半个多世纪,特别是最近 20 年,组织领域的研究正在不断向深度和广度扩展。在深度上,组织研究的分析层次已变得越来越广;在广度上,对组织产生影响的因素已考虑得越来越多。每个学科的创新在很大程度上决定于与其他学科的交流情况。正如法国比较社会学家马太·杜甘(2006)所说的,"对某一问题的单学科研究注定要减少收益,在某种程度上,新的视角必须引入。任何专业内超越一般路径的观点,通常都是从其他学科或专业的相关思想中得来,而不是来自本专业内部的狭窄研究。将自己孤立起来的专业很容易由于缺少外部新思想的交流而奄奄一息"。

第3章 中国农业组织的产生原因：
基于效率机制的四种解释
逻辑的比较分析

从一定意义上讲,所有社会科学无疑都是解释学,因为它们能够描述任何情景"某人正在做什么",而这就意味着能够了解在行动者或行动者活动构建中他们自己知道并应用了什么。

安东尼·吉登斯(Anthony Giddens, 2003)

建国50多年来,我国农业的生产结构和组织制度经历了一系列戏剧性的变化(石磊,2001),由此出现了若干形式各异的农业产业组织。那么,这些农业产业组织为什么会产生? 它们是在什么样的社会条件下出现的? 为什么许多总体上相似的产业组织都建立于某个时期? 新型产业组织的成长是否表现出系统的模式? 等等,这都是组织发生学中的一些重要命题,也是一些十分有趣的社会现象。

自从科斯在1937年发展的《企业的性质》一文中提出"既然市场可以有效地配置资源,但为什么还需要企业?"的命题以来,组织起源问题曾经是理论学家热衷探究的课题之一。由此出现了若干不同的解释逻辑,如规模效率学说、交易成本学说、管理信息学说、劳动分工学说、制度过程学说、社会冲突学说等等。

那么,这些学说对分析中国农业产业组织的产生原因究竟有多大的解释力呢? 或者说,哪一种学说对哪一类中国农业产业组织形式产生的分析具有更强的解释力？本章首先对建国以来我国农业产业组织的发展进行一个历史回顾，然后把经济学视角中的四种理论放在同一个平台上，并通过经验验证来判断它们的解释力，最后提出作者的一些理解和感悟。

3.1 中国农业组织制度的发展回顾

建国以来，我国农业组织制度出现了几次大的变革，本节将分三个时段对其演变过程进行回顾和梳理，以便为本章以及下一章分析提供一个基本的实证经验。这三个分析时段：一是 1950～1953 年从互助组到初级合作社的发展路径，二是 1954～1958 年从合作化到人民公社化的突变历程，三是 1978 年以来尤其是确立家庭联产承包制后中国农村出现组织形式多元化格局的形成过程。

3.1.1 从互助组到初级合作社

农民的互助合作是从土地改革开始的。1950 年 6 月 28 日，中央人民政府通过了《中华人民共和国土地改革法》。从这年冬天，一场具有空前规模的土地改革在全国展开，并于 1952 年底在全国范围内基本完成。土改后，农民的生产热情空前高涨，生产中的互助合作活动也迅速增多，这就导致了"互助组"的出现。"互助组"通常由关系密切的 4～5 个农户组成，农户间结成劳动、农具和耕畜等生产资料互助关系，但生产决策由农户独立作出。

鉴于这种情况，在毛泽东的提议下，1951 年 9 月中央召开了第一次全国互助合作会议。会议强调，土地改革后农民有个体经营和劳动互助两种积极性，个体经济在相当长时期内还将大量存在。同时也指出，要在继续普遍发展互助的基础上，在群众有了比较丰富的互助经验，又有比较坚强的领导骨干的地方，有领导、有重点地组织土地入股的农业生产合作社。并且认为，它是向社会主义过渡的组织形式。此后发表的中共中央《关于农业生产互助合作的决议（草案）》，则标志着互助合作已成为一种制度，而不是作为战争时期临时、自发的生产组织形式。

在这一思想的指导下,我国的互助合作平稳发展。到1953年,全国参加各种农业生产互助合作组织的农户达39.5%,其中入互助组的农户达39.3%,参加合作社的只有0.2%。在参加互助组的农户中,70.8%是临时互助组,29.2%参加常年互助组。(刘文璞等,1987)

1953年12月,党在过渡时期的总路线公布不久,中央关于合作社的方针发生了较大的变化。当年12月发布的《关于发展农业生产合作社的决议》指出,农业生产合作社"日益成为领导互助运动继续前进的重要环节","从农民是私有者和农产品的出卖者这种性质所发展的个体经济的积极性,表现出农民的自发趋向是资本主义",而合作社"能够更有效地与农村中的资本主义活动和贫富分化的现象作斗争,可以成为引导农民过渡到更高级的完全社会主义的农业生产合作社的适当形式"。(温铁军,2000)从此,以互助组为中心的互助合作,转向以初级合作社为中心的合作运动。

初级合作社一般比互助组大5~6倍,生产要素均采取组合形式,土地入股得息,农具和耕畜等生产资料参与分红,剩余部分则按劳分配,生产和投资计划及分配方案由社员民主商定。

3.1.2　从高级合作社到人民公社

在建国之初曾担任中共中央农村工作部秘书长的杜润生(2004)回顾这段历史时指出,关于在我国农村建立"公社"或"大社"的思想,早在农业合作化运动中已经开始萌芽。土地改革完成后,毛泽东开始提出了新民主主义的设想,即在共产党领导的政权下,以实现社会主义社会为归宿建设新民主主义经济、新民主主义文化的社会。在这个社会保存商品关系、市场关系,实行劳资两利、公私兼顾政策,让农民自主经营、自由发展;逐步地通过适合国情的合作制,组织起来逐步过渡到社会主义社会。在步骤安排上,大约要有十几年至二十年的过渡期。

1953年毛泽东提出了过渡时期的总路线,即从建国那一天开始作为由资本主义向社会主义社会的过渡时期。预定用三个五年计划时间,发展工业化,同时实行对农业和资本主义工商业的社会主义改造,消灭私有制,全面实现公有制社会。

根据这一思路,中央作出了三大决策:一是实现工业化,奉行赶超战略,赶超世界先进水平,15 年超英、20 年赶美;二是实行计划经济,对农产品实行统购统销,在工业化方面,由中央集权配置资源;三是把农业生产高级合作社改制为政社合一的人民公社制度。

在这种思想的影响下,1954 年的农业生产合作社的发展出现冒进现象。当年春,全国合作社总数发展到 9 万多个,相当于 1953 年的 6 倍。到秋收前后,又新发展了 30 多万个合作社,使总数达到 48 万个,比当年初计划的数量增加了 10 倍。但在新发展的合作社中,不断发生社员退社,甚至散伙垮台的现象。有些地方农民大批出卖、宰杀耕畜、猪、羊,出现众多的"生产力暴力"事件,农村形式一时紧张起来(刘文璞等,1987)。

面对这种情况,当时主持中央农村工作部的邓子恢部长,坚持从实际出发、稳步前进的主张,提出合作社不要办得太多、太快,要多留一些个体经济,要保存市场关系。经刘少奇主持的中央书记处同意,1955 年 1 ~ 3 月中央连续发出文件和指示,要求各地的合作社转入调整,实行基本稳定、控制发展、适当收缩的政策,并着重强调农户自愿、牲畜作价的原则,支持群众自发包产到户的尝试。毛泽东对此总结为"停、缩、发",起先也没有提出不同的意见。中央农村工作部据此原则整顿合作社,到 1955 年 6 月,约有 2 万个不合格的合作社被退回互助组或解散(张进选,2003)。

然而,到 1955 年下半年,情况发生了根本变化。1955 年 5 月,毛泽东在考察浙江后,对合作社整顿极为不满,并且提到两条路线分歧的高度予以批评。7 月,毛泽东发表了《关于农业合作化问题》的报告,再次将合作运动推向一个更高的高潮。在报告中,毛泽东严厉批评了邓子恢的做法:先是定性为右倾保守,已经进入社会主义,还要搞他们新民主主义;"群居终日,言不及义,好行小惠,难矣哉"。其后指责为"小足女人走路","站在富农中农立场上替他们说话"。在合作社和集体化方面的不同意见,被上升为"两条道路的斗争"。由此导致了全国范围的反右倾。不过,在这个报告中他仍认为完成社会主义改造需要 15 年。

1955年10月中共七届六中全会经过"一场大辩论",党内两种主张的对立得到了统一,并通过了《关于农业合作化问题的决议》。年底,毛泽东的思想又发生了变化,认为只需要1956年一个年头,就可以基本完成农业方面的半社会主义改造(即初级合作社),再有3~4年即到1959年或1960年就可以基本完成从半社会主义到社会主义的转变(即高级合作社)。

1956年,全国各地纷纷开展"并社升级"活动。1955年底参加高级社的农户仅有总数的4%,1956年1月增至30.7%,6月上升到63%,年底达到87.8%,1957年夏就达到了96%(刘文璞等,1987)。也就是说,只有一年多的时间,就实现了从初级合作社向高级农业合作化的过渡。这也大大超过了毛泽东的设想。

1958年8月17日至30日,中共中央政治局在北戴河举行扩大会议,通过了《关于在农村建立人民公社问题的决议》,提出"应该积极地运用人民公社的形式,摸索出一条过渡到共产主义的具体途径",并且认为"共产主义在我国的实现,已经不是遥远的将来的事情了"。在这种形势的推动下,人民公社化的速度更是惊人。同年10月1日,《人民日报》报道,全国农村已基本实现人民公社化。自此,一大二公、政社合一、组织军事化、生产战斗化、生活具体化(公社食堂),比空想社会主义还要空想的准"共产主义"制度,在人口众多、地域广博的中国农村建立起来了(张进选,2003)。

3.1.3　从家庭经济的确立到农业产业组织多元化格局的形成

1978年在中国现代史上是具有特殊重要意义的一年。在全国上下开展了一场关于真理标准问题的讨论后,12月18日至22日在北京召开了具有重大历史意义的中共十一届三中全会。全会本着解放思想、实事求是的精神,认真讨论了农业问题。在总结30年来经验教训的基础上,原则通过了《中共中央关于加快农业发展若干问题的决议(草案)》。由此,中国农村经济体制作为中国整个经济体制改革的突破口率先进入全面改革阶段。

据杜润生(2004)回忆,最初提出包产到户时,各方面的阻力很大。1979年中央转发国家农委党组的《关于农村工作问题座谈会纪要》中还继续规定,"不要包产到户","不许分田单干";但边远山区单门独户的允许搞。不是单门独户的地方有人包产到户,也不必禁止,不批不斗,不要勉强纠正。这为包产到户开了个小口子。

1980 年邓小平表态:"困难地区可以搞,搞错了再回来,有什么了不起,有饭吃就可以不搞,没饭吃就搞一搞嘛"。从此,包产到户就开了个大口子,同时也揭开了农村改革的序幕。

1982 年中央出台了第 1 个一号文件,正式肯定了土地的农民家庭承包经营制度,并提出土地等生产资料的公有制长期不变,责任制也长期不变。从而使包产到户正式具有合法性。

1983 年中共中央批转的《全国农村工作会议纪要》和当年的一号文件《当前的农村经济政策若干问题》中,充分肯定并明确宣布家庭联产承包制长期不变。文件指出:"联产承包责任制采取统一经营与分散经营相结合的原则,使集体优越性和个人积极性同时得到发挥。这一制度的进一步完善和发展,使农业社会主义合作化的具体道路更加符合我国的实际。"到 1983 年底,全国农村实行以家庭经营为主要形式的联产承包责任制的已占农户总数的 90% 以上。

1985 年中期,在我国农村运行 27 年之久的基本组织形式——"人民公社",几乎完全退出历史舞台,"三级所有,队为基础"的组织结构在形式上随之解体。

家庭联产承包制的实施,把劳动力从公社制度下解放出来,有效地调动了农民的生产积极性,使农业生产出现了超常规发展。1984 年我国农业生产达到前后几年的峰顶,仅粮食就增加到 4000 亿公斤,同时农业总产值增长 68%,农民人均收入增长 166%,取得了举世瞩目的成就。

然而,随之出现的并不是农民欢天喜地的景象,而是谷贱伤农,原先"手中有粮,心中不慌"的理念,变成了"粮食多了,卖粮难"的苦恼。

按照杜润生(2004)的说法,当时的主要问题是农产品统派购制度的改革滞后于农村经济发展的要求。因为农产品统派购制度行之已久,派生出分配问题和利益调整问题,惯性很强,改变很难。但归根结底是,包产到户这些微观主体的改革,使原来的制度环境失去组织依托。

1985 年的一号文件《关于进一步活跃农村经济的十项政策》中,提出了"调整产业结构,取消统购统销"的中心课题,并围绕这个中心还提出了要"完善农村合作制"等任务。

在中国农村,较早出现的农业组织是农村股份合作制企业。1987 年,国务院确定首批农村股份合作制改革试验区后,全国各地纷纷进行探索。一时间,股份合作制企业在中国农村遍地开花,并得到中央的充分肯定。

江泽民在十五大报告中曾经指出:"目前城乡大量出现的多种多样的股份合作制是改革中的新事物,要支持和引导,不断总结经验,使之逐步完善。"有人甚至认为:"农村股份合作制经济为农村第二步改革寻到了一个突破口,为发展规模经营提供了一个重要的出路,为实现农村第二次飞跃奠定了基础,为农村集体经济的管理和分配找到了一条较为科学的途径,是集体经济管理水平和经济分配上一次突破性改革。"

1993 年 7 月,河南省信阳地委书记在《经济日报》上发表了《发展农村市场经济的有效途径——"公司＋农户"》一文后,"公司＋农户"的组织模式得到各地的广泛认同和提倡。所谓"公司＋农户"就是以某种经济实体为龙头,以利益机制为纽带,用经济合同相连接,触角伸向国内外市场,龙尾摆向千家万户,将生产者、加工者、销售者结成风险共担、利益均沾的经济共同体(农民日报,1993 年 10 月 3 日)。

20 世纪 90 年代中后期,以从事农产品销售为主的农民专业合作经济组织在中国农村大量涌现。据 2004 年中国农业发展报告统计,我国农民专业合作经济组织已超过 15 万个,在乡镇内组建的专业合作组织占 84%,县内组建的占 10%,跨县的占 6%。涉及的行业和领域日益宽广,已由果蔬业、畜牧业、水产业、林业发展到农机服务、运输、粮油作物、水利建设、资源开发、手工业品生产等诸多方面(农业部,2004 中国农业发展报告)。

20 世纪 90 年代后期和 21 世纪初出现的农产品行业协会也得到了中央领导的关注。2002 年 6 月,温家宝专门作出批示:"农产品行业协会,是行业自律性组织,是政府联系农民和企业的桥梁。办好协会,对于转变政府职

能,完善农业社会化服务体系,应对 WTO 挑战,提高我国农产品的竞争力,
都具有重要作用。协会问题涉及面广,情况较为复杂,请中农办牵头,会同
农业、经贸、供销等部门,组织力量进行调研,摸清情况,总结经验,提出政策
建议。"基于此,2003 年在全国兴起了一个成立农产品行业协会的高潮。

经过 20 多年的改革与发展,我国已基本形成了以农户家庭经营为核心
的多元化农业产业组织体系,其中尤其是农业股份(合作)制企业、"公司 +
农户"的契约组织和互助型农业合作经济组织的不断发展和完善,不仅在某
种程度上弥补了我国以家庭经营为核心的农业产业组织制度的先天缺陷,
同时也为缓解农业小生产与大市场矛盾、推动农业市场化与产业化及结构
调整创造了重要的制度条件。

3.2 四种解释逻辑及其对中国农业组织的解释力

在本节中,作者将选择经济学中的四种解释组织起源的理论,并对这些
理论在解释中国农业产业组织产生中究竟有多大的解释力作出判断,从中
可以进一步了解影响组织产生与发展的一些关键因素,进而为以后的研究
提供一些有益的思路和启示。

3.2.1 基于规模经济的一种解释逻辑

美国哈佛大学商学院企业史专家钱德勒(Alfred Chandler)曾出版过两
本颇有影响的著作:《看得见的手:美国企业的管理革命》(1977)和《规模经
济与范围经济:工业资本主义的动力》(1990)。在这两本书中,他采用企业
史的研究方法,极力想回答一个极其重要又一直受到忽视的经济学理论问
题,即在市场经济中,我们为什么还需要组织?

钱德勒通过对美国大型企业成长的历史分析发现,美国 20 世纪的成功
主要归功于大型企业的成功,其微观基础是用一只"看得见的手"来代替亚
当·斯密那只"看不见的手",而这只"看得见的手"就是组织管理。然后,
他又对以现代工商企业为基础的管理资本主义在美国、英国和德国的历程

作了比较研究,将自己的理论放在更大的时空上加以验证,进一步阐述了自己提出的"管理革命"的命题。此外,他还提出了两个得到了经济学界普遍接受的立论(周雪光,2003)。

一是组织可以提高规模效率。在经济学中有一个规模报酬递增(递减或不变)问题,当我们把投入的生产要素翻番时,如果我们的产出超过了一番,那么就属于规模报酬递增现象。按照钱德勒的说法,组织通过有效率的管理,可以更有效地配置资源,提高生产效率,使产出大于投入,进而实现规模报酬递增的目的。他强调的是,在投入和产出之间的中间环节中,组织这只"有形的手"所起到的重要作用。其思想如图3.1所示。

投入 ——————→ 组织中间环节 ——————→ 产出

图3.1　钱德勒思想图示
资料来源:周雪光,2003:33

二是组织可以提高"范围经济"的效率。也就是说,通过组织人们可以扩展生产服务的范围来提高效率。为了解释"范围经济"的效率概念,他举了这样一个例子,一个罐头中间商购进大批量的某种食品,然后把它分装成小罐头发给零售商。当这一中间商只包装一种罐头时,他需要一种机器包装分配。但如果同时包装其他类型的罐头,他的机器就可能得到更为充分的利用,他积累的包装经验也可以用在新的包装工艺上。他说这就是"范围经济"的效率。

钱德勒对学术领域的主要贡献,就是引起经济学家更加关注组织问题,他的这种思想对新制度经济学的丰富和传授产生了积极的影响,以致1985年新制度经济学的代表人物之一的奥利弗·威廉姆森把他与罗纳德·科斯、赫伯特·西蒙和肯尼斯·阿罗一起作为自己学术思想的重要源泉(陈凌,2005)。

根据钱德勒的分析逻辑,我们可以将之归结为一句话,即组织特别是大型组织的产生有利于实现规模经济和范围经济。其实,这种解释逻辑代表了交易成本学派之前主流经济学的基本看法。如 Helmberger 和 Hoos(1962)把农业合作组织看作是一个厂商,他们的研究结论是:合作组织通过使生产者剩余和成员消费者剩余的最大化,可以实现其成员和社会福利的最大化;Sexton(1986)也曾指出,合作组织之所以成立是通过获得大量的经营业务以达到规模经济。

我们再用他的分析逻辑来解释我国农业组织产生与发展的一些现象,看看它究竟有多大的解释力。

如果我们把"公司＋农户"、合作经济组织和农产品行业协会等都理解为横向或纵向一体化的特殊形式,那么钱德勒的解释逻辑应该是成立的。因为从各种组织形成的内容来看,不外于三种形式:一是横向联合,即由生产同种产品的农民联合组成;二是纵向联合,即由不同经营业务但相互衔接的农业生产者、加工者和经营者联合组成;三是混合联合,即由那些既有相同经营业务,又有经营业务彼此衔接的农业生产者和经营者组成。很明显,前两种形式都是为了实现规模经济,而后一种形式则有利于开展多种经营业务,实现范围经济。此外,按照钱德勒的分析逻辑,我们还可以预测,中国的各类农业产业组织将向更大规模的方向发展。虽然目前我们还不能对这种预测作出验证,但从美国、德国和日本等国家的农业产业组织发展历程来看(详见第 8 章),似乎这是发展的必然趋势。

然而,钱德勒的分析逻辑在解释其他一些问题上却并不令人满意。

第一,为什么农业产业组织不像工业产业组织那样主要是朝着企业的方向发展? 或者说,为什么在农业部门会大量出现不同类型的组织,而工业部门并非如此? 按照钱德勒的分析模式,在同样的工艺条件、同样的市场条件下,所有组织都在追求利益最大化、规模效率和范围效率的最大化,那么这些组织的结构、战略也应该十分类似(周雪光,2003)。但是我们所观察到的中国农业产业组织并不是这样,既有合作制,也有股份合作制,还有公司＋农户等多种形式,可见钱德勒的分析逻辑还不能解释这些现象。

第二,以家庭承包制代替集体经济制度后,为什么反而能提高效率? 按理说,集体经济制度与农户相比,无论是生产方面,还是经营方面,都更能实现规模经济和范围经济,但现实却证明它是低效率效的。这与钱德勒的分析逻辑显然是相悖的。

3.2.2　基于交易成本的一种解释逻辑

正如第2章所论,交易成本理论学家将注意力从生产成本转移到交易成本。关于组织为什么会产生的问题,交易成本理论的一个基本观点就是组织可以节约交易成本,具体包括两个方面:一是在不确定状况下组织可以支持决策的制定,二是在有限交换状况下组织可以抑制机会主义的出现。

威廉姆森在构建交易成本理论时,运用了两个重要的概念。第一个概念就是有限理性。有限理性的概念是西蒙最先提出来的,他曾经指出:"对于脱离社会的个体而言,他的行为要达到某种高度的理性是不可能的。他所寻求的选择项的数量之多,他需要的信息量之大,使得即使是大致接近客观理性也是不太可能达到。个体是在'特定'的环境中做出决策的,即"特定"环境是个体进行决策的基础。因此,行为也只是在'特定'的环境中具有适应性。"(西蒙,1976)所以,西蒙的组织决策模型的基础,就是个体决策者的认识是有限的。

但是,威廉姆森在使用"有限理性"这个概念时,他只是指个体作为信息处理者的局限。在强调人的理性是有限的同时,他又指出如果处在一个充分竞争的市场条件下,有限理性并不是个问题。正如经济学家哈耶克所说的,在市场协调机制下,个人或厂商只需关心自己的私利,只需关心个人效用的最大化,而不需要关心除此以外的其他信息。因为通过市场价格的反应加以协调就可以达到均衡,市场协调的效率并不需要每个人都具有充分理性。威廉姆森(1975)在哈耶克观点的基础上增加了一个新的观点,即有限理性只有在与不确定性和复杂性相结合时,才会引起信息阻滞问题,导致市场失败而转向组织。

那么,当有限理性与不确定性和复杂性结合在一起时,组织是怎样帮助我们的呢?西蒙的逻辑是:组织支持对问题进行再细分,使选择简化,沟通了信息渠道,并且限制了可供选择的方案。也就是说,目标的专一性和形式化克服了个体行动者的认知局限。阿罗(1974)和威廉姆森(1975)则认为，组织在处理复杂和不确定的经济交易时优于市场，这是因为在某种程度上组织降低了交易成本。

斯格特(2002)曾经举了一个与农业组织有关的例子。一个农民可能会同意将他的粮食卖给某家粮站，前提是价格不会低于某一数目。但是，当未来变得越来越复杂或不确定时，要订立考虑到所有潜在可能性的合约就变得越来越困难，并代价高昂。在这种情况下，组织很可能被视为替代市场进行交易的颇具吸引力的方式。

交易成本理论运用的第二个概念是机会主义，威廉姆森把它定义为"不择手段的谋求私利"以及做出"不实陈述"。简单地说，机会主义就是开拓有利于自己的情景。威廉姆森指出，与有限理性一样，仅仅只有机会主义时也不会导致市场失败。机会主义是利益最大化驱使下的一个行为，这与经济学的基本假设——人是自私的——只不过是同一个意思的不同表述而已。所以威廉姆森(1975)认为，只有与"小数现象"(small numbers)相结合时，机会主义才会导致交易从市场向组织的转化。所谓小数现象就是在交易中极少有可供选择的交换伙伴。因为当你别无选择时，对方就会采取抬杠、要挟等机会主义行为。而组织的产生就有助于解决交易伙伴之间存在的机会主义问题。因为组织可以将经济交换带到一个等级结构下，从而可以建构出更好的审计和监督系统。同样，组织内部的激励体制劝阻个体参与者的机会主义行为。威廉姆森将上述的有关观点用表3.1作出了说明。

表 3.1　组织对于市场失败的解决方法

人类因素	环境因素	组织的解决方法
有限理性	复杂性	对决策制定的支持
	不确定性	不完全合同
机会主义	极少可选择的伙伴	审计和控制制度
		对贡献和合作的鼓励

资料来源：Williamson，1975：40。

　　按照他们的逻辑,管理结构(包括市场、组织以及各种"混合的"结构)是"根据节省交易成本的能力"来比较和衡量的(Williamson,1981)。显然,交易成本理论与其他经济学的解释一样,主要也是关注效率问题。

　　我国农业产业组织的大量出现主要是从 20 世纪 90 年代开始,这与1989～1992 年发生农产品卖难是有密切联系的。那时,我国的国民经济体制也已逐渐从计划经济转向市场经济,原先的农产品统购统销制度已改为国家定购制度,定购任务以外的农产品基本上都放开经营。同时,我国的农业商品生产的规模已迅速扩大,到 1989 年以后农产品市场已呈饱和状况。这时分散经营的小农户面对变化莫测的市场就不知所措了,所以就有了合作或联合的愿望。从这一层面上分析,交易成本理论的第一个解释——组织可以在不确定状况下支持决策的制定,应该是有说服力的。

　　但是,交易成本理论的第二个解释——在有限交换状况下组织可以抑制机会主义的出现,就太不适用农产品的交易了。因为农产品市场几乎是一个完全竞争市场,很少涉及小数交易问题,除非是采用公司＋农户的交易方式。如果以之来解释"公司＋农户"的不稳定性,倒是有一定的解释力。

　　此外,我们只要稍加分析就不难发现,交易成本学派的解释逻辑是有问题的。首先,它对组织产生的原因解释为"组织能降低交易成本",这种解释实际上只说明了组织存在的合理性,而没有道出组织产生的根源。一般说来,用一个事物的功能去解释这个事物的产生或起源,至少在方法论上陷入了目的论的陷阱。为此,奥波斯科尔和勒夫尔(Oberschall & leifer, 1986)曾提出批评,认为那是"功能主义模式的倒转"。此外,也有学者(Granovetter,1985)提出,威廉姆森的概念框架过于夸大了管理市场中经济行为对合同的需要程度,也过于夸大了组织内部的等级控制和激励机制的效力,但却低估了经济行为根植于社会关系的程度。

3.2.3　基于分工经济的一种解释逻辑

　　美国斯坦福大学社会学系教授斯格特(2002)认为,关于组织起源最广泛和最有说服力的论点,就是将组织的出现与劳动分工联系起来。他认为,劳动分工支持了技术或理性程序在劳动中的运用,扩大了生产性组织和市场的规模,并导致了管理等级的出现。这些发展的出现是由于组织和市场同不断提高的生产力和高效率的运作相联系,所以对于分析组织的出现和成长十分重要。因为分工经济概念与个人的组织程度及相互依存度相关联。他引用了管理学家古力克(Gulick & Urick,1937)的一句话,"劳动分工是组织存在的基础,甚至是组织产生的理由"。那么,劳动分工理论对组织产生的解释逻辑究竟是怎样的? 它能解释中国农业产业组织发展中的哪些现象?

在第2章中作者已经提及,最先领悟到劳动分工对提高劳动生产率具有巨大作用的是英国经济学家亚当·斯密。他强调,人类社会组织的一个显著特征就是分工,劳动分工和市场竞争是国民财富增加的不可或缺的两个方面。斯密曾说:分工起因于交换,而交换则起源于人类互通有无的天性;分工的程度受交换能力大小的限制。这就是说,交换的发展状况决定着分工的发展程度,而交换的发展又是由市场范围所决定。虽然斯密的分工理论只是笼统地谈论分工,而没有区别不同形态的分工,并且也没有与经济活动的组织结合在一起,但他的理论成了后来经济学家分析组织问题的重要理论依据。

马克思不像斯密那样笼统地将不同形态的分工混为一谈,而是对分工的形态进行划分。他把分工分为两大类,即自然分工和社会分工。这为分工理论的发展是一个重要的贡献。首先,他指出分工与交换并不是一个简单的因果关系,而是一个互动的历史过程。从历史的角度讲,分工先于交换,在交换出现之前就存在以性别或地域为基础的自然分工;在交换产生之后又推动了分工的发展。其次,他把分工与生产组织结合起来进行考察,提出有分工就必然有协调,同时分工也为组织的分化与整合创造了条件,而组织则是一个分工系统的载体。

塞特斯·杜玛和海因·斯赖德(Sytse Douma & Hein Schreuder,2006)结合前人的研究成果,提出了如下市场和组织产生的演化规律:劳动分工带来了专业化,而专业化又使得效率增加。劳动分工和专业化的结果是,几乎没有人在经济上是自力更生的,没有人可以生产自己所需要的所有商品和服务。为了得到这些商品和服务,他们不得不从具有其他专业技能的人那里换取,这就出现了交换。当然,交换的不仅仅是商品,还有偏好、信息等等。用经济学的术语来说,每次交换活动的产生,就是一次经济交易。那么,有意愿进行交易的双方是怎样彼此找到的呢?这就需要有一种协调机制,或者说专业化导致了对协调的需求。而协调机制主要有两种类型:一是价格体系的协调机制,二是非价格体系的协调机制。前者形成的市场,而后者形成了组织。他用下图表示了市场与组织的形成过程。

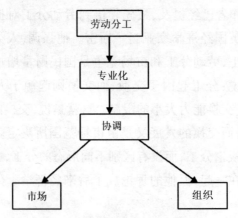

图 3.2 市场和组织的产生过程

资料来源:杜玛和斯赖德,2006:12

分工理论以劳动分工为分析起点,解释了市场与组织的形成路径。其中隐含地说明了这样的一个规律:随着分工的发展,专业化的推进和深入,组织将会不断分化和整合。或者说,随着经济的发展和分工的细化,现代社会将会出现组织的多元化。显然,这种解释逻辑是符合中国近 20 年农业产业组织发展状况的。

自从 20 世纪 80 年代中期我国全面推行家庭承包责任制后,农户成为了农业生产的经营主体。但是在解决自给自足的温饱问题后,农户在承包经营、发展家庭经济、期望致富的过程中,就遇到了许多力所不及的困难。

譬如由于生产经营规模小,技术水平低,生产手段落后,市场信息闭塞等,就会出现"买难"、"卖难"的问题。这时就需要有关组织如社区集体经济组织、合作经济组织等提供产前、产中和产后的多方面服务。随着市场经济的发展,以及国际经济一体化步伐的加快,在国际贸易中即使是经营大户、合作经济组织等也时常处于不利的地位,在国家农业政策的制定过程中有关农业经济组织也难以代表本行业利益与政府进行平等对话。这就势必需要农户和有关农业组织进行更大范围的联合,于是农产品行业协会便应运而生了。

可见,分工理论的分析逻辑能很好地解释这些年我国农业产业组织出现快速发展的原因,对在不同时期为什么会产生不同类型的农业组织形式,如生产合作组织、农业生产资料供应组织和农产品销售组织等,也有一定的解释力(我们均可理解为生产分工或交易分工的需要)。

但是,这种解释其实只说明了一个方向或趋势,对为什么在不同的时期会出现这样的产业组织形式而不是其他的产业组织形式,分工理论同样没有作出有说服力的解释。如在家庭承包制后为什么农业部门不像工业部门那样朝着现代企业制度即公司制方向发展,而是大量出现合作制性质的经济组织? 为什么松散型的行业组织更适合充当农民利益的代言人? 对这些问题,分工理论没有也不可能作出回答,因为分工理论并不涉及组织内部的制度问题。

3.2.4 基于信息处理效率的一种解释逻辑

组织理论认为,等级结构具有一些特征,如职位之间的地位区别和权利差别等,但其中最重要的组成部分是集中的信息交流系统。那么,在哪一种组织形式中更有利于信息处理呢? 在 20 世纪五六十年代,许多研究者(Leavitt, 1951; Bavelas, 1951; Guetzkow & Simon, 1955)就通讯结构的效率问题进行了各种实验,考察了集中通讯网络和分散通讯网络对组织工作的影响。

在贝弗拉丝实验中,他把一些人关在一个个小房间里,并只允许他们通过墙壁狭窄通道以传递书面信息的方式进行交流。实验者可以打开或关闭连接各个房间的通道,从而可以形成不同的交流模式(见图3.3)。循环式和全通道式网络系统是比较分散的通讯结构;链式,特别是轮式网络系统,则是比较集中的。在这些网络中,实验者给每个受试者提供一张符号卡片,其中只有一种符号是所有卡片上都有的,然后让所有受试者识别出相同的符号。实验结果表明,在比较集中的结构中作业的团队比在较为分散的结构中的团队效率高,其衡量标准是解决问题的速度较快。其他研究者采用类似的方法,也都得出了相同的结论。

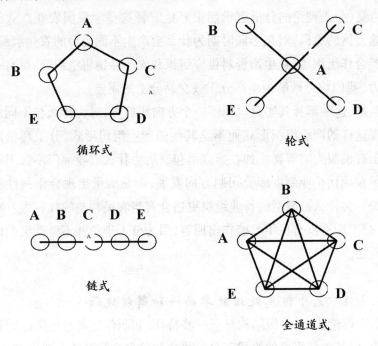

图3.3　信息交流网络的范例(五人团体)
资源来源:斯格特2002:148

针对这一现象,乌卢姆(Vroom,1969)作出如下解释:集中的结构便于迅速地组织起来以解决问题。处于边缘位置的参与者将信息传递到网络的中心,在此作出决策,并传递到外围。这种模式一旦建立,往往高度稳定。

而在不那么集中的结构中进行组织则比较困难,互动的模式不太稳定,且效率较低。阿罗(Arrow,1974)也持有相同的观点,他认为既然信息传递代价巨大,那么就资源特别是个体时间的耗费而言,将所有的信息全部传递到中心比将其分别传递给每一个人更便宜且效率更高。威廉姆森(Williamson,1975)同样赞成,在实现信息流通的节约上,等级关系优于平等群体或其他类型的分散性交流网络。此外,他还提出等级关系的运用,可以通过增加对个体行为的监督,减少机会主义行为的可能性。

当然,我们不能因此而断定:在所有情况下,等级结构都优于更分散的或更平等的结构。当贝弗拉丝的网络关系实验中引入更为复杂的工作时,如把符号识别改为颜色识别,实验结果就不一样了。有关研究(Shaw,1954;Christie,Luce & macy,1952)表明,当工作变得更加复杂或含糊时,分散的网络反而优于集中的结构。伯恩斯和斯托尔克(Burns & Stalker,1961)在将有机结构同变革相联系以及将机械结构同日常工作相联系中,也得出了相同的结论。

基于这些沟通网络的研究结果,布劳和斯格特(Blau & Scott,1962)认为,正式的等级结构有助于那些需要有效信息协调和日常决策的工作,但却妨碍了那些非常复杂或模棱两可的工作。这是因为等级结构抑制了可能纠正错误的、自由的互动,破坏了对鼓励参与者提出解决方案十分必要的社会支持,并且减少了对参与者探索解决方案的激励因素,从而障碍了后一种工作的完成。

他们认为,在对信息处理的要求和等级关系的利用之间,存在着一种曲线关系。如果没有多少信息需要处理,则等级结构不但失去了特殊的优势,而且还有一些明显的缺点(如更高的行政管理费用)。当对信息处理的需求增加到某一高度时,等级结构可能会有好处,可以降低传递成本并保证协调。但是,当信息处理需要继续增长时,等级结构就会负荷过重,且边缘参与者的智力资源得不到充分利用。这时需求的增加并不要求回到非正式的系统,但却促使了更分散的结构的产生。

这种解释与我国 10 多年来的农业产业组织演变大体过程比较符合。

在 1985 年我国取消农产品统购统销制度前,或者是农产品市场处于买方市场前,家庭农户只需关心生产问题而不必关注市场,所以那段时间除了一些农业技术推广机构外,我国农村很少有其他农业产业组织。而随着农产品市场从买方市场转为卖方市场后,农民就不得不去了解和分析市场行情,所以 20 世纪 80 年代中后期就出现了股份合作企业、公司制企业等一些等级结构比较明显的农业产业组织。到九十年代,我国农产品市场环境的不确定性和复杂性进一步增加,就产生了成员之间相对平等的合作社组织。进入 21 世纪后,随着全球经济一体化的推进,市场竞争更趋激烈,从而出现了结构相对松散的农产品行业协会。

按照这样的解释逻辑,那么在同一时期、同一个地区、生产经营同一种农产品的农民应该选择相同结构的农业产业组织形式。显然,现实情况并非如此。这说明除了组织内部结构和外部环境外,还存在其他一些因素,影响着农业产业组织形式的选择。

3.3　四种解释逻辑的比较分析及其启示

农业产业组织的产生原因,从表面来看是一个简单的问题,实质上却是一个复杂而有趣的问题。对这个问题,四种解释逻辑分别从不同的视角作出了不同的回答。钱德勒的解释逻辑,强调了组织管理的重要性,也预示着大多数组织都会向规模化的方向发展;威廉姆森的解释逻辑,指出了交易成本是组织产生与演变中的关键因素;分工理论的解释逻辑,说明了随着经济的发展,分工的深化,现代社会将会朝着多元化的方向演进;信息管理理论的解释逻辑,指出了信息处理在组织运行中的重要作用。

总体来说,这四种解释逻辑都是从效率或成本角度分析了组织产生与演变的原因。虽然没有一个理论能完全解释中国农业产业组织产生的根本原因,但是它们分别从不同的视角揭示了组织产生与发展的关键因素或者是发展趋势,对我们深入理解组织的本质及其发展规律具有重要的启示。

通过以上的比较分析,我们是否可以对我国农业产业组织的发展演变作出以下一个综合性的初步理论解释：在中国农业发展过程中，之所以出现了产前、产中和产后的服务组织，是因为劳动分工的需要或结果；而不同组织形式的产生，是由于不同的组织结构具有不同的信息处理功能，或者说，不同的组织形式在处理相同信息时需要不同的交易成本；此外，组织规模也会影响组织内部的交易成本，在一定程度上，组织规模越大，组织成本相对较小；最后，农民总是会理性地选择交易成本最低或较低的产业组织形式，或者会促使组织朝着能降低交易成本的方向发展。

当然，这种理论解释仍然有很大的局限性，如以上已经提到过的一些问题还是无法作出合理的解释。总的来说，仅仅利用效率机制来解释我国农业产业组织的产生与演变原因是不够的，因为在我国的农业产业组织中不仅有经济组织，而且还有社会组织和政治组织等。并且，即使是经济组织也不仅仅只有一个效率目标，正如一些理论学家（Gross，1968；Perrow，1970）指出的，"所有的组织，除了主要目标之外，还必须寻求支持或维持目标。没有一个组织会尽其所有资源来进行产品生产或服务，每一个组织都必须留出部分精力来维持其自身的存在。"当组织处在危及存亡的时候，组织可能就会为了保存自身而放弃既定目标的追求。因此，在组织研究中，我们不仅要关注效率机制，同时还要重视制度环境对组织产生与发展所产生的影响，下一章本书将重点讨论制度环境与农业产业组织发展演变的关系问题。

第4章 中国农业产业组织演进原因的解释:基于制度环境的四种分析方法的比较

有关中国组织和制度创新与变迁之社会过程的研究,应以社会变迁,而非制度类型学作为基本范式。制度创新与变迁首先是保护带的调整,以保证制度内核处于相对稳定的状态,从而制度在渐进状态下逐步实现变迁的社会过程;嵌入性作为组织和制度变迁的结构性环境,直接决定组织制度变迁的方式、方向和效果;路径依赖是组织和制度变迁中一种不可避免的行为惯性;意识形态及其连带的价值体系在制度变迁的社会化过程中具有重要的地位和作用。以变迁为统摄的中国组织和制度创新与变迁之社会过程,必须在制度与其文化、组织系统与其环境之间的多重关系内加以考察。

李汉林等(中国社会科学,2005)

组织的起源和演进是一个历时性的现象,但规模经济、交易成本等都只是一些共时性的概念。用共时性概念来解释历时性的现象,就像用静态的框架来分析动态的现象一样,是不可能做到圆满的。因此,本章将转换视角,重点研究组织形式随着时间的推移而经历的发展过程。用经济学术语来表达,就是从静态视角转换到动态视角。通过对一些以动态分析为研究框架的理论的比较,进一步探讨中国农业产业组织演进的有关问题。

4.1　两种制度变迁理论及其比较

正统的经济学家一直把制度视为是已知的、既定的,或者是一个"外生变量",所以他们并不关心制度问题。但也有一些经济学家认为,制度是经济增长和社会变革的一个重要解释变量。他们从不同角度或不同层面上研究了制度及其变迁,并创立了相应的制度变迁理论。其中,最有影响的是马克思主义的制度变迁理论和新制度经济学的制度变迁理论。本节将对这两个理论进行比较分析,并以中国农业产业组织的发展历史作为一个经验,对它们的解释力作出验证。

4.1.1　新制度经济学制度变迁理论的发展回顾

1993 年,道格拉斯·诺思(Douglass C. North)因建立了一套与新古典经济学接轨的社会制度变迁理论而获得了诺贝尔经济学奖。诺斯的理论是从研究经济史开始的,他的最初研究目的是试图去解释不同经济体富裕或贫穷的原因,因为他认为这是改进其绩效的基本先决条件。

诺斯的博士论文是关于美国人寿保险及其与投资银行之关系的分析。1956~1966 年他专心从事美国经济史的研究工作,并出版了他的第一部专著《1790~1860 年期间的美国经济增长》。1966~1967 年,他把关注的焦点从美国经济史转移到欧洲经济史。

诺斯在解释经济史的时候,发现当时的理论存在严重不足。首先,新古典经济学只是一个静态模型,缺乏过程分析和动态分析;其次,旧制度经济学虽然提出了许多真知灼见,但是没有系统理论;还有,马克思主义经济学虽然提出了许多重要问题,但并非十全十美。在这种情况下,诺斯试图发展一套理论以便对经济史进行解释,这就是他的新制度经济理论。

那么,为什么要把问题集中于制度呢?诺斯作出了这样的解释:"在一个不确定的世界中,制度一直被人类用来使其相互交往具有稳定性。制度是社会的博弈规则,并且会提供特定的激励框架,从而形成各种经济、社会、社会组织。制度由正式规则(法律、宪法、规则)、非正式规则(习惯、道德、行为准则)及其实施效果构成。实施可由第三方承担(法律执行、社会流放),也可由第二方承担(报复),或由第一方承担(行为自律)。制度和所使用的技术一道,通过决定构成生产总成本的交易和转换(生产)成本来影响绩效。由于在制度和所用技术之间存在密切联系,所以市场的有效性直接决定于制度框架。"

诺斯将制度引入经济史分析的最初结果,主要反映在两本合著里。一是与兰斯·戴维斯合著的《制度变迁和美国经济增长》(1971),他们试图说明在美国经济增长过程中新制度和新组织的演化途径;二是与罗伯特·托马斯(Robert Thomas)合著的《西方世界的兴起:一种新经济史》(1973),他们把产权的形成看做是经济绩效的关键,并且对产权在荷兰和英格兰、在法国和西班牙演化的途径作出比较。

这两本书都是以新古典经济学的假设为基础,但其中存在着许多不严密或无意义的地方,比如认为"制度总是有效的"。在《经济史的结构与变迁》(1982)中,诺斯放弃了这种观点,并试图对"无效"规则的长期存在做出解释。在该书中,诺斯对公元前8000年农业起源到20世纪为止的不同经济组织的交易成本,意识形态影响搭便车行为,进而影响政治经济决策的途径等进行了研究。在《一种政治学的交易成本理论》(1991)中,诺斯发展了一种更为一般的解释政治市场天生就不如经济市场有效的模型。

在整个20世纪80年代,诺斯完全投入到发展出一套分析长期制度变迁的政治经济学框架的工作中,其结果是1990年出版的《制度、制度变迁和经济绩效》。诺斯的一个重要贡献就是区分了制度和组织,他认为制度是博弈规则,而组织是博弈者。也就是说,组织是由具有某种目标功能的个人群体构成的,组织本身的存在是由于制度结构的激励带来的机会。

诺斯认为,在一个稀缺和竞争为特征的世界里,组织和企业家也是在竞争中求生存的。竞争将引导他们努力调整制度框架,以改进其在竞争中的位置。虽然竞争的激烈程度决定制度变迁的速率,但变化的方向将对行动者的理念产生影响。所谓理念指的是这些行动者所拥有的、用以解释其外部环境的精神模式。

20 世纪 90 年代以来,许多经济学家加入了制度变迁的研究队伍,他们的研究成果对诺斯理论是一个很好的补充或诠释。如 A. 格雷夫(Greif,1993)采用比较研究的方法,对信奉个人主义的热那亚商人和信奉集体主义的马格里商人在社会、文化、政治和经济等方面的差异进行研究,得出了"制度变迁的轨迹具有路径依赖性"的结论。

又如,恩格曼(Engerman,1995)对不同制度下劳动力供给进行分析后提出:研究制度变迁,如果把文化和观念因素排除在解释变量之外,可能会妨碍正确理解这一问题。虽然考虑文化和价值观念问题会使经济学研究显得异常复杂,甚至会让主流经济学家认为是"不务正业",但是要想使经济学研究更加接近现实,考虑文化、价值等非经济因素是非常有必要的。

4.1.2　马克思主义经济学视角的制度变迁理论

马克思主义的制度变迁理论是建立在唯物史观和辩证法基础上的,是马克思主义的重要组成部分。它从人类社会发展演变的宏观层面来探索社会经济制度变迁的规律,揭示的是社会经济制度变迁的本质。其中,生产力与生产关系、经济基础与上层建筑相互作用的原理是分析社会经济形态的基本框架。

马克思这样阐述这一框架:"人们在自己生活的社会生产中发生一定的、必然的、不以他们的意志为转移的关系,即同他们的物质生产力的一定发展阶段相适应的生产关系。这些生产关系的总和构成社会的经济结构,即法律的和政治的上层建筑树立其上,并有一定的社会意识形态与之相适应的现实基础。物质生活的生产方式制约整个社会生活和精神生活过程。不是人们的意识决定人们的存在,相反,是人们的社会存在决定人们的意识。社会的物质生产力发展到一定阶段,便同他们一直在其中活动的现存生产关系或财产关系(这只是生产关系的法律用语)发生矛盾。于是这些关系便由生产力的发展形式变成生产力发展的桎梏。那时社会革命的时代就到了。随着经济基础的变更,全部庞大的上层建筑也或快或慢地发生革

命。(《马克思恩格斯选集》第 2 卷[M],北京:人民出版社,1995)

　　在马克思看来,人是在一定物质的、不受他人支配的界限前提下能动地表现自己的,而社会却不是个人的简单加总,社会是按特定规则和特定结构组成的有机整体,这个整体一旦形成就有了不以人的意志为转移的客观规律。因而个体的行动与选择并不完全取决于当事人的主观愿望和心理偏好。

　　马克思主义经济学认为,在所有经济制度中,生产关系是最本质的关系。因为生产资料所有制关系的实质是生产资料归谁所有、归谁支配的经济利益的问题,不同的所有制形成不同的生产关系;另外,生产资料所有制的性质也是区分社会经济结构、社会形态的基本标志,生产资料所有制关系的不同,社会的经济结构、社会形态也不同。生产资料所有制关系,表面上看是人与物的关系,实际上是通过人对物的关系表现出来的人与人的关系。谁占有生产资料,谁就居于统治和支配地位,同时也就掌握产品分配的决定权或主动权。马克思重点考察了资本主义私有制前提下的私有产权制度,并明确指出资本主义的私有制是一切资本主义经济关系的前提与基础,同时并不认为私有产权是唯一合理有效的产权,相反,随着生产力的不断发展,公有制代替所有制是历史的必然。

　　马克思主义经济学认为,推动制度变迁的动力是生产力。马克思从人类与自然界的矛盾出发,认为生产关系必须适应生产力的发展,从生产力的发展导出了社会经济制度的起源,即社会生产关系的形成过程是由生产力的发展决定的。当生产关系能够适应生产力发展的要求时,可以激发人的积极性,促进生产力的发展;当生产关系不能适应生产力的发展时,就会抑制人的生产积极性,那么它就成为生产力发展的障碍,需要进行制度变迁。生产力与生产关系的矛盾运动是推动社会发展的主要动力。经济制度的变迁正是这种矛盾运动的结果。而且,在这一过程中,生产力的变化又是最根本的力量,它的变化会引起生产关系的不适应,最终会引起生产关系的变革和经济制度的变迁。

　　马克思根据生产力与生产关系的辩证思维,提出制度变迁的两个条件:

一是生产力的进一步发展受到生产关系的阻碍;二是旧的生产关系所能容纳的生产力水平已发挥殆尽。

在马克思看来,每一种社会形态都是特殊历史阶段的产物,具有特殊的规律性,人类社会是在否定中向前发展的。关于历史辩证法,马克思认为任何一种制度都是历史的,外在不断的发展变化之中。从历史的角度看,即使是奴隶制度,也曾在历史上推动了生产力的发展和人类文明的进步;即使是当时最高的人类文明——资本主义制度也将随着生产力的发展而退出历史的舞台。

4.1.3　两种制度变迁理论的比较

无论是马克思主义经济学,还是新制度经济学,都把制度作为研究经济发展的一个重要分析工具,并且都得出了制度对经济发展具有重要作用的相似结论。然而,他们对"制度"概念的理解是不同的,所以他们所着眼的分析层面,所采用的分析方法和理论框架,以及所得出的结论也是不同的。

在对"制度"概念的理解上,马克思认为制度本质上是一种调节人与人之间利益关系的社会机制。而诺斯认为,制度是一个社会的游戏规则,或更规范地说,它们是为决定人们的相互关系而人为设定的一些制约,包括正规制约和非正规制约,以及这些制约的实施机制。

在分析方法上,马克思主义经济学以阶级作为分析的基本单位,运用制度整体主义方法来分析发展历史和制度变迁。也就是说,他们所研究的不是孤立的单个人,而是现实的"社会人",即深受现实的社会经济条件、文化背景和社会地位影响和约束的人。而新制度经济学坚持个人主义分析方法,即把个人视为分析的基本单位来解释一切经济现象,并坚持"经济人"的人性假设,他们所传承的是经典经济学的传统。

关于制度变迁的主体和根本动力问题,马克思主义经济学认为,制度变迁的主体是生产关系,而根本动力是生产力,基本制度的变革方式是阶级斗争。与马克思主义经济学不同,新制度经济学认为,制度变迁主体是个人、团体和政府三个层次的制度主体都是追求利润最大化的企业家,而变迁的原因是相对价格或偏好的变化,并且制度变迁具有路径依赖性,所以制度创新以渐进为主。

关于制度变迁的效果评价问题,马克思主义经济学则以生产力标准来评价制度变迁,即看它能否促进生产力的迅速发展;而新制度经济学从成本收益出发,以能否降低交易费用作为评价标准。

综合以上分析,我们可以把两个制度变迁理论的主要区别归纳如下(见表4.1)。

表4.1　两个制度变迁理论的主要区别

	人性假设	分析单位	变迁主体	变迁原因	变迁方式	评价标准
马克思主义制度变迁理论	社会人	阶级	生产关系	生产力与生产关系矛盾	阶级斗争	生产力标准
新制度经济学制度变迁理论	经济人	个人	企业家	相对价格或偏好变化	渐进	交易费用标准

4.2　两种制度变迁理论的实证分析

纯粹的理论比较显然是苍白的,并没有更多的实际价值和理论意义,所以我们不妨将这两个理论放到中国农业产业组织制度变迁的现实之中进行考察,看看它们对中国的实际究竟有多大的解释力或指导意义,从中我们或许能得到一些有益的启示。

4.2.1　中国农民:经济人还是社会人

任何理论都是在假设的基础上建立起来的,制度变迁理论也不例外。正如4.1.3所分析的,新制度经济学制度变迁理论的人性假设是"经济人",而马克思主义制度变迁理论的人性假设是"社会人"。那么,中国农民究竟是经济人还是社会人呢? 在对这一问题作出判断前,我们有必要先来看看两种理论对经济人和社会人的定义和解释。

　　为了能更好地解释社会现实，诺斯在运用"经济人"这一概念时，将其进行了"微观化"和"精致化"。对此，他作了这样的阐述："每个人都用自己的认知模式（mental model）去阐释周围的世界。这些认知模式一部分源于文化，由知识、价值观以及行为准则在代际间传递而产生，而这些知识、价值观和行为准则在不同民族和社会中又根本不同。另一部分则是通过经验获得的，这种经验对特殊环境而言具有本地性（local），因而不同环境下获得的经验也存在着相当大的差别，由此而导致人们认知模式的巨大差异，形成对世界的不同理解以及处理问题的方式。正是基于与预期不一致的结果，人们进行着不断的学习，并改变自己的认知模式。"

　　马克思在分析资本家的经营过程时也遵循经济人的分析逻辑，但他从历史角度看到经济理性在人的选择和行动中所导致的人性扭曲，所以最终以"社会人"的假设取代了"经济人"的假设。在他看来，人是社会生产关系的总和，人的本质属性是社会性，因此应强调社会关系对个人的决定作用。

　　接着，我们来考察建国50多年农业组织变迁中我国农民的行为选择。有两个例子是显而易见的，一是在1956～1957年的一年半时间里有92%的农户（从4%增加到96%）迅速选择加入高级合作社，二是1968年在全国农村迅速实现人民公社化。显然，中国农民的这些选择绝不是一个"经济人"的行为，而完全是一个受多重因素约束下所作出的"社会人"行为。

　　中国农民出现这种现象的因素是多方面。其一，中国农民长期都处于一种依附关系下，使之缺乏了一个自我的意识和能力。在旧社会，农民依附于封建地主；在新社会，即使有一小段时间，农民可以自由发展、自主经营，但随即他们又转为依附集体、依附国家。这从某种程度上保存了与原先性质不同的依附与被依附关系。其二，当时中国推行的是计划经济，而计划经济就意味着是一个强权政治。在这种情况下，农民很少有个人财产权利和自由选择权利。即使有时表现出一点"经济人"的行为，也会马上受到抑制或抹杀。1956年秋收分配前后到1957年春夏，全国各地出现闹退社的风波，可以说是一个"经济人"的正常行为，但最终还是被强硬政策（如批斗、殴打、经济制裁等）所镇压。

　　当然,改革开放以后,农民取得了一些私有财产权利,他们的选择权利也受到了尊重,私人经济还得到鼓励。这时,他们的"经济人"行为有了更多体现的空间,不过这种权利主要还是局限于现有的组织和制度框架内,比如他们可以根据自己的利益自由选择进入或退出某个农业产业组织。在当前"宏观鼓励、微观约束"的社会制度环境下,农民组织创新行为还是受到了严格地控制。对这一问题,本书将在第 7 章展开专门讨论。

　　总的来说,几百年来中国农民相继处于封建社会和计划经济的大背景下,无论是物质上而是精神上,他们长期处于一个依附状态,其个人财产权利和自由选择权利等都受到了严重的压抑,所以在组织制度变迁过程中,他们更多的是体现出马克思所描述的"人性扭曲"的"社会人"的角色。但随着社会主义市场经济的深化和完善,农民的地位已发生了较大的变化,其"经济人"特性正在不断显现。因此,一般来说,在分析中国农业组织制度的历史变迁时,我们应更多地关注农民是一个"社会人"的事实,但在分析当前农业组织发展的内在动力时,我们还是需要运用"经济人"的假设。当然,根据研究的不同需要,我们还可以作出"文化人"、"伦理人"等多重的假设。

4.2.2　变迁主体:生产关系还是企业家

　　分析我国农业产业组织的制度变迁过程,我们不难发现,每次组织形式的演变都是从其他一些重要制度变革开始的,尤其是土地制度的变迁。土地关系与农业产业组织形式的选择是密切相关的,因为它"从一定程度上影响了农业生产方式、农民发展方向和农村社会的基本格局以及城乡互动的基本关系。"(张湘涛,2005)新中国成立后,我国农村经历了四次土地改革。

　　第一次是 1950～1952 年的土地改革。这次改革以"耕者有其田"为基本出发点,按户进行土地分配,只要是农户,不分男女老幼,都可以平均地得到一份土地。这次改革不仅把农民从封建制度下解放出来,解除了农民与封建地主的依附、被依附关系,极大地调动了农民的生产积极性,同时也使土地生产经营分散化,从而引出了农民对生产互助的客观需求。

第二次是 1953～1955 年实行了初级合作社的农地产权制度。即把原先的农有私营的土地制度,变成"农地私有、入股经营;集中劳动、统一分配;土地分红、劳动报酬"为基础的农地产权制度。这次改革导致了互助组向初级农业合作社转化,并且又迅速发展到高级农业合作社。

第三次改革是将土地所有权和使用权高度集中,实行集体所有、统一经营使用的制度,进而建立了"三级所有、队为基础、评工记分、统一经营"的人民公社这一封闭性组织。由于农民自有的生产资料已变成集中所有,人民公社实行的是计划生产、统购统销,所以在那段时间其他农业组织已没有生存的空间和存在的必要性了。

第四次改革就是 20 世纪 70 年代末到 80 年代中期的家庭承包责任制。改革的重点是土地所有权和经营权的分离,明确农村土地的集体所有性质,农户享受承包经营权,主要形式是家庭承包制,即"交够国家的,留足集体的,剩下都是自己的"。这次土地制度改革,实际上是对农业微观主体的改革,但同时也使原来的制度环境失去了组织的依托。这就是导致此后各类农业产业组织产生的根源。

综观我国 50 多年农业组织变迁与土地制度变迁的密切关系,特别是每次组织变迁前都有一次重大土地制度改革的事实,并且它们之间确实存在着明显的因果关系。同时,由于土地是农民不可或缺的、最重要的生产资料,所以土地关系是农民最基本的生产关系。按照这一分析逻辑,我们可以作出一个基本判断:我国农业组织变迁的主体应该是马克思所说的生产关系。不过,这只能说是一个从宏观或抽象层面作出的判断。

那么,如果从现实层面考虑,是哪些人推动了我国农业组织的变迁?或者说,在这些制度变迁的背后究竟哪些人起着最重要的作用?是诺斯说的企业家吗?历史表明显然不是,而是政治家,特别是国家主要领导人。先前主要是毛泽东,后来主要是邓小平。

从互助组发展到初级合作社、高级合作社,再到人民公社,整个发展轨迹几乎是完全按照毛泽东原先的设想演进的,并且这些组织制度的演变和发展速度也都随着毛泽东对此认识的变化而变化。

在改革开放初期,如果没有邓小平那句"没有饭吃就搞一搞嘛"的话,那么包产到户的禁区就不知什么时候才能打开。甚至在"六四"风波后,还有人提出包产到户只有分散,没有统一,倡导恢复乡村合作社制度。1992年邓小平的南方讲话,才使这一制度继续稳定不变。

如此看来,是不是"企业家"在组织制度变迁中是没有任何作用了?也不是。从我们对大量农业产业组织的考察发现,凡是发展得好的农业产业组织,其内部通常都有一个或几个素质高、能力强的领导。

通过以上分析,我们或许可以作出这样的判断:在对过去50多年中国农业组织变迁主体的分析时,马克思主义经济学的制度变迁理论具有更强的解释力。但对今后中国农业产业组织制度变迁进行研究时,我们不能忽视新制度经济学的制度变迁理论的指导意义。

4.2.3　绩效标准:生产力还是交易成本

马克思主义经济学认为,评价制度变迁效果的标准是生产力,即看它能否促进生产力的迅速发展。而新制度经济学从成本收益出发,认为应以能否降低交易费用作为评价标准。

我们先来分析制度效率与生产力之间究竟有没有存在因果关系。大家普遍认为,人民公社制度变迁是低效率的。那么,按理说自1958年实行人民公社制度后,我国的农业生产力水平应该是降低而不是提高。但是,事实并非如此。如果我们撇开遭受严重自然灾害的三年,从1962年至1978年改革开放为止,我国的农业产出总量和人均量却分别以年平均5.0%和2.6%的增长率不断增长,粮食产出总量和人均量的年增长率也分别为4.4%和2.2%。这足以说明,组织制度的变迁效果并不与生产力水平呈正相关。正如伍山林(1996)所说的:"制度低效率与农业生产增长并行不悖"。

林毅夫(1994)在分析中国农业制度变迁时,曾从制度供给者角度,将制度变迁分为诱导性制度变迁和强制性制度变迁。所谓诱导性制度变迁是指现行制度安排的变更或替代,是由一个人或一群人为获取实施新制度的利益而自发倡导、组织和施行的制度变迁。诱导性制度变迁有几个明显的特点:(1)盈利性。由于诱导性制度变迁是自愿的而不是被强迫的,所以这种变迁必须能给变迁主体带来利益。只有当变迁的预期收益大于预期成本时,有关组织或个人才会去推动制度变迁;(2)边际性。诱导性制度变迁通常是从某一制度的"边际",即问题最严重的、获利可能性最大、最易于推行和展开、成本和阻力最小的那一点开始;(3)渐进性。诱导性制度变迁是一个自下而上、从局部到整体缓慢推进的过程。所谓强制性制度变迁是指由政府行政命令或法律强制推进和实施的制度变迁。强制性制度变迁的主体是国家。国家在进行制度变迁过程中具备一些私有所不具备的优势。

　　一般的观点认为,诱导性制度变迁富有效率,而强制性制度变迁缺乏效率。但有关分析都没有提出评价标准和分析逻辑,多数只是凭主观臆断和想象。只有伍山林(1996)以"同意一致性"标准,从理论和现实两个方面都作出了有说服力的解释。他的研究结论是仅依制度变迁类型(即诱导性和强制性)不能作出正确的效率评价;制度变迁效率与制度交易双方的"同意一致性"程度正相关;农村经济的衰兴无不与政府和农户偏好的离合对应。也就是说,制度变迁的效率改变取决于制度变迁究竟是增进而是恶化了同意一致性程度,同意一致性程度增进,制度变迁效率就会增进;反之,则降低。这种分析是符合我国 50 多年农业组织制度的变迁现实的。

　　如果我们把他的观点进一步延伸,就不难得出与新制度经济学相同的结论,即制度变迁的效率就在于降低交易成本。因为政府与农户之间的"同意一致性"程度高,那么制定和实施某种组织制度的交易成本就低,进而就能提高组织制度创新和变迁的效率。

　　由此可见,对制度变迁效率的分析,新制度经济学比马克思主义经济学具有更强的解释力。

4.2.4　本节小结

　　以上分析表明,马克思主义经济学的制度变迁理论和新制度经济学的制度变迁理论尽管都把制度作为分析变量来研究经济增长问题,但是他们讨论的是不同层面的制度问题。相对来说,前者是从人类社会发展演变的宏观层面来探讨社会经济制度变迁的规律,揭示的是社会经济制度变迁的本质;而后者是在现有社会根本制度条件下的体制变更,是具体的制度安排。因此,我们既不能以坚持马克思主义而拒绝新制度经济学理论,更不能以新制度经济学理论取代或否定马克思主义经济学理论。

从50多年中国农业组织变迁的实证分析来看,两个理论都有一定解释力。相对来说,马克思主义经济学的制度变迁理论在人性假设、变迁主体等方面更符合中国的实际,而新制度经济学的制度变迁理论在具体分析方法、某些结论上对中国农业组织的发展更具有借鉴和指导意义。这一点也可以说明,两个理论之间具有互补性。

但是,无论是马克思的制度变迁理论,还是新制度经济学的制度变迁理论,它们都是以制度作为分析工具来研究一个国家或地区的经济发展规律。而他们的"制度"概念与我们所研究的"组织"有联系,但也有较大的区别。由此,我们可以得出这样的结论:制度变迁理论不能完全代替组织变迁理论,组织的变迁现象需要有一个自己的变迁理论来解释。

此外,这些理论都是基于西方国家的历史和现实,总结和归纳出来的。由于面对的情景不同,所以其解释力也必然是有局限性的。因此,我们还可以进一步提出:中国农业组织现象的解释和中国农业组织问题的解决,都需要有一个中国人自己的组织理论。正如李汉林等(2006)指出的:面对中国社会组织的变迁与创新,我们很难用一种特定的制度模式来确定自己的研究框架和方法,而应该回到构成社会组织之特质的一个更原始的起点上。也就是说,我们必须超出西方制度主义或类型学的研究范式,去寻找一种更切入中国实际的社会组织性质范畴。

4.3　一个值得关注的理论研究动态:组织演化理论的发展

长期以来,经济学研究有两大流派:一是以新古典经济学为典型代表的经济学,即所谓的主流经济学;二是以反对新古典经济学为特征的其他经济学,被称为异端经济学。在异端经济学中,演化经济学(Evolutionary Economics)的兴起已受到国际学术界广泛重视,目前也已逐渐成为我国学术界新的学术热点。贾根良(2004)甚至认为,演化经济学有可能成为替代新古典经济学的主导范式。在组织理论中,还有一个理论是组织生态学(Organizational Ecology)。由于这两个学说都是研究组织演化问题,所以作者暂且把它们统称为组织演化理论。

4.3.1 演化经济学:一个新的经济学研究范式

1982 年,经济学家理查德·尼尔森和西德尼·温特出版了一部专著《经济变化的演化理论》,对新古典经济学中的企业最大化假设和市场均衡方法发出了挑战,并提出了一个组织演化的新视角。

尼尔森和温特认为,一般来说,组织在一个不变环境中的自我维持能力,要比它们面对重大变化时的自我维持能力强,并且组织的自我维持能力在面对很大程度上相同的变化时要比面对其他类型的变化时要强一些。

为了解释这一现象,他们提出了一个"惯例"的概念,以之来表示组织的功能。惯例是指有规律的、可预测的企业行为模式。如一个企业可以有生产惯例、广告惯例、雇佣和解雇惯例以及战略惯例等等。但惯例又不同于"正统经济学"的行为假设,它不是深思熟虑的选择,而是无意识的行为程序。

他们把惯例比作个人技能,以便人们更好地理解组织惯例。比如骑自行车的技能具有两个特征:首先,人们需要练习,只阅读怎样骑自行车的书籍是不够的,必须实践,这涉及到从做中去学。在练习过程中,人们把有意识的行为关注转变为一个行为程序,于是骑自行车就成为人的一种无意识运用的能力。其次,人们通常很难完全说清楚这一程序,即大部分人都几乎不可能完全用语言表达出怎样骑自行车,这涉及默会知识。类似地,人们也很难完全解释组织内某些特定行为程序。技能和惯例都具有这种默会成分,只是这种默会成分的重要性可能有所不同而已。

组织生活中存在大量的惯例,并且在很大程度上决定组织怎样运行。一方面,惯例就像组织的基因,可以作为组织的存储器来使用;另一方面,惯例也可以作为组织的停战协议,就是在组织冲突中被看作一种平衡的力量。

当然,组织惯例也会发生变异,这些变异有时可能是偶然地发生,有时则是深思熟虑的结果。如果一段时间不用,惯例可能就会消失,组织就会失去履行这些惯例的能力。如果出现人员调整,组织的记忆也会受到危害。在"较高序列"惯例不变的情况下,企业可能偶尔会调整"较低序列"的惯例,如不断地检查研发政策、更换广告代理等。一个深思熟虑的变异可能会来自组织研究,但它将会首先在现在的惯例周围出现,这就是所谓的"就地搜寻"。

然而,无论什么样的变化发生,组织都会进行起码的抵抗。接着,那些普遍的惯例将会把打乱组织休战协议的骚乱降到最低程度。而且,这样做也可以增加企业成功的可能性,因为企业能够最大限度地使用他们已经搜集到的默会知识。

环境选择将会支持成功的惯例。对于企业而言,成功的惯例就是能够导致较高利润的惯例。如果一个现有的惯例是成功的惯例,那么企业就有可能对这种惯例进行复制。演化理论重点强调的一点就是,当一个企业在某一既定的活动中获得成功时,这个企业就会试图大规模地应用那种成功的惯例。演化经济学的基本分析逻辑可以用下图表示:

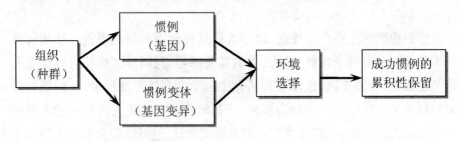

图4.1　演化经济学的分析逻辑

4.3.2　组织生态学:一个跨越经济学和社会学的分析方法

组织生态学的代表人物是迈克尔·汉南(Michael T. Hannan)和约翰·弗里曼(John Freeman),他们的理论是从否定经济学的效率观或者是改变传统对组织功能的认识开始的。经济学家普遍认为,效率是驱使组织发生变化的根本原因,或者说效率低的组织必将被效率更高的组织所取代。汉南和弗里曼却认为效率不是组织的唯一功能,并且组织还有其他更重要的功能。

他们提出,组织的首要功能是可靠性。从理论上讲,有组织的产品和服务通常也能被那些由技术熟练工人临时组成的团体提供。然而,与这些临时团体相比,组织的生产更为可靠。也就是说,组织在产品质量、生产时效性等方面都更加稳定。在未来的不确定性既定的情况下,潜在的成员、投资者和客户可能更看重可靠性而不是效率。也就是说,他们愿意同组织进行交易,为这种确定性支付相对高一些的价格。在解释为什么组织比临时团体更具有可靠性时,汉南和弗里曼认为,主要是惯例在组织中发挥着重要作用。在组织的经营活动中,惯例逐步形成,并在组织内保留下来,但是不会在成员不断变化的临时团体内得到保留。

除了可靠性外,组织还比临时组织更能让人感到是负责任的,而责任感是现代社会的一个重要品质。汉南和弗里曼认为,组织可以比临时团体更容易提供对其决策和行为的说明,一个重要原因就是组织内存在适当的规则和程序。就拿生产惯例来说,这些规则和程序在组织内比在其他集合体内(如临时团体)更容易形成和保留。组织收集和存档这些信息,意味着它们能记载资源是怎样被使用的,并且可以重现那些有效果的决策、规则和行为的制定和执行过程。当今社会越来越需要程序理性,这种责任感给组织带来了临时团体所不具备的优势。

汉南和弗里曼将以上观点作了如下总结:现代社会支持那些显示出或至少是合乎理性地声明自己具有作出可靠行为的能力,并且可以合乎理性地为自己的行为作出解释的那些集体行动者。所以它对组织的支持超过了对其他集合体的支持,并且对某类组织的支持超过了对另一些组织的支持,因为并不是所有的组织都在同等程度上拥有这些品质。组织种群的选择倾向于消除那些可靠性和责任感较低的组织。因此,他们认为,现代社会组织种群的选择倾向于支持那些行为可靠性较高以及责任感较强的组织形式。

组织要具有可靠性和责任感,那么今天的组织结构(包括角色结构、权威结构和沟通结构)必须与昨天相同。也就是说,组织结构必须是高度可复制的。而组织结构具有高度可复制的结论,就等于是说组织结构具有(相对而言)较高的惯性。汉南和弗里认为,结构惯性是选择的结果,而不是一个前提条件。图4.2可以很好地说明以上几个假设之间的相互关系。

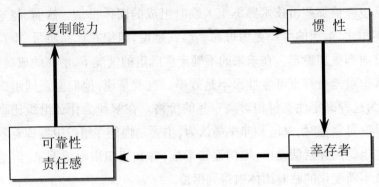

图4.2　四个基本假设之间的相互关系

资源来源:杜玛和斯赖德,2006:227

　　在以上假设的基础上,组织生态学就着手开展组织密度的研究,而研究组织密度必然要涉及到两个问题:一是什么决定了组织种群的大小? 二是什么力量影响着组织的实际发展?

　　生态学中有两个概念:基础生态位(fundamental niche)和实际生态位(realized niche)。所谓基础生态位就是一个特定的种群在其环境中理论上所能占据的最大可能空间,而实际生态位是一个种群在其他竞争种群存在的情况下能够被保存下去的有限空间。因为只有实际生态位是可以被观测到,所以实际生态位是大多数研究都采用的概念。受这种思想的影响,组织生态学也认为每类组织都处于某一环境生态位上,这个位置反映了组织的生存方式、角色和功能。而每个生态位都被假设有一个特定的"承载能力"(carrying capacity),它只代表这个特定组织形式总体数量的上限。一个特定生态位内的实际组织数目,则取决于出生率、死亡率以及随着时间推移发生的合并率。当出生率=死亡率+合并率时,组织数量将保持不变。

　　那么是什么因素影响着组织的出生率和死亡率呢? 汉南和弗里曼认为,影响组织发展的力量主要有两个:一是竞争,二是合法性,这两种力量都会影响种群内的组织数目。竞争是一个经济学概念,而合法性是一个社会学概念。所谓合法性就是社会对组织形式的认可。一般来说,新的组织形式有较低的合法性;这些新的组织必须随着时间的推移来取得合法性。如果随着时间的推移,这些组织形式的行为是可靠的和负责任的,它们就会取得越来越高的合法性;如果随着时间的推移,它们并不遵守社会规则,则可能不会取得生存所必需的合法性。

　　总的来说,组织生态学假定合法性和竞争性都会随着组织形式延续时间的增长而增强。当一种新的组织形式取得合法性后,它就能得到迅速地发展,体现出越来越高的出生率。而当越来越多的组织开始定居在某个生态位内时,组织之间的竞争就会进一步加剧,从而对出生率产生负面的影响。因此,组织生态学预测:组织密度和死亡率之间的关系呈 U 型,而组织密度和出生率之间的关系呈倒 U 型(可用图 4.3 表示)。这个预测在大量的经验研究中都得到了证实,说明这个研究成果是有说服力的。

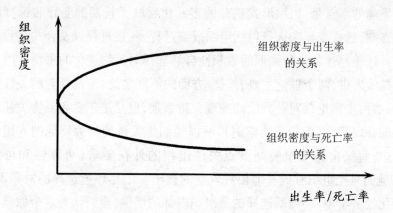

图 4.3　组织密度与出生率和死亡率的关系

4.3.3　两个组织演化理论的比较分析

演化理论的研究成果是振奋人心的,它们不仅提供了一个组织分析的动态视角,而且还将社会学思想与经济学分析富有成效地结合在一起。正如杜玛和斯赖德(2006)所说的,"组织生态学为组织文献提供了一种新鲜的、动态的分析方法,而演化经济学家为经济学家过多地沉迷于(比较研究的)静态和均衡思考提供了有益的矫正。"贾根良(2004)认为,如果说新古典经济学是研究存在(being)的经济学,那么演化经济学就是研究生成(becoming)的经济学。

这两种方法的分析思路均源于生物学的进化论,即它们都使用了变异—选择—保留的基本环境机制。也就是说,它们都强调了组织变异和环境选择的重要性,同时也都承认了组织显示出阻碍变化的内在僵化性。不过,演化经济学的视角是属于拉马克主义式的(Larmarkian),而组织生态学则可归为达尔文主义(Darwinist)。因为尼尔森和温特的分析,既考虑了获得性特征的遗传,也考虑了在不利因素刺激下的各种变异的适时出现。这完全符合拉马克提出两个原则,即"遗传原则"和"用进废退原则"。但汉南和弗里曼的观点是:组织形式现存的多元化反映了长期的变异和选择的累积性影响,这些变异和选择包括组织成立过程、死亡过程以及合并过程等的后果。这正是达尔文所强调的累积性自然选择对生物进化的重要作用。

具体来讲,两个理论主要有三个方面的不同之处:一是两者的关注点不同,虽然两个理论都对种群层面的现象感兴趣,但是尼尔森和温特关注的是组织的特定特性(即特定的惯例),所以他们将大量的行为特征纳入组织模型之中;而汉南和弗里曼则重点关注组织的外在要求(可靠性和可复制性),他们只把组织看成一个相对较空的盒子。二是环境选择的对象不同,在演化经济学中,环境所选择的是组织内部的惯例,他们认为这个像基因一样的惯例既可以遗传,也会发生变异,但组织形式的其他方面仍保持不变;而组织生态学中,环境选择的是组织的形式,尽管他们没有对组织形式作出准确的定义,但是他们对"组织形式是组织核心特性的集合"这一点是很清楚的。三是分析依据的不同,演化经济学把企业看作是特定的利益主体,并赋予组织规模和组织成功以某种特定的意义,所以可以用利润指标和资本积累来表示成功;而组织生态学通常把某一种群内的所有组织都视为相似,忽略了种群内成员的差异,因此只能依赖组织的数量作为分析的依据。

总的来说,演化视角将我们的注意力转移到组织形式与环境相互作用的发展过程上,因为与其他很多倾向于强调组织适应性的组织理论相比,这些视角赋予环境选择过程更大的重要性。同时,演化方法也使组织机能的动态性逐渐清晰地显示出来,使我们能考察长期的组织演化过程。当然,组织演化方法只是一个年轻的学派,许多方面还有待于进一步发展和完善。但是,由于这些分析方法存在从各种学科吸收知识的巨大潜力,所以我们完全有理由相信,这个研究视角的理论将会得到建立和改进。

4.4 四种制度环境分析方法比较所带来的启示

本章通过对两个制度变迁理论的经验验证,以及对两个演化理论的比较分析,至少可以给我们带来以下一些有益的启示:

第一,制度环境在解释组织变迁时非常重要。在上一章的基于规模经济、分工经济和信息效率的分析中,几乎都没有涉及制度环境问题。在交易成本理论中,环境采用了两个变量来代表:不确定性/复杂性、小数交易。在本章,制度环境在组织演变中所发挥的重要而又复杂的作用进一步得到了显现。当然,这个"制度环境"的概念是宽泛的,既包括经济环境、政治环境,也包括社会环境、文化环境等。

第二,加深了对组织变迁影响因素的认识和理解。除了上一章涉及的组织规模、专业分工、交易成本、信息处理效率等经济因素外,本章的分析让我们进一步认识到组织行为模式(即惯例)、组织形象(包括可靠性和责任感)等非经济因素对组织变迁也会起到重要的作用。

第三,学科的交融对理论创新具有巨大推动作用。譬如,在社会科学中,对超越个人的制度是否具有内在生命力问题,理论学家长期争执不休。

社会学家普遍认为,人们的思维和行为为社会环境、社会观念所完全制约,没有选择的余地,因此我们必须从社会大环境来解释人们的行为。而经济学家通常从新古典主义理论出发,认为人们的行为源于个人利益兴趣偏好和理性选择,因此人们的行为应该以个人为中心在理性选择的框架中作出解释。正如一句颇为流行的话所描述的那样:在社会学家眼里只有约束没有选择,而在经济学家眼里只有选择没有约束。以前不同流派在这一问题上大相径庭的定位,由于学科之间的壁垒高筑而没有引起学术界的重视。但近年来跨学科的学术研究活动,使学人们不得不正视并重新思考这一问题。一个成功的研究角度在于能够在制度决定论和理性选择的平衡之间找出一个具有分析能力的理论架构。(周雪光,2000)显然,制度理论和演化理论都朝这方面所作出了很大的、有益的努力。

第四,组织理论研究还留有很大的发展空间。首先,两个演化理论表明突破经典经济学的静态、均衡的分析思路,创建和采用一些动态的分析框架和分析方法来剖析和解释组织现象是完全有可能的。其次,两个演化理论都是借鉴生物进化论的方法,采用了"环境选择"的分析思路来研究组织的演化问题。然而,产业组织与生物物种毕竟有本质的差异,前者在一定程度上是可以人为构建(human constructs)的,而后者却不能。这意味着创造论者强调的"有目的的设计"的观点,将会在组织研究领域发挥较大的作用。

第 5 章 中国农业产业组织的分类研究：组织特性、组织定位与分类方法的比较

> 社会组织的分类研究，有助于揭示某类社会组织的特性，也有助于概括出有别于社会群体的各种组织的共性。社会组织的分类研究得到了马克斯·韦伯、塔尔科特·帕森斯等社会学家、组织管理学家的高度重视。

王茂福（社会科学研究，1997）

近年来，随着我国农业产业组织的迅速发展及其出现多元化趋势，学术界对农业产业组织的分类问题已进行了许多有益的探索和研究，但至今仍有一些理论问题值得进一步探讨。譬如，理论界普遍认为农业（农村或农民）合作组织属于非营利组织；不少学者把农产品行业协会视为农业合作经济组织，甚至有的将其等同于农业专业合作社，等等。正是因为理论界对某些农业组织形式的定位模糊，以及在农业组织体系的分类上发生偏差，以致在研究中出现了方法上的缺陷，或得出一些不切合实际的结论，同时在政策制订中也只强调农业合作组织的立法问题，而忽视了农产品行业协会等农业组织立法的必要性。目前，现实中部分农产品行业协会与农业专业合作经济组织出现同化现象，也与此不无关联。因此，在理论上进一步探讨农业产业组织的分类问题，对促进我国农业产业组织的研究和健康发展将具有十分重要的理论和现实意义。

5.1　经济学、管理学和社会学的组织分类方法比较

组织分类是所有科学研究中的一项基础性工作,也是一个重要的分析工具或者概念分析框架。分类的目的是使研究更加具体化和专门化,在比较研究中它尤其显得重要。正如 Dogan 和 Pelassy(1990)所说的,"没有比一个恰当的类型学更好的概念生成工具了"。因此,在组织研究过程中,无论是经济学家、管理学家还是社会学家对组织分类问题都十分重视。通过对这些分类方法的比较分析,对我们讨论农业产业组织的分类方法将会有重要的理论指导价值。

5.1.1　组织经济学的分类方法

早期的经济学研究,尤其在新古典微观经济学中,把组织划分为市场与企业两种理想的类型。纯粹的市场通过价格机制进行协调,或者说,在完全竞争市场上,经济决策是通过供给规律和需求规律进行协调的。而企业是一种典型的科层组织或者等级组织(hierarchy),它通过权威来完成自己的职责。这就是类型学中最简单的分类方法——二分法。后来,宏观经济学加入了另一个重要组织——国家,使之变成为三分法。

在第 2 章对经济学视角组织理论的回顾中,我们已经提到过,经典经济学只是把企业看作目标函数利润最大化中的一个生产函数,企业就好像是一个完全的"黑盒子"。即使是 1960 年代以来发展起来的一个重要分支——产业组织理论,也只是探讨和研究企业的规模结构,以及企业在市场中的竞争状态,因此仅仅对产业集中度、垄断行为、合谋策略等问题感兴趣,企业仍然被看作为一个"整体实体"。虽然代理理论开始关注组织内部的关系,但它同样没有涉及到组织形式问题。只有威廉姆森承认在市场和等级制之间确实存在着一些不同形式的组织,他把这些组织统称为混合组织形式(hybrid organizational forms),并认为这些混合组织形式是作为资产专用性相匹配的治理结构出现的。

5.1.2　组织管理学的分类方法

管理学是系统研究管理活动的基本规律和一般方法的科学,而管理活动是离不开组织的,因此管理学理论十分关注组织的结构和形式。在管理学中有许多组织分类方法,在此选择三种典型的分类方法进行介绍。

(1)行为科学理论的组织分类

在行为科学理论产生以前,管理学中的有关组织理论统称为古典组织理论。这些理论的研究重点是正式组织的内部结构与管理的合理化,并认为科层组织是效率最高的组织形式。霍桑试验发现,除了组织结构和管理制度外,工人的心理因素和社会因素也会影响企业的效率,由此提出了"非正式组织"的概念,并创立了行为科学理论。

正式组织是具有一定结构、同一目标和特定功能的行为系统。任何正式组织都是由许多要素、部分、成员,按照一定的联结形式排列组合而成的。它有明确的目标、任务、结构和相应的机构、职能和成员的权责关系以及成员活动的规范。具体来说,它是经过规划而不是自发形成的,其组织机构的特征反映出一定的管理思想和信念;有十分明确的组织目标;讲究效率,协调地处理人、财、物之间的关系,以最经济有效的方式达到目标;分配角色任务,影响人们之间关系的层次;建立权威,组织赋予领导以正式的权力,下级必须服从上级;制订各种规章制度约束个人行为,实现组织的一致性;组织内个人的职位可以相互替代等等。

非正式组织是相对于"正式组织"而言的,它是人们在共同的工作过程中自然形成的以感情、喜好等情绪为基础的松散的、没有正式规定的群体。人们在正式组织所安排的共同工作和在相互接触中,必然会以感情、性格、爱好相投为基础形成若干个群体,这些群体不受正式组织的行政部门和管理层次等的限制,也没有明确规定的正式结构,但在其内部也会形成一些特定的关系结构,自然涌现出自己的"头头",形成一些不成文的行为准则和规范。这种规范可能与正式组织目标一致,也可能不一致,甚至发生抵触。非正式组织对正式组织来讲,是一把"双刃剑",具有正反两方面的功能。

其正面功能主要体现在：非正式组织混合在正式组织中，容易促进工作的完成；正式组织的管理者可以利用非正式组织来弥补成员间能力与成就的差异；可以通过非正式组织的关系与气氛获得组织的稳定；可以运用非正式组织作为正式组织的沟通工具；可以利用非正式组织来提高组织成员的士气等等。而非正式组织的负功能，主要体现为可能阻碍组织目标的实现。

（2）明茨伯格的组织分类

在全球管理界享有盛誉的管理学大师、经理角色学派的主要代表人物——明茨伯格（Mintzberg），在1979年和1989年对自己原有在组织方面的观点进行综合，并根据组织各组成部分的大小或者某种程度上的地方分散性作出分类，然后进一步提出，组织内部协调工作以及员工之间信息交流都是通过六种机制发挥作用。这六种机制分别是直接管理、工作程序标准化、产品标准化、技术标准化、相互调节和规范标准化。而与之相对应的，就形成了六种典型的组织形式，它们分别是企业家组织、机械组织、多样化组织、专业人员组织、创新组织和传教士组织。（见表5.1）

表5.1　六种组织形式及其机制

组织形式	主要协调机制
企业家组织	直接管理
机械组织	工作程序标准化
专业人员组织	技术标准化
多样化组织	产品标准化
创新组织	互相协调
传教士组织	规范标准化

资源来源：杜玛和斯赖德2006:42

当直接管理是组织的主要协调机制时，这种组织形式就是企业家组织。企业家组织的结构非常简单，没有一定的模式，使得企业顶层的一个人就能协调组织行为，因而组织具有灵活性。当生产进入常规化，有关工作可以按标准化程序进行时，组织就会变成一种机械组织。如果一些组织（如大学、医院)很难实行工作程序的标准化,其大多数工作只能依赖有关人员的专业素质和个人判断力时,这类组织就是专业人员组织。如果企业要实行多元化经营,就必须将组织目标进行细化,并落实到下属各企业或分公司,这时企业应该朝多样化组织的方向发展,世界上许多大企业如通用电气、联合利华等都是采用这种组织形式。如果一些企业(如计算机公司)要求硬件人员和软件人员之间的通力合作,或者是市场人员和生产人员的通力合作,就需要采用以相互调节为主要机制的创新组织,以保持企业家精神和创新精神。但是对于较大的组织,采取相互调节的协调方式是很困难的,通常它们会通过规范标准化(如企业文化、共同的价值观)来指导员工的行动,使员工具有强烈的使命感、团队精神和合作意识,从而形成了一种传教士组织。

(3)现代企业的组织结构分类

管理学家在实践考察中发现,随着企业规模的不断扩大,大量古典企业已经演变为现代企业,而这些现代企业在组织结构方面具有一些共同或相似的特征。根据这些组织不同的结构特征,他们把现代企业的组织形式划分为三类,即 U(Unitary 的缩写)型结构企业、M(Multidivisional 的缩写)型结构企业和 H(Holding 的缩写)型结构企业(杨瑞龙,1999)。

U 型结构企业是一种以权力集中于企业高层为特征的企业组织结构,又称为功能垂直型结构。这种只有一个领导来协调企业各个部门工作的简单等级制度,具有权力集中,决策迅速,便于协调等优点。19 世纪,一些著名企业如杜邦、通用汽车等基本上都是采用这种组织形式。但是,随着企业的不断壮大,这种组织形式的缺陷也逐渐暴露出现,主要表现为:企业总部处理日常事务的负担越来越重,缺乏精力考虑长远的发展战略,并随着行政机构的日益庞大,部门之间的协调越来越困难,以致管理成本迅速上升。在这种情况下,通用企业公司率先进行了内部分权的组织制度创新,采用了 M 型组织结构,大大增强了企业活力,成为了美国大公司仿效的对象。

M 型结构企业是以企业总部与中层管理者之间的分权为特征,所以又称为事业部型分权结构。这个结构试图将市场机制引入企业内部,并把两种分配方式(按计划统一分配资源与按价格机制分配资源)的优点结合起来。其基本特征就是战略决策和经营决策相分离。企业的业务按产品、服务、客户或地区划分为不同的事业部门,企业总部授予事业部门很大的经营自主权。这种组织制度具有多方面的优点(Williamson,1981):经营决策由独立的分部作出,并有利于总部的控制;总部只要负责战略决策和长期发展规划与目标,而不必过问具体的经营活动;具有较好的协同作用,有利于追求整个企业的利润最大化。

H 型结构企业也是实行企业内部分权的一种组织形式,又称为控股公司型结构。但与 M 型结构不同,它的事业部由具有独立法人资格的子公司所代替,公司总部持有子公司的部分或全部股份。由于子公司是独立法人,因而具有更大的经营自主权。同时,总公司对子公司的投资承担有限责任,有利于分散总公司的财产和经营风险。当然,总公司只能通过子公司的董事会对子公司的投资和经营进行控制和监督,这使总公司的战略实施带来了一定的困难。

20 世纪 50 年代以后,现代企业的组织形式又有一些新的发展,出现了诸如矩阵制结构、超事业部制结构、模拟性分权结构、多维结构等组织形式。当然,这些组织形式都是以上述三种基本类型为基础的。

5.1.3 组织社会学的分类方法

社会学家认为,社会组织的分类,有助于揭示某类社会组织的特性,也有助于概括出有别于社会群体的各种社会组织的共性。因此,他们结合自己的研究需要,提出了许多不同的分类方法。限于篇幅,下面只简单介绍四种在理论界影响较大的分类方法。

(1)韦伯的组织分类法

韦伯(Weber)是德国社会学家和政治经济学家,他最先认识到组织分类研究的意义。在他著名的分类法中,韦伯把权威作为组织分类的基础。他把权威分为三种:一是传统权威(traditional authority),即基于古老传统的一种神圣不可侵犯的权威;二是法理权威(legal - rational authority),即因角色在组织中所处的职位而具有的合法权威;三是感召权威(charismatic authority),即因个人魅力和个人崇拜而产生的权威。与每种权威相对应的是三类不同的组织结构。传统权威引起了专一和分散的结构,如世袭制及其各种表现形式,包括老人政治、家族制和封建制等,这些组织统称为传统组织。法理权威则为更多非人格因素和形式结构提供基础,这些结构的最高发展形式是科层制。而感召权威却与"严格的个人"关系相关,这一关系把令人敬畏的领袖与其虔诚的追随者或信徒联系起来。

在韦伯看来,传统权威和法理权威可以为组织的长期稳定提供基础,并且传统的组织结构将逐步让位于法理的组织结构,因为法理结构具有"优于其他任何组织形式的技术优势"。只有在不稳定的危机时期,人们要求有特殊的手段,而这些手段又只有某些具有精神和思想的特殊人才所拥有时,感召魅力的形式才会出现。然而,当那个具有超凡魅力的领袖死后,这种组织形式最终会向其他两种组织形态转化。如果领袖的继承问题通过遗传或世袭方式解决,那么就会演变为传统组织;如果领袖的继承问题通过法则来解决,那么就会发展成科层组织。

韦伯采用历史类型比较法,对不同历史时期的组织进行分类研究,其意义主要是为了建构一个简化的模型,更好地考察和理解科层组织最为突出或独特的特征,以便更好地认清资本主义产生的根源及其合理性。但他并没有对历史上某一时期的组织作出分类研究,所以我们无法借鉴他的分类方法对当前我国农业产业组织进行分类研究。

(2)帕森斯的组织分类法

帕森斯是美国著名社会学家,结构功能主义的创始人。他在《现代社会的结构与过程》(1960)一书中,从系统论和功能论的观点出发,以组织的功能和目标为基础进行分类。他认为,所有的社会组织为了生存,都必须具有四个基本功能。一是适应性功能,即需要获取充足的资源;二是目标实现功能,即需要确定目标和实现目标;三是内部整合功能,即要在组织内部维持团结或协调;四是模式维持功能,即要创造、保持和传播该组织独特的文化和价值观。为此,他把社会组织分为经济生产组织、政治目标组织、整合组织和模式维持组织等四种类型。经济生产组织是指制造产品或进行生产的组织,如工厂。政治目标组织是为了确保作为整体的社会目标实现起维护和推动作用的组织形式,如国家的政府机关、银行系统等。整合组织是在社会的层次上提供效能,但不是为了经济效益的组织,如法院、各级党组织、医院等。模式维持组织是指那些具有"文化"、"教育"和"揭示"功能的组织,如学校、教会等。

针对这种分类,帕森斯作了以下几点说明。第一,这种分类在操作过程中考察组织的主要功能,借此将其归入恰当的组织类别。因为只能说经济组织是把经济放在首位的,而决不能说它是只有经济功能的组织,这一点也适用于其他类型的组织。第二,这种分类的基点可作为更详细分类的起点,从而把基本类型进一步划分为其他较低层次的子系统。第三,组织的恰当分类是由作为局部的组织在系统中实施的功能类型决定的,但不能因此忽视组织内部不同结构层次所存在的功能分化。组织具有其整体功能的一致性,同时又存在不同层次的功能分化。

(3)布劳和斯科特的组织分类法

布劳和斯科特以组织的受惠者为基础,把组织分为四类,即互惠组织、服务组织、经营性组织和大众福利组织。互惠组织包括政治党派、工会组织、贸易协会、俱乐部等,其成员根据自己的兴趣参与组织的活动,结构比较松散,来去自由。服务组织包括学校、医院、律师事务所等,主要是为成员提供良好的专业化服务。经营性组织主要从事工农业的生产、交通运输和商业流通领域的活动,以赢利为目的,如公司、商店、银行等。大众福利组织主要是为了维护社会的公平和公正,并不以赢利为目的,如大学、科研机构、消防机构等。

(4)埃特奥尼的组织分类法

埃特奥尼根据组织权力类型和组织成员的服从方式,把组织分为疏远类组织、功利类组织和道德类组织。疏远类组织是以强制权力为基础,利用有形力量迫使其成员服从组织要求,如不服从将遭受痛苦或死亡,如集中营、精神病医院、军队等。这类组织意味着其成员会持极端的否定态度,组织与成员的关系处于离散状态。功利类组织是以物质或非物质奖励为基础的组织,主要是指工商企业。这类组织与其成员的关系可能是积极的,也可能的消极的,可以说是一种报酬与服从的关系。道德类组织是通过劝导和感召,把人们的行为引导到正确的轨道上来,如教会组织、志愿者组织等。

为了对以上各种分类原则有一个更加清晰的了解,表5.2进行了一个直观的比较。

表5.2　组织社会学的分类方法比较

提出者	分类方法	组织类型	典型例子
韦伯	权威	传统组织	老人政治、家族制和封建制
		科层组织	
		魅力组织	
帕森斯	执行功能	生产组织	摩托车厂
	追求目标	政治组织	政府机构
		整合组织	法院系统
		模式维持组织	大学组织
布劳	组织输出的受惠者	互惠组织	贸易协会
斯科特		服务组织	政府机构
		经营组织	银行系统
		大众福利组织	邮局
埃特奥尼	组织权力类型	疏远类组织	军队
	成员服从方式	功利类组织	销售公司
		道德类组织	教会组织

资料来源:于显洋 2002:82

5.1.4　总结与比较

通过上述分析可以明显看出,与管理学和社会学相比,经济学的组织分类实在过于简单。而相对而言,社会学的组织概念要比经济学的组织概念宽泛一些。通常,社会学中的组织是指广义的社会组织,它既包括市场经济组织,也包括政府有关组织,还包括这两类组织以外的其他所有组织(如社团组织、教会组织等等);而经济学和管理学中的组织,一般是指企业。因此,社会学的分类总体上比较粗,而管理学的分类相对较细,但经济学中几乎没有对企业进行细分。这就给我们一个启示,如果经济学要加深对组织的研究,就应重视对组织的分类研究,并且在这方面可以汲取管理学和社会学的现有成果与营养。威廉姆森之所以能在组织研究取得一些突破,与此不无相关。当然,经济学在这方面的努力还是远远不够的,仍然有很大的拓展空间。

同时,我们也发现组织分类问题是比较复杂的,不同的学科以及不同的学者都有自己的独特标准。当然,分类本身并不存在最好的结果,它只是根据研究需要而采取的临时性措施,我们可以根据不同的需要对组织进行不同的分类。

5.2　我国农业产业组织的现有分类方法及比较

目前,在我国有两个方面的组织分类方法,一方面是管理层面的组织分类,即政府为了实施社会的科学管理,按照社会组织的运行特点作出的分类;另一方面是学术层面的组织分类。本节将对这些分类进行简要的介绍,同时作出必要的评述,为下一节的分析研究提供一个背景资料。

5.2.1　我国社会组织的管理分类

每一个社会都有自身的分类系统,它既是社会管理的手段,也是社会制度结构的表现形式。自1949年以来,我国的社会组织一直采用两种分类方法。

一是以产业为基础进行分类。我国根据不同产业的研究对象,把社会组织划分为三种类型,即第一产业组织、第二产业组织和第三产业组织。第一产业组织是以自然为开采对象的产业组织形式,包括农业、林业、牧业,以及石油开采业和地质勘探业等。第二产业组织主要是指在第一产业组织基础上形成的产业,包括工业(制造业、电力、煤气)和建筑业。第三产业组织包括流通部门和服务部门两大类组织,流通部门的行业主要有交通运输业、商业饮食业、邮电通讯业、物资供销业和保管仓储业,服务部门的行业可分为生产和生活服务部门(如金融、保险、房地产、旅游、信息咨询等)、教科文卫等服务部门(如教育、文化、科学研究、卫生、体育、社会福利事业)和社会公共服务机构(如国家机关、党派团体、军队、警察、监狱等)。随着知识经济和信息产业的发展,人们提出了第四产业的概念,但对这个概念含义的界定说法不一,主要有以下几种:(1) 对从三次产业中分化出来的属于知识、技术和信息密集的产业部门的统称,它包括设计、生产电子计算机软件及其服务部门、咨询部门、应用微电脑、光导纤维、激光、遗传工程的新技术部门、高度自动化、电气化部门等等;(2)有人主张把"信息产业"(知识产业)独立作为第四产业,它包括电讯、电话、印刷、出版、新闻、广播、电视等传统的信息部门和新兴的电子计算机、激光、光导纤维、通讯卫星等信息部门,主要以电子计算机为基础,从事信息的生产、传递、储存、加工和处理;(3)联合国经济合作与发展组织则把从第三产业中划分出来的"情报部门"作为第四产业,对此所下的定义是"情报活动包括情报的提供、加工或按原始目的分类,情报工作者包括管理者、干事和秘书,以及建立和维护情报基础结构的从业人员"。

二是按组织性质进行分类。原先只分为三类,即国家党政机关、事业单位和企业,后来增加了一类民间组织(包括社会团体、民办非企业单位、基金会和外国商会)。按照现有管理规定,前两者在各级政府的编制委员会登记注册,企业在各级政府设立的工商行政管理部门注册登记,而民间组织则在各级政府的民政部门注册登记。很明显,这种分类方法是计划经济的产物,具有管理层次上的意义。随着改革开放和经济体制的转型,我国社会组织正日趋多元化,这种分类方法已经很难满足社会发展的需要。关于民间组织的分类及其在管理上的问题,作者将在第 7 章进行讨论。

5.2.2 我国农业产业组织的研究分类

我国学者在研究农业产业组织中的不同问题时,曾提出不同范畴的分类方法,但主要可以归结为两大类,即合作组织分类法、中介组织分类法。

(1)合作(经济)组织分类法

苑鹏(2001)在研究中国农村市场化进程中的农民合作组织中,引用了农业服务协会的案例,这意味着他把农业服务协会列入农民合作组织。应瑞遥(2002)在论证我国农业合作社出现异化现象时,列举了对江苏省13家农民专业协会的调查情况,并在文章的注释中他明确表示"实际上专业协会和专业合作社之间的界限并不严格"。李瑞芬(2004)按照合作组织的主体即成员,将合作组织分为农业生产者组成的农业合作组织、消费者组成的消费合作组织、企业职工组成的工业合作组织和零售商人组成的批发合作组织,同时她认为"合作经济既是经济企业又是社会团体,它是双面多重性的统一。"而郑远红、王越子(2004)则把农业合作经济组织分为专业性农业合作经济组织、社区性农业合作经济组织和股份制农业合作经济组织。

徐旭初(2005)提出,农民合作组织是由农业从业者为了谋求、维护和改善其共同利益,按照自愿、公平、民主、互利的原则,通过共同经营活动建立起来的经济组织。在综合了理论界和政界的有关说法后,他认为农民合作经济组织可以有三层意思的理解:一是最广义的理解,农民合作经济组织包括各种类型的农民专业合作社、农民专业协会、乡镇村集体经济组织、农村股份合作制企业以及供销合作社和信用合作社;二是比较广义的理解,农民合作经济组织包括各种类型的农民专业合作社、农民专业协会、乡镇村集体经济组织、农村股份合作制企业,即不包括供销合作社和信用合作社;三是狭义的理解,农民合作经济组织主要指农民专业合作经济组织,也就是仅仅包括农民专业合作社和农民专业协会。在有关分析的基础上,他提出了自己的一种分类方法(见图5.1)。

(2)中介组织分类法

孙天琦(2000)在分析我国农业产业组织的结构演进时,依照农业企业

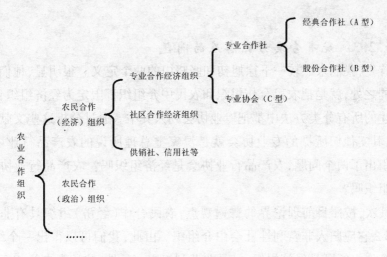

图 5.1　农民合作组织的分类图

资料来源：徐旭初 2005

对市场的替代程度，把我国农业组织划分为三大类，即纯粹的市场、农业中介组织和农业企业。在这里，他把农业中介组织界定为准企业或准市场组织，它包括(1)"批发市场 + 农户"模式，(2)依托各类"能人"、专业户建立的以技术、销售服务为主要内容的中介服务组织，(3)依托国家农业事业单位建立的以技术服务为主要内容的中介服务组织，(4)"社区性合作经济组织、龙头企业、专业协会 + 农户"模式。

张晓山等(2002)提出，农民中介组织是指在农民与市场之间起桥梁和纽带作用的各类经济组织，并非特指仅由农民发起和组织的中介组织。农民中介组织既包括农民的自助组织，也包括为农民服务的其他类型组织，主要类型有：(1)农产品销售和农用生产资料组织(包括供销社、专业合作社、专业协会、农民运销联合体以及各种企事业单位兴办的加工营销实体等各类经济组织；(2)为农民服务的金融组织(包括农村信用社、清理整顿之前的合作基金会以及各种非正规的金融组织)；(3)乡村社区组织。

5.2.3　现有分类方法存在的问题

首先,我们来比较一下徐旭初和张晓山的两个定义。很明显,他们有一个共同之处,就是把农民合作组织和农民中介组织都限定为经济组织,并且在上述的所有分类方法中都把专业协会列入其中。通过分析这些文献中的案例,其实他们所提的专业协会就是温家宝总理所说的农产品行业协会。这就引出了两个问题,农产品行业协会是经济组织吗? 农产品行业协会是合作组织吗?

其次,按照目前理论界的普遍观点,农民合作(经济)组织具有非营利性,那么它应归入非营利性社会中介组织。由此,我们可以得出一个结论:农民合作组织既是经济组织,又是非营利组织。显然,这种观点是相互矛盾的,因为经济学对经济组织的基本定义就是以营利为目标或股东利益最大化为目标。为此,我们有必要对农业合作组织与农产品行业协会的组织特性作出一个比较。

5.3　农业合作经济组织与农产品行业协会的特性比较

为了理清以上几个问题,我们有必要重新审视农业合作组织与农产品行业协会之间的关系。由于农业合作组织是一个集体性概念,它包含了若干不同的组织形式,所以我们选择其中最典型的组织形式——农业专业合作社与农产品行业协会进行比较。

组织特性是一个组织区别于其他组织的最主要标志。在此,作者将从两类组织的经济性、营利性和合法性三个方面作出比较分析。

5.3.1　市场组织还是非市场组织

作者认为,市场经济组织与非市场组织的区别,主要在于组织是否直接参与市场竞争或其基本经济收入是否源于市场价格。农业专业合作社产生和存在的根本原因,就在于它在市场交易中比个体成员具有更强的讨价还价能力,也就是说农业专业合作社的存在价值主要体现于外部交易,而不是内部交易,并且在与外部发生各种交易关系时仍然以利润最大化为目标。由此可以认定,农业专业合作社具有企业的一般属性,可将其归入市场经济组织的范畴。与此相反,农产品行业协会并不直接参与市场经济活动,其经济收入仅来自会费、捐助、政府财政支持或其他非市场化来源。即使在向所属成员提供服务时,协会也可能收取一定的费用,但其目的主要是为了补偿一些服务成本,而不完全按照市场交易中的价格规律。因此,农产品行业协会从根本上有别于市场经济组织,它应该是一个非市场组织。

5.3.2　营利组织还是非营利组织

中国行政管理学会课题组在《中国社会中介组织发展研究》(2006)中,把社会中介组织分为二大类,一类是营利性社会中介组织,另一类是非营利性社会中介组织。这两种组织由于其存在的根本性目的不一样,因此其管理活动及内容也存在很大差别。营利性组织最典型的就是企业,而企业是以盈利为最终目的的,其出发点和归宿都是营利。因此营利性组织的目标就包含三个:生存、发展、获利。首先,企业必须生存,只有生存下来才能进一步发展,只有发展才能获利,而企业最终只有获利才能体现其生存的价值,这三方面是息息相关的。而非营利组织一般是指不以获取利润为目的,而从事商品生产、流通、提供服务的民间组织。非营利组织是美国广泛采用的概念,美国财务会计准则委员会(FASB)将其定义为:"符合以下特征的实体:该实体从捐赠者处获得大量的资源,但捐赠者并不因此而要求得到同等或成比例的资金回报;该实体经营的目的不是为了获取利润;该实体不存在营利组织中的所有者权益问题"。非营利组织的作用主要有:一是社会服务,为社会成员提供中介服务和直接服务;二是社会沟通,为政府与企业、政府与社会之间的沟通充当桥梁,一方面向政府反映企业、社会的意见、建议,为政府提供信息,另一方面协助政府作好宣传、指导、监督等方面的工作;三是社会评价,对生产、消费品作出公正的评价;四是社会裁断,调解社会成员之间的纠纷。

为此,作者认为,一个组织属于营利组织还是非营利组织,其判断依据是组织成员是否拥有一种可从本组织得到利润或剩余的权力。在现实中,专业合作社不仅向其成员返还部分利润,而且在许多情况下实行股利分配,显然具有营利性组织的基本特征。但是,农产品行业协会所取得的任何收入并不在其成员中进行分配,而是全部用于自身的发展,即协会会员只有交纳会费的义务,而没有任何分享其盈余的权利,因此农产品行业协会应该是一个非营利性组织。

根据中国行政管理学会课题组(2006)的说法,非营利组织又可分为公益性组织和互益性组织。公益型组织是指为本组织以外的社会群体提供公共服务的组织,如慈善组织、基金会等。这类组织的目标非常明确,是为公共利益服务,不允许为组织内部服务。其运行基础是社会公益事业和社会公共道德,主要作用领域是弱势群体的社会救助、社会援助以及教科文卫等公共需求的满足方面。这方面的社会管理功能往往能成为政府提供公共物品和公共服务的有效补充。而互益性组织是指为组织内部成员服务的社会组织。这类组织一般实行会员制,主要服务于内部会员,代表会员的利益与政府或其他社会组织联系,并促进本组织内部的沟通。虽然互益性组织往往表现为利益的内部性和团体性,但在社会管理中,由于其对内部成员的自律和约束功能,往往成为社会公共管理的重要组成部分。显然,农产品行业协会并没有提供公共服务,而是为了促进协会内部成员的利益,所以应该属非营利性组织中的互益性组织。

5.3.3　经济组织还是社团组织

如果将国际合作社联盟在1996年提出的"入社自由、民主管理、报酬适度、赢利返还、合作社教育和合作社之间合作"的建社原则用作评判标准,那么农产品行业协会显然也不具备合作经济组织的所有特征。除了不遵循"报酬适度"和"盈利返还"的原则外,农产品行业协会在以民主管理原则开展内部管理和协调时,也不像专业合作社那样采取"一人一票制",而更多的是推行"代表制"。同时,根据国务院1998年颁布实施的《社会团体登记管理条例》对"社会团体"所作的规定(是指中国公民自愿组成,为实现会员共同意愿,按照其章程开展活动的非营利社会组织),可以进一步推断农产品行业协会是一种社会团体。

5.4　农产品行业协会的组织定位

从有关文献来看,近几年理论界对农业合作组织的研究较多,而对农产品行业协会的研究相对较少。因此,我们有必要专门就农产品行业协会的定位问题展开深入地讨论。

5.4.1　农产品行业协会的角色定位

与政府相比,农产品行业协会是非政府组织(NGO),与企业相比,农产品行业协会是非营利机构(NPO),所以它是政府与市场主体以外的"第三种力量"或"第三部门",是沟通政府与农业市场主体的平台,在整个社会中主要是扮演"协调人"的角色。一方面,作为涉农企业和农民的联合体,农产品行业协会充当行业整体利益的代表或代言人,想成员之所想,急成员之所急;另一方面,为了本行业的整体利益或协调好与政府的关系,农产品行业协会有时也会充当政府的助手或参谋,如参与制订或宣传国家有关农业政策和法规,承担政府的有关培训计划等。但是,这种角色的扮演在一定程度上又取决于本身的收入结构。一般来说,如果来自外部的捐赠占其总收入的比例越大,农产品行业协会就更倾向于一个纯粹的非营利组织;如果政府财政资助占其总收入的比例越高,农产品行业协会与政府之间的关系就会更加融洽。在欧美发达国家,农产品行业协会有两种典型的模式:一是在美国、英国等"自由市场经济"国家,政府一般不参与农产品行业协会的组建、人事安排及提供资助,农产品行业协会都具有较强的独立性,但在此情况下协会与政府之间也经常会出现对立情绪或矛盾;二是在德国和法国等"社会市场经济"国家,政府不仅注重与农产品行业协会的协调与合作,而且还给予多方面的财政支持,协会甚至可与政府共享部分农业税款,因此这些国家的农产品行业协会在代表和维护本行业利益的同时,通常还承担政府农业管理的部分职能,扮演"政府替代物"或"政府互补品"的角色。以德国为例,政府不仅每月提前向农业协会拨款,而且其预算每年按一定比例(大多在 2%左右)递增,同时农业协会也有义务为当局和法院提供鉴定服务,为主管农业的法院推荐名誉法官和仲裁法庭的专业人员,以及通过宣誓仪式选定合适的人作为农业鉴定人等。

5.4.2 农产品行业协会的功能定位

既然农产品行业协会是非政府又非企业的第三部门,那么它发挥作用的基本领域就应该是政府与企业都不能或不宜涉足的领域,也就是人们常说的政府和企业干不了、干不好和不愿干的领域。如前所述,农业协会的根本任务是代表和维护本行业农业经营者的权益。在当前农业市场化和贸易自由化条件下,如何及时、正确地将农业经营者的意愿进行制度化的利益表达,独立地开展或参与侵权行为、反倾销、反垄断诉讼等维益活动,应成为农产品行业协会的工作重心。因为行业协会的代表功能是一种为业内全部经济组织或个人提供非排他性的公共物品,所以行业协会也曾被西方学者称为"私益政府"(Private interest government)。

显然,如果行业内不是所有的经济组织或个人都加入协会或交纳会费,就必然会出现行业内"搭便车"现象,从而会影响协会的生存与发展。为降低这种制度性外部效应,增强协会自身的吸引力和凝聚力,绝大多数协会都把行业服务列入自己的另一项重要功能,如向协会成员提供市场、科技信息,开展技术和人才培训,创建统一品牌等。

需要指出的是,农产品行业协会的这种服务有别于市场经济组织,这就是协会并不直接参与市场竞争,也不直接增加成员的经济收入。因此,在现实中,通常规模大、专业化程度高的农业经济组织(如农场、加工企业)对加入农产品行业协会具有较强的意愿,以降低他们在生产经营活动中的交易成本。例如,德国 90%经营规模在 2 公顷以上的农场主都加入了农民协会。相反,生产经营规模较小的农户却通常偏好加入农业合作经济组织,以便与之结成"利益共同体",化解农业经营风险和获取股利,同时也避免了加入农产品行业协会需交纳会费却没有直接经济回报的问题。

此外,作为一个行业的利益代表,农产品行业协会需要开展整个行业的集体行动,但业内每一个经济组织和个人却又是理性或者自利的,以至于实现协会的集体行动在实际中会出现相当大的困难。这样,在客观上需要协会通过自我教育、自我管理,使全体成员树立诚信为本的观念和形象;同时还需要通过制定协会规范,用以指导、规制和协调全体成员的行为,防止和避免行业内过度竞争、不正当竞争等现象的发生。由此进一步派生出了农产品行业协会的业内协调功能和自律功能。因此,行业代表、行业服务、行业协调和行业自律就成了农产品行业协会缺一不可、互为一体的四大功能。

考察欧美发达国家农产品行业协会的作用,不难看到一个共同的现象,即它们都把代表和维护农民及相关涉农企业的整体利益作为自己的组织使命或根本任务。例如,德国农民协会(DBV)视己为全体德国农民及涉农企业的利益代表,在生产、法律、税收、福利、教育和社会等方面代表本行业的整体利益;创建于1957年的美国玉米种植者协会也明确宣示,它不仅代表来自48个州的3.1万多个会员的利益,而且还代表美国30多万玉米种植者的利益。

从发达国家来看,农产品行业协会作为利益代表主要通过三种渠道来实现。一是通过与政府有关部门的对话和沟通,实现本行业经济意愿的表达。在某种情况下甚至对政府施加压力,以尽可能地影响政府农业政策的制订与实施,从而达到将行业利益融入政府政策之中的目的。二是发展和加强与国内外其他组织的沟通与合作,甚至开展或参与侵权行为、反倾销、反垄断的法律诉讼活动,以维护本国、本行业成员的利益或创造公平的国内市场秩序和国际贸易环境。三是通过创建业内统一的产品和服务品牌,提升本行业农产品的市场价值。

农产品行业协会之所以普遍被人们确立为特定利益集团(Interest Group)的代表,是因为它比合作经济组织等其他市场组织具有更大的开放性和包容性。由于市场经济组织中各个成员(股东、社员等)之间存在紧密、直接的经济利害关系,组织内部的管理或监督成本将随组织成员增多而急剧提高,从而决定市场经济组织的有效"边界"即组织规模将是有限的。相反,农产品行业协会是一种松散型社团组织,它与组织成员之间不存在直接的经济关系,所以其组织规模与内部管理成本的相关性很低,使之能形成一个覆盖面更宽、规模更大、代表性更强的利益集团。在组织结构上,农产品行业协会对本行业所有涉农主体开放;并且在服务对象上,除了协会会员外还可涵盖政府有关部门和本行业的非协会会员。此外,农产品行业协会的董事会和专业委员会成员也可由外部人员担任,这样可使协会内部管理和决策更具客观性、科学性和公正性。

正是因为农产品行业协会有上述这些重要特点,近来许多欧美国家为适应经济全球化的需要,都积极采取各种措施,鼓励和推动农业行业组织的发展。但是,我们也应该注意到,目前欧美国家不少新成立的行业协会大都从其他农业经济组织演变而来,有的虽在表面上仍然打着合作社等旗号,但本质上已演变为具有农产品行业协会性质的社团组织。于是,我们在进行国际比较研究时,不能仅仅从表象作出判断,误以为国外的农业合作社也具有社团组织的非营利性质。

5.4.3　农产品行业协会的目标定位

目标是一个组织为已明确确立的行动标准。要实现农产品行业协会的多功能性,必须建立相应的目标体系。作为农业行业的利益代表,农产品行业协会应该以实现本行业利益的最大化为根本目标。基于协会的非营利性组织特性,可以将上述目标细化为更加具体的标准,即给定成本条件下的行业效益最大化,给定效益水平下的行业成本最小化,或者行业净收益(收益减去成本)的最大化。此外,鉴于农产品行业协会又是一种自我管理、自我服务的社会组织,它不可避免地要将公平、正义和社会责任与伦理道德纳入自己的视野,承担起类似于政府部门的准公共管理任务,因此农产品行业协会除了利益目标外,还必须有一定的公共管理目标。

当然,就农产品行业协会本身来说,无论它追求的目标是什么,其自身都应以效率最高的资源使用方式来追求,这就是它的效率目标。效率目标一般包括在盈亏预算限制下,谋求组织产出量和质量的最大化;管理人员的效用最大化;现金流量的最大化;捐赠者的效用(满意)最大化等。

然而,协会本身是不以利润最大化为目的的,这就必然会影响组织自身对效率目标的追求,使它在与市场经济组织或营利性组织竞争中可能会处于劣势。所以各国政府都要为其提供优惠和倾斜政策,通常的做法是规定对协会的捐赠可扣除赋税,以鼓励企业和其他非营利组织(如基金会等)向协会捐资。不少国家的政府还对农业协会的服务供给,采取补贴、贷款和贷款担保等多种形式予以补助。这是政府为克服协会低效率缺陷的一种策略,也是政府对农业协会的一种暗补方式。

当然,政府同时也要控制协会资金的使用方向,对其予以严格的审计监督。如德国《石勒苏益格——荷尔斯泰因州农业协会法则》规定,农业协会必须服从州的监督,这个监督的职责由管理环境、农业、食品和旅游的部门承担。这些部门的部长有权参加农业协会的理事会会议,并有权申请解散农业协会的理事会和全体成员大会。前提是协会没有按照管理环境、农业、食品和旅游等部门的要求,履行法律所规定的义务。如果农民协会的会长或副会长有严重失职行为,政府有关部门就有权立刻撤销他或她的职务,当然受处罚人员也有权在一个月内向农业法庭提出申诉。

5.5 本章小结

通过对农业专业合作社和农产品行业协会的比较,可以使人们能较准确地把握农产品行业协会的本质特征,澄清人们甚至部分党政干部将农产品行业协会和专业合作社不加区分的模糊认识,这对于正确指导农村工作和妥善解决农业问题有至关重要的决策指导意义。

同时,还可以给我们带来一些政策制定和研究方面的启示。如当前许多学者都在强调合作组织的立法和激励的重要性,却忽视农产品行业协会也很需要加强立法和支持。从农产品行业协会肩负着一定的公共管理职能,而本身又存在非营利组织所无法避免的效率缺陷来看,这类组织反而更应得到政府的补贴和支持。

其次,农产品行业协会作为一种社团组织,就必须优先发挥其社会功能,而不是经济功能。对它的研究也不能仅仅局限于经济学的理论和方法,还应更多地从社会学和公共管理学等视角作出分析。

此外,政府有关部门在制定农业合作组织的相关优惠和激励政策时,决不能仅凭一个合作社的名称就一视同仁,而是要分类区别对待。一般来说,对于生产性的农业合作组织,政府可以不断予以支持和帮助;但对一些以贸易为主的市场性农业合作经济组织,政府在"扶一把,送一程"后,就应该及时撤回,让这些组织自主参与市场竞争。

第 6 章 中国农业产业组织协调互动机制研究:一个新的交易成本理论分析框架的构建及应用

组织理论的第三个内容是治理的替代模式(市场、混合制度、企业、管理机构)具有分立的结构方式。这些替代性的治理模式不仅在类别上不同,就连每种一般治理模式的内容一致性也是不同的。就是说,每一种治理模式都有独特的优点和弱点。我们所面临的挑战性工作是如何更好地描述治理结构,从而阐明其相关特点,然后用一种经济学方式将不同类别的交易与分立的治理模式统一起来。

威廉姆森(经济社会体制比较,2003)

中国农业产业组织体系的合理构建,首先必须深入了解不同农业产业组织模式的内在机理及其相互关系。而交易成本是一个重要的分析单位或者判断标准,它可以把不同的组织模式统一起来,以便作出分析比较。因此,本章将对交易成本经济学中的主要理论进行回顾和总结,在此基础上再引入社会组织理论的有关思想和概念,提出一个新的理论分析框架,最后就新理论对现实的解释力以及与有关经典经济学和社会学理论的契合性作出分析。

6.1　威廉姆森组织理论的主要贡献及其所面临的质疑

交易成本经济学的主要分析对象是组织,它对理论的最大贡献就在于增进了人们对组织的认识。而威廉姆森是研究组织理论的一个最重要(有人认为是唯一)的新制度经济学家。正如他自己(Williamson,2001)所说的:"交易成本经济学的最终目的是建立一门组织科学"。因此,对这些理论的梳理,有利于我们进一步了解已有的研究成果,为理论的创新提供一些有益的启示和借鉴。在组织研究方面,威廉姆森的著述颇多,这里主要介绍和分析他的几篇重要文献。

6.1.1　基于信息阻滞下的市场与企业转化研究

威廉姆森对组织的研究是从市场为什么会失灵,或者为什么市场有时会被企业所替代开始的。1975 年,他在《市场和等级制度》一书中,针对市场框架不能解决许多现实问题,而提出了与新古典经济学传统假设不同的四个中心概念。第一个是"有限理性"(bounded rationality),第二个是不确定性(uncertainty)和复杂性,第三个是机会主义(opportunism),第四个是"小数现象"(small numbers)。其中,第一和第三个概念是对人性的假设,即属于"人的因素",而第二和第四个概念是对市场或交易环境的假设,属于"交易要素"。这四个概念是他建构交易成本理论的基础,也是该理论分析的逻辑起点。

"有限理性"概念是 20 世纪 50 年代赫伯特·西蒙(H. Simmon)首创的,它的基本思想是:人们信息加工的能力是有限的,因此无法按照充分理性的模式去行为,即人们没有能力同时考虑所面临的所有选择,无法总是在决策中实现效率最大化。这一思想与经济学长期坚持的"充分理性"的假设大相径庭,对此后的理论研究产生了巨大的影响力。为此,西蒙在 1976年获得了诺贝尔经济学奖。

"不确定性"一般分为两类,一是因有限理性限制,而对未来各种情况及变化无法事先预期,导致事后发生偶发事件的不确定性;二是由于信息不对称所导致的可能遭受对方欺骗的不确定性。

关于"机会主义"这一概念,威廉姆森把它定义为"一种基于追求自我利益最大化而采取的欺骗式的策略行为"。因为交易双方的利益有时是相冲突的、不一致的,所以信息较多的一方就会利用对方信息较少的缺陷而加以欺骗,以达到自身的利益。这是经济学理性模式的一个逻辑结果,因为人们都追求利益最大化。

"小数现象"就是极少可供选择的交易伙伴,则我们有时对交易对象可能别无选择。这与主流经济学里假定的,有很多人参与经济活动,是一个完全竞争市场的情形完全不同。威廉姆森把小数现象的产生原因,归结为最初提议者的优势、自然垄断以及某一交易方对另一方提供的特殊服务产生依赖性,等等。

威廉姆森指出,如果我们单独看这些问题,这些概念描述的现象都不会成为市场活动的障碍。譬如,虽然人的理性是有限的,但是在一个充分竞争的市场条件下,只要个人或厂商关心自己的私利,即关心个人效用的最大化,通过市场价格机制的协调,交易双方就可以达到均衡。也就是说,市场协调的效率并不需要每个人都具有充分理性。如果仅仅存在市场条件的不确定性或复杂性,而我们具有充分理性和足够的信息,那么我们可以通过制度安排加以解决。计划经济的很多做法就是为了解决不确定性和复杂性问题。如果仅仅只有机会主义,也不会产生市场失败。因为经济学最基本的假设是:人是自私的。机会主义只不过是利益最大化驱使下行为的另外一种描述而已。最后,小数现象本身也不是一个问题。第一,如果我们有充分的理性,可以估计到小数现象会产生什么样的后果的话,我们就可以制定规则来解决它所带来的问题;第二,如果人们没有机会主义行为,而是以诚相待、童叟无欺,那么这个小数现象也就不会产生问题了。

威廉姆森强调,只有当有限理性和不确定性相结合,或者机会主义和小数现象相结合时,才会引起信息阻滞问题,导致市场失败。在这些条件下,市场在解决这些问题时,不如其他组织形式更有效率。这就是他的基本思想和分析逻辑,如下图所示。

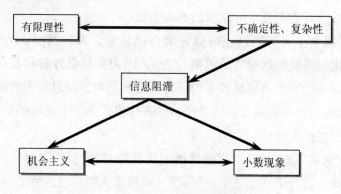

图6.1 威廉姆森的基本思想图
资料来源:周雪光,2003:37

同时他还指出,组织内部或组织间的种种差异都可以从交易成本的高低、形式、特点来加以解释。不同的交易成本可以导致不同组织之间的合同关系,不同的交易成本可以导致不同的组织内部结构,不同的交易成本可以导致市场与组织之间、甚至不同组织之间的选择。

6.1.2 基于不同行为假设下的组织制度选择

1985年,威廉姆森开始注意到,在现实生活中,存在着组织形式是一个连续流,而不是像科斯等人认为的那样,只是居于市场和科层组织之间的两端。他在《资本主义经济制度》一书中,分析和比较了市场、科层组织和混合组织的各自优势。

他认为,市场的优势在于反应迅速、激励效果明显。在市场中,各个主体对每项新的信息都可以自主采取行动,而不需要征得其他人的同意,同时各自承担行动的全部后果或成本。与此相反,在一个科层组织中,由于依靠权威进行协调,对新的信息作出反应的速度变慢,并且由于无法计量每个主体的贡献或责任,会出现激励强度的下降和官僚成本的上升,导致相互推诿或争名夺利。而混合组织居于市场与科层之间,它包括各种长期契约、互惠交易、管制、特许经营等各种形式。一方面,参与交易的一方可以不与另一方商量就可作出有效反应;另一方面,由于存在着相互之间的依赖,它们采取了更多的保障措施和行政手段,如信息披露、争端解决机制等。

此外,他还集中讨论了有限理性、机会主义和资产专用性这三个问题。他将三个行为假设在不同结合情形下,应采取的契约方式用下图进行归纳。

表6.1　威廉姆森的行为假设

行为假设			
有限理性	机会主义	资产专用性	解决对策
0	+	+	计划设计
+	0	+	承诺
+	+	0	竞争
+	+	+	制度建构

注:" + "表示存在,"0"表示不存在。

资料来源:威廉姆森,1985:31

威廉姆森认为,当存在机会主义和资产专用性,但是理性是充分时,可以通过"计划设计"来解决问题,因为充分理性意味着我们可以预测问题,并知道如何解决这些问题;当理性是有限的,同时存在资产专用性,但没有机会主义时,可以凭借"承诺"来解决问题,因为理性有限和资产专用性共存,就可能产生要挟问题,不过只要没有机会主义,承诺就可以信赖,那么建立在承诺基础上的契约就可以放心实施了;当有限理性和机会主义存在,但没有资产专用性时,可以通过市场竞争来解决,因为这正是新古典经济学的市场模式;当三种问题都存在时,就要通过制度治理结构来解决了。他认为,这就是交易成本学派要研究的问题。

6.1.3　基于契约视角下的组织治理成本比较

后来,威廉姆森转而从契约视角来考察经济组织。在《从选择到契约:作为治理结构的企业理论》一文中,他对选择理论和契约理论进行了比较

(见图6.2),同时提出,选择理论不是研究复杂经济现象的唯一视角,也并不总是最有启发意义的研究视角。经济学作为一门学科,只关注选择理论及其相关的最优化工具是错误的。他主张从选择视角转向契约视角对企业组织理论进行研究。

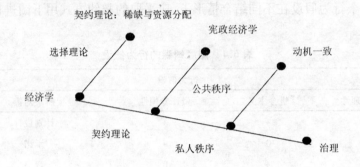

图6.2 选择理论与契约理论关系图
资料来源:威廉姆森,2003:80

威廉姆森针对理性体系中的宏观组织理论,提出了从组织理论到契约经济学的五个内容:(1)在更现实的条件下对人类行为者进行描述;(2)对所有重要的行为规范保持警觉;(3)治理的替代模式具有分立的结构方式;(4)多数属于微观分析法的行为分析;(5)合作适应的重要性。

威廉姆森认为,在契约视角下,经济组织有三个规律:基本转变,复制/选择性干预的不确定性,以及契约法律观念。基本转变适用于在契约实施和契约更新的间隙,众多符合要求的供货者实际上最初被分成少数的现实供货者。一般交易和交换的差别在于:一般交易是"陌生的买者和卖者相遇,很快就在一个均衡的价格下交换了他们的标准化商品";而在交换过程中,参与者的认同是很重要的,因为关系的连续性会产生重大的成本后果。因此,只有在互相依赖产生的条件下,交易才能进行基本转变。但是,相互依赖的交易者很容易相互指责,因为买者不可能轻易就转向其他可选择的供应来源,而供货方则可以重新配置专门资产,以便他们下一次更好地使用专门资产,或者提供给他们最好的使用者,他们的损失仅仅是生产性的价值。结果,就要求有维持价值的治理结构——注入秩序,缓和冲突,实现共赢。因此,简单市场交换就让位于可靠的契约行为。契约内容包括对提前交易的惩罚、泄露信息和举证机制、具体争端的解决程序等等。统一所有权(纵向联合)被认为建立了相互依赖的风险。

威廉姆森认为,企业规模不能毫无限制地扩大的事实,说明了将复制与选择性干预联合起来是不可能的。因此,从自主供应(小企业)到统一所有权(在一个大企业)的变动,就不可避免地会伴随着动机强度(在一个联合大企业中动机比较弱)和行政控制(控制更加广泛)的变化。因为市场和科层制在属性特征上具有不同的优点和弱点,所以有些交易会从市场到科层制的变动中受益,而其他的却不能。

威廉姆森提出,区分替代性治理模式的另一个组织尺度是契约法律机制。市场契约法律机制就是通过法庭来解决争端,但是一些争端是根本不能提交法庭的。除了是因欺骗、违法或者利益斗争等引起的争端外,法庭拒绝听取企业内部的争端。在许多情况下,参与者可以设计出他们之间的争端解决办法,并且这些办法比专家作出的以对争端的有限认识为基础、运用一般规则所作出的解决办法更令人满意。

为此,威廉姆森对他的分析作出了如下归纳:每一种治理模式不仅被内部一致的动机强度、行政控制和契约法律机制的属性特征所决定,而且它们不同的优点和缺点也随之增长。为了阐述自己的观点,威廉姆森用一个简单契约图(见图6.3)进行解释。图中,K 表示资产特性,K 表示特殊技术,S 表示保障措施。那么,A 点对应的是法律和经济学中的理想交易:没有依赖性,治理是通过市场价格的竞争来实现,在产生争端时由法庭补偿损失。B 点代表在契约风险没有减少的情况下,因存在资产专用性($K > 0$)而没有保障。C 点表示契约支持了企业间的契约保障形式。D 点表示,尽管双方尽了最大努力制定交易的保障措施,但双方的契约仍然失败了。由此,这种交易可能就会离开市场而在统一的所有权(纵向联合)下重新组织。

以上分析说明,随着交易被排除出市场而在内部进行,官僚主义成本就会随之增长,所以内部组织被认为是组织形式的最后手段。也就是说,交易

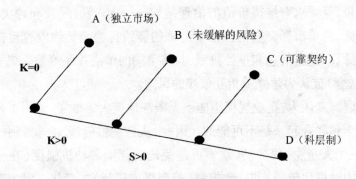

图6.3　简单契约图解

资料来源:威廉姆森,2003:88

可以在市场或混合形式中进行,只有当所有的努力都失败的时候,才会求助于企业的形式。因此,只有当较高程度的资产特性和增加的不确定性产生了较大的合作性适应需要的时候,点 D——统一的企业才会出现。

6.1.4　威廉姆森组织理论所面临的诸多质疑

威廉姆森对于组织理论的发展作出了重要的贡献。他以组织问题为分析的核心议题,构建起相对完整的理论体系,对自制或外购决策、一体化等问题给予了较为合理的解释。此外,威廉姆森深化了康忙斯对交易方式的分析,提出了交易的三个维度,并且走出了科斯以来市场与科层"二分法"的误区。

然而,威廉姆森的理论同时已遭到理论界的许多质疑,大体归纳如下:

(1)交易成本的概念不清

交易成本的定义林林总总,但是却对交易成本的内涵和外延却始终没有一个统一、公认的界定。换言之,哪些内容应该算做交易成本,哪些不需计入交易成本,理论界至今没有定论,连威廉姆森也说不清楚。在这种情况下,就根本谈不上如何对交易成本作出定量的测度。在无法测度的前提下,也就无法知道何种组织形式节约了交易成本。既然无法知道,威廉姆森等人的解释就只能归入目的论了。他们只能在事后观察到组织的演进或某种组织被选择,然后再去武断地推定交易成本一定是降低的。然而,交易成本经济学的任务恰恰是需要通过交易成本的降低去辨明组织会朝哪个方向演进,或者哪些组织会被选择。期间,明显存在着循环论证的痕迹。(曹利群,2004)

(2)对几个中心概念的质疑

有限理性、机会主义、不确定性、资产专用性等是威廉姆森理论框架中的中心概念和重要的前提假设。但是,这些假设在不同程度上都遭到批评和质疑。迪屈奇(1999)认为,威廉姆森混淆了机会主义和有限理性,机会主义并不造成信息不对称,信息不对称的存在是因为有限理性的缘故。霍奇森(1988)也提出,个体采取的违约行为可能并不是机会主义,而可能是对世界的不同看法。基于因果关系的不同看法而制止合同,可能不是利己主义的,相反可能是利他主义的。迪屈奇(1999)还提出,用资产专用性来解释科层组织和市场的选择也有问题。他认为,在出现资产专用性的问题时,可以通过租用资产加以化解,而不一定需要把交易各方合并到一个科层组织。总之,他们认为,在组织理论中,机会主义、资产专业性等并不应该赢得如此的重视。

(3)以交易作为分析单位有局限

曹利群(2004)认为,威廉姆森以交易为基本分析单位,意味着他和其他的新制度经济学一样,放弃了企业的生产、销售诸职能的考虑。由于对生产缺乏讨论,分工和技术进步等议题自然无法在威氏的框架之内得到讨论。G. Hamilton 和 N. Biggert(1984)提出,威廉姆森把制度划分为制度环境层次(博弈规则层次)和微观的分析层次(即治理制度层次),且把后者等同于治理结构,这必须隐含地假设制度环境处处相同。但是,他们认为,这个前提是不可能成立的。Kay(1992)也指出,以交易为基本分析单位,必须事先假设存在能够预先在技术上可以分离的单位,威廉姆森把交易等同于"货物或服务在技术上可分开的单位之间的转移"是错误的。

(4)以交易成本作为标准有问题

迪屈奇(1999)认为,以交易成本作为标准必须假定其他因素保持不变,从而排除了对公司具有重要影响的其他因素,如权利、核心竞争力。并且,交易成本的分析需要假定组织特征保持不变,必须假定组织因素、技术因素、市场因素是可以分开的。事实恰好相反,这些因素紧密地缠绕在一起。在这种情况下,组织的变化会引起所有因素的改变,从而无法把交易成本单列出来。比如,在交易规模扩大之后,交易费用本身增加了,但是与此同时生产成本、企业的竞争力等也相应发生了变化。单独的交易成本标准难以标示组织和制度演进的方向。卢瑟福(1999)也对交易成本作为标准提出了批评。他说,降低交易成本并不代表福利的增进。一个简单的反思是,经济增长在改进人们福利水平的同时,往往伴随着交易成本的增加。

6.2 一个新的交易成本理论分析框架的构建

理论界对于威廉姆森组织理论的是是非非,可谓是公说公有理婆说婆有理。如果我们仅仅从个别环节或个别要素来看待,是难以作出正确判断的。因为理论是一个完整体系,各种要素或各个环节是相互联系,相互依存的。因此,这就需要我们重新审视它的假设前提、理论逻辑和资料依据等。如果理论假设和逻辑都没问题,我们就用它来分析和解释中国的农业产业组织现象;如果假设前提或理论逻辑有问题,我们就需要对原有理论进行修正,建立一个新的理论分析框架,然后再来应用与验证。

6.2.1 重新审视威廉姆森组织理论的分析框架

威廉姆森是从交易成本视角来研究组织问题的,所以他以交易作为基本的分析单位,这是顺理成章的。如果有人否认后者,那他同时就否认了前者;如果否定了前者,那后者也就没有存在的必要了,这是一个没法或无须讨论的问题。作者认为,至少目前还没有一个比交易成本更好的分析工具,所以我们只有予以其应得的尊重。

那么,既然把交易作为基本的分析单位,我们就需要考察与交易有关的几个重要因素——交易主体、交易客体和交易环境。从威廉姆森在《市场和等级制度》(Williamson,1975)一书中最先采用的四个中心概念来看,他起先仅考虑到交易主体(有限理性和机会主义是对行为主体的假设)和交易环境(不确定性和小数交易是对交易环境的假设)两个影响组织交易成本的重要因素。之后,在《资本主义经济制度》(Williamson,1985)一书中,威廉姆森又引入了资产专用性的概念,同时对有限理性、资产专用性和环境不确定性这三个因素交互影响下的交易成本情况进行了描述性分析。这一点可以说明,他已经关注到交易客体对组织交易成本的重要性。这是威廉姆森组织理论的一个重要进步,使其分析变量更加全面和完整。再后来,威廉姆森将研究视角从选择理论转向契约理论,开始从个体行为转向对组织契约的研究。作者认为,这是威廉姆森对自己组织理论的一个重要、有益的补充和修正。从这些方面来看,威廉姆森的组织理论正在逐步走向成熟和完善。

然而,同时我们也不难发现,威廉姆森在理论研究进程中对其最初的假设前提正一步又一步地做出了让步或妥协。在基于行为假设的研究中,他没有把"少数交易"放入分析维度;在基于契约的分析中,他又进一步把"机会主义"也排除在外,而只保留了环境不确定性和资产专业性两个要素。或许,威廉姆森自己已经发现了它的理论根基中的一些不足与缺陷。

从现实经验来看,威廉姆森的几个理论假设确实存在着许多先天不足问题,与现实世界存在着或多或少的偏差。一是交易的少数现象,实际上这在现实交易中并不多见,绝对不是一个普遍现象,最多只是一个特例而已。把一个代表特殊现象的概念,引入理论分析框架中,作为一个理论体系的基础概念,这显然是不合适的。二是有限理性和机会主义,这些原先都是对"经济人"所作出的基本假设,虽然组织中也存在着这些方面的问题,但是在一个组织中,由于组织文化和内部规制的作用,可以进一步约束成员的机会主义,同时也进一步减少了自身的有限理性,因此在组织中有限理性和机会主义问题并不是非常突出的。正如青木昌彦(2001)指出的那样,在组织中成员有可能会放弃机会主义。为此,作者认为,以个体行为的特征来代表组织行为的假设,是威廉姆森理论框架中的一个致命性错误。三是资产专用性,它的存在有时会导致机会主义,但更多的时候它可能反而会促进交易双方的合作和妥协。这是因为资产专用性的存在增加了交易失败的风险，所以交易双方更愿意进行妥协和合作。只有当交易失败对一方损失较少，而另一方损失较大，而该交易又是"少数交易"时，损失少的一方可能会出现机会主义。按照波特的竞争理论，这时损失少的一方更具有"议价"的能力。因此，我们不能一概而论，认为资产专用性的存在就一定会导致交易成本的增加。作者认为，资产专用性通常与收益（更准确地说，是与交易失败可能会造成的损失）相关，而与交易成本大小没有必然的联系。四是环境的不确定性，这是对环境问题的一种总体性概括，应该是一个很好的概念。只是威廉姆森并没有把它看成一个连续性的概念，而只是一个时点概念，即不是高就是低，不是有就是没有。这是他在分析中所存在的不足和问题。

由此可见，威廉姆森理论大厦中的四大支柱，至少有三大支柱已处于岌岌可危的境地。尽管他在不断完善其理论的分析逻辑和研究视角的同时，极力并吃力地维护着他原先打下的几个理论根基。

当然，话又要说回来，这些年威廉姆森在理论构建层面所作的努力是非常有成效的，几乎可以用"完美"一词来形容。他提出的关于如何构建交易成本理论的基本思路和方法，对我们开展理论研究是很有启发和指导意义的（下节将有部分论述）。作者认为，如果威廉姆森不是老抱住原有的假设不放，极力地想证明其核心概念的准确性，而是按照他后来提出的分析思路走下去，或许他能取得更加辉煌的学术成就。正可谓是"成亦萧何，败亦萧何"！

作者认为，除了以上这些问题外，威廉姆森的理论框架还存在以下一些不足之处：

第一，威廉姆森的理论框架只是一个静态的模型，无法对组织演进问题作出动态性的分析。同时，威廉姆森提出的有限理性、机会主义、资产专用性等概念，即使具有一定的普遍性，但是却缺乏可观察性。这就使分析难以进行量化，也难以作出经验验证。

第二，威廉姆森认为不同组织之间是一种非此则彼的替代关系，这与现实是完全不相符合的。在现代社会，无论是我国还是国外的农业领域，都大量存在组织之间的共生、共栖或互倚现象。譬如，"公司＋农户"、"合作社＋农户"、" 合作社＋公司"、"行业协会＋合作社＋公司"等等。不知为何，威廉姆森对这些普遍存在的现象却视而不见。

第三，威廉姆森在分析中仅仅考虑到组织内部的法律契约、交易中的资产专用性等因素会影响组织的外部交易成本。然而，实际上这些因素往往都是一把"双刃剑"，在减少外部交易成本的同时，可能也会同时增加组织的内部协调和控制成本；反之，亦然。

第四，在经济学和管理学中，减少成本只是一个手段，而不是一个目的。无论是个体还是组织，其行动的目标都是为了使预期收益大于预期成本，即实现净现值的最大化。因此，威廉姆森只考虑交易成本而忽视交易收益的思路是有欠缺的。同时，仅仅从交易成本的总量来判断组织或制度的有效性，同样也是不够严谨的，这是它无法解释"经济增长与交易成本增加相伴而行"现象的主要原因。如果引入"单位交易成本"的概念，即把交易成本与交易量结合在一起来考察，那么解释以上现象可能就更容易了。

当然，理论的价值并不能仅仅局限于对现有理论的批判，而是要在对现有理论批判的基础上提出一个新的更有说服力和解释力的理论。因此，作者拟在这方面作出一个大胆的尝试。

6.2.2　一个交易成本理论分析的新思路

任何理论总是建立在一系列概念基础上的，概念是理论的基石。然而，作为交易成本经济学的一个核心的基础性概念，交易成本的内涵和外延却始终没有一个统一、公认的界定。换言之，哪些内容应该算做交易成本，哪些不需计入交易成本，理论界至今尚无定论。显然，基于一个模糊概念而建立起来的理论体系，似乎只是一个信念，难免就会出现过于随意和宽泛的"帝国主义"倾向。以至于像西蒙这样在组织方面资深的学者，也曾经抱怨交易成本"纯粹是用漫不经心的方式引入到研究中来"（Simon，1991）。汪丁丁、韦森、姚洋（2005）则更为"干脆"，希望通过"越狱计划"设法逃脱这个"语言牢笼"。说白了，就是想放弃"交易成本"这个概念，因为他们不知道它到底是什么。这种言行似乎过于草率,毕竟"交易成本"概念的运用为经济学打开了一个崭新的窗口,并且使经济学理论更具有经验性。在这种情况下,我们只能修正而不能抛弃。

交易成本除了是一个没有明确界定的概念外,另一个问题就是无法量化,这无疑给分析带来了难度。对此,威廉姆森(Williamson,1979)提出,交易成本的分析只能"倚重于比较分析",这是一个很好的处理办法。他在《经济组织的逻辑》(Williamson,1988)一文中还进一步指出了经济组织的比较逻辑,可以按照三个步骤进行:(1)确定相应于各种交易之间不同交易费用的微观分析要素;(2)用区别对待的方法使各种交易与各种规制结构相关联;(3)发现和注重那些伴随经济组织可预测的重要的现存程序特征。这为理论分析框架的构建,指出了一个合理的方向和基本程序。

本书对现有交易成本理论分析框架的一个重要修正,就是将交易成本理解为一个广义的概念,即交易成本不仅仅是使用市场的成本,也应包括使用组织的成本。关于这一点,似乎已得到越来越多国内外专家的认可。科斯较早就发现,把企业描述为生产部门必然会忽视关于组织更为基本的问题,并提出产业的组织方式取决于市场交易成本和企业内部交易成本之间的关系(Coase,1972)。威廉姆森也同意科斯的观点(Williamson,1976),"只是他认为的企业内交易与市场交易之间的主要区别太过于简单"(Klein,Crawford and Alchian,1978)。马斯腾、米翰和斯内德等(Masten,Meehan and Snyder,1991)的实证研究也表明,内部组织的成本变化在决定企业边界时,比理论所预计的作用要大得多。

那么,影响组织内外部交易成本的微观分析要素主要有哪些?作者认为,可以从四个方面进行考察:一是组织内部的成员关系,二是组织的行为特征,三是交易的特点,四是交易环境的状况。

一般性来说,组织对内部个体所采取的行为,形成了组织的内部交易成本,但这个成本的大小受到组织内部的个体行为结构和规模所影响。而组织在参与市场交易中所采取的行为,形成了组织的外部交易成本,它的大小则受交易环境和交易特点所影响。也就是说,不同的组织行为在面对不同的个体行为结构、环境条件和交易特性时,就会产生不一样的交易成本。当然,组织行为与环境也会在不同程度上对内部的个体行为产生影响。同样,交易特点在有些方面也会与组织内部的个体结构相联系的,如成员的规模与交易的规模之间往往具有正相关性。因此,组织的内部交易成本和外部交易成本并不是孤立的,而是相互联系、相互依存的。最后,个体总会选择有利于自己取得交易净收益(即交易收益与交易成本的差额)较大的组织。这就是作者的一个新的分析思路,可以用图 6.4 来表示。

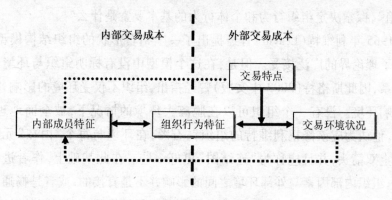

图 6.4　交易成本分析的新思路

这个分析思路与威廉姆森的分析思路比较,最大的区别就在于:威廉姆森认为,组织行为或组织契约、交易产品的特性和环境的不确定性三者之间是共同、并同时影响和决定着交易成本的大小,而三个因素的不同组合情形对应着不同的最佳组织形式。所谓最佳组织形式,就是交易成本最小的组织。这里隐含着一个规律,即只要三个因素中的某个因素发生变化,组织形式就应发生相应的变革。而本分析框架的基本思路是组织内部个体的行为、组织行为、交易特点和交易环境之间是相互影响的,但它们之间的影响并不是完全直接对应的、一次性的,而是有不同方向性的、持续的。同时,它们产生的成本有的是外部交易成本,而有些是内部的协调和控制成本,这两者构成了组织的总交易成本。此外,组织形式选择的主体不是环境或组织本身,而是成员个体。个体选择的标准是自身交易净现值的最大化,而不仅仅是交易成本的最小化。个体有多种选择,可以继续留在组织内,也可以退出原有组织,再加入到新的组织;还可以是同时加入不同的组织。这就是构建新的交易成本理论分析框架的基本思路。

6.2.3　交易成本主要分析维度的确定及其分析框架的构建

在明确交易成本的影响因素后,我们就需要进一步确定交易成本的分析维度。为此,我们首先要加深对构成组织内部要素的理解,打开组织这个"黑箱",探索决定组织行为和个体行为的基本要素是什么?

1965 年利维特(Leavitt)曾经提出了一个钻石形状的组织结构模型,并得到了理论界的广泛接受。但是,在这个模型中没有标明组织与环境之间的关系,因此斯格特(2002 中文版)曾经指出,组织不仅受环境的影响,而且也影响环境。没有一个组织可以在脱离大环境的情况下,被全面地理解。因此,他认为应该修正利维特的组织钻石图,在环境与每个"内在"元素之间加上双箭头,并且应称为"连结图"更好一些。在此基础上,作者进一步提出,组织内部因素与外部环境之间的影响并不是直接的,或者是畅通无阻的,它在一定程度上受到组织边界的限制。如果组织是相对封闭的,这种影响就很小(如军队),甚至几乎没有(如监狱);如果组织是较开放的(如行业协会),这种影响就较大。因此,作者用虚线来表示内部因素与环境之间的关系。修正后的组织模型可用如图 6.5 所示。

从这个组织模型中我们可以看到,组织内部有四个基本要素:组织目标、社会结构、参与者和组织技术,而这些因素与环境之间也会发生或多或少的相互影响。

首先,我们来看看组织目标,因为目标是组织最重要的因素。通俗地讲,目标就是组织要达到的目的,或者说,目标是参与者通过组织行为活动力图要实现的目的。作者认为,组织目标主要有两个方面:一是组织内部目标,二是组织外部目标。组织的内部目标,主要是通过使组织成员的动机一致性,进而实现组织群体行为的一致性和持续性。因为只有做到行为的一致性,组织才能够实现稳定性。如果一个组织到处充满着冲突和混乱,那么

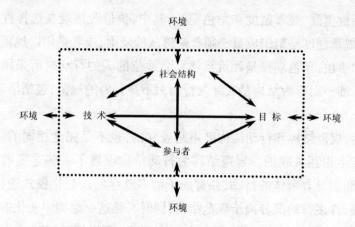

图 6.5　修正的利维特组织模型

这个组织就将面临灭亡或解散的威胁。对于经济组织来说,组织的外部目标就是实现组织预期的交易目标。为此,作者把组织为了实现成员行为一致性所需要的协调、控制和决策成本称为组织内部交易成本;而将为了实现预期交易目标所产生的交易成本称为组织外部交易成本。同时,根据分析的需要,作者针对组织的预期交易目标,提出一个相对应的概念——组织预期交易收益。

　　然后,我们再来分析影响组织内部交易成本的主要因素。影响组织内部的因素有很多,从图 6.5 来看,组织目标、社会结构、参与者、技术和环境都有可能对组织的内部交易成本产生影响。为了简化分析,在此作者假定,对某一类组织来说,其目标是确定并稳定的;同时假定,各类组织的技术是相近的。也就是说,在分析中我们暂不考虑目标和技术因素改变所产生的影响。那么,我们只要考虑社会结构、参与者、交易特点和交易环境四个因素就可以了。

　　按照社会学的理论,参与者具有多方面的特征,如年龄、性别、种族、信仰等等,这些特征都会对组织结构和组织行为产生影响。不过,这些影响多数都集中表现在组织的社会结构上。所谓社会结构,就是指组织参与者关系的模式化和规范化。它包括两个部分:规范结构和行为结构。规范结构主要包括价值观、规章制度和角色期待;其中,价值观体现在选择性行为的标准中,规章制度是组织成员必须普遍遵从的规则,或者是用以规范组织成员行为的手段,角色期待是评价具体社会地位的人的行动时所采用的期望或评判标准。而行为结构是实际的行为而不是行为的规范,包括活动、互动和感知。

当然,规范结构和行动结构既不是独立的,也不是完全相同的,而是在不同程度上相互关联的。规范结构为行动结构设置了一些重要的制约因素,决定和引导着个体的行动,并有助于诸多既存的规范化模式进行阐释。另一方面,许多行动又分离于规范结构,同时又是这一结构中变化的重要根源。如同规范制约行为一样,行为也影响规范(斯格特,2002)。而行为结构往往又取决于成员之间的关系结构,正如默顿(Merton,1957)所说的:"冲突是在个体与群体的关系结构中产生的,而不是由于组织内部个体参与者天生的挑衅性。除了稳定和秩序外,紧张和压力、差异和变化都可以归为结构的因素。"

通过以上分析,我们可以把组织内部的因素简化为两个因素:组织成员与组织规范。前者是组织实现内部目标(行为一致性)需要规范的对象,而后者是组织实现内部目标所采取的手段,它们共同影响着组织的内部交易成本。在组织成员中,我们需要考虑的是成员的数量和关系。借用周雪光(2005)的提法,我们可以把成员关系分为两类:一是经济关系(类似于经济学的"经济产权"概念),二是人际关系(周雪光用"关系产权"的概念来概括)。由此,我们可以提出以下三个理论假设:

理论假设1:组织成员的数量越大,组织需要规范的对象越多,那么组织内部的交易成本就越高;反之,则越低。

理论假设2:组织成员的人际关系越复杂,要实现组织行为一致性越难,那么组织的内部交易成本就越高;反之,则越低。

理论假设3:组织成员的经济关系越紧密,组织的边界会越小,组织的开放性也越小,那么面对环境的适应能力就越差;反之,则越好。

组织规范,按照社会学的说法,主要包括价值观、规章制度和角色期待;

从管理学角度来看,可以用企业文化来替代;而在经济学中,则类似于治理方式。针对组织内部成员的关系特征,本书强调两个机制,即分配机制(与经济关系相关)和自律机制(与人际关系相联系),并提出以下两个理论假设:

理论假设4:组织内部的分配机制越公平、合理,那么组织内部的交易成本就越低;反之,则越高。

理论假设5:组织内部的自律机制越严格,组织内部的交易成本就越高,但它给外部其他组织和个体感到更加可靠,有利于促进交易的实现,那么其外部交易成本就相对较低;反之,则较高。

接着,我们再来考虑交易特征对交易成本的影响问题。对于交易特征,可以包括威廉姆森的资产专用性和少数交易等因素,但作者认为,交易规模比少数交易更具有普遍意义,同时也比资产专业性更具有可观察性。由此,提出以下的理论假设:

理论假设6:组织的交易规模越大,组织的市场竞争能力(market power)或议价能力也越强,那么其交易收益会越高,或者交易成本相对较低。

最后,对于交易环境,本书沿用了威廉姆森的不确定性的概念,但在本书中这个概念更加宽泛,它即包括交易环境,也包括政治文化环境,并且它是一个动态性的概念,而不是时点性的静态概念。即它可能逐渐增强,也可能是逐渐减弱,还可能是时强时弱;而不像威廉姆森分析中的那样,不是有就是无,或者不是高就是低。

至此,我们已明确了组织的两大目标,内部:实现行为的一致性,外部:实现预期的收益,同时也确定了组织交易分析的四个主要维度:成员规模与结构、组织规范、交易特征和环境不确定性。并且它们之间并不是相互孤立的,而是相互关联的。譬如,组织成员的经济关系会影响组织边界,进而影响外部交易成本的变化;组织规范中的自律机制,既会影响组织内部的交易成本,也会影响组织的外部交易成本;交易规模又通常取决于成员的数量规模,等等。为此,我们可以用图6.6来表示新的理论分析框架了。

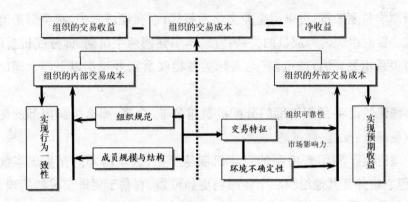

图 6.6　一个新的交易成本分析框架

6.3　推导:农业产业组织演进及协调互动机制分析模型

按照目前我国的实际情况,农业产业组织模式有多种多样,如公司+农户、农业合作社、农业股份合作企业和农产品行业协会等等。正如上节所言,组织的规范结构是分析交易成本的一个重要因素,规范结构是一个社会学的概念,它类似于经济学的治理结构。因此,要比较它们之间的交易成本关系,首先需要考察几个基本治理模式的结构。

6.3.1　五种基本治理模式的比较

在农业生产经营中,有五个基本的治理模式,即家庭(即农户)、企业、市场、合作制企业和网络制(即农产品行业协会)。

(1)农业生产基本单位:家庭

家庭是人类社会出现最早的组织,它是从氏族组织分化出来的。由于农业生产难以进行有效的横向和纵向分工,生产环境复杂,劳动的质和量只能从最终产品体现等等这些特质,决定了农户家庭经营还是一种最基本的效率很高的农业经营形式。在家庭关系中,人们依靠血缘关系这条组带维系着家庭成员的亲密交往。张湘涛(2005)把家庭经营的优点归纳为以下几个方面:一是可以实现家庭内部劳动力的优化组合与优胜互补。家庭协作几乎没有交易成本,家庭成员具有共同的目标函数,不存在利益分歧。二是决策成本低。家庭决策主要是几个关键成员的共同决策,具有快速、灵活、方便、权威、随机等优点,很能适应变化的情况。三是承担风险的能力比较强。家庭内部由于存在血缘关系,凝聚力强,对投资收益的计算也比较充分。四是家庭内部进行分配,节省了分配的成本,避免了结算、计量、划分、监督的成本。五是管理成本较低。组织劳动的成本低,利用机会的成本也较低。不过,家庭组织从事生产经营也有其明显的局限性。按照张计划(2005)的观点:一是农民一家一户在收集信息、学习技术知识方面存在着无法逾越的障碍,从而造成农产品档次低,市场供应大起大落,给农业和社会资源带来巨大损失;二是农户商品量少而分散,不成规模,销售费用及面对的风险居高不下。

(2)两种经典的治理结构:市场与企业

在新古典微观经济学中,人们关注的是市场和企业两个主体。所谓市场是对不同资源握有分散产权的个人和法人,自愿从事自由的、法律实施的合约性交易的场所(余晖等,2002)。市场通过供给和需求的关系为商品或服务的交易提供了一个有效的机制。在市场交易中,买卖双方除合约外一般没有任何其他关系,发生纠纷后直接诉诸法院。

但使用价格机制需要成本,这就是科斯最先提出的交易成本的概念。同时,市场交易也面临风险,主要是指在不确定和有限交易情况下买卖双方存在的机会主义。由此,在治理机制谱系的另一端就出现了“完全一体化的企业”。这种“企业性科层组织”资产专用性强,从属性也强,实行统一规制,是另一种重要的交易协调方式。完全竞争中的企业通常由一个中心代理者与生产者分别签订双边合约,并在统一的权威关系下组织生产。

(3)两种种新型农业组织:合作社和农产品行业协会

中国农村推行家庭联产承包制以来,农业生产逐步走向了市场化、产业化和社会化。在这过程中,为了克服“小生产与大市场”的矛盾,广大农民自发或通过政府部门的牵头组建起形式多样的农业生产服务组织。最有代表性的是开展互助互惠的专业合作社和为维护自身权益的农产品行业协会。这些组织内部的农户之间的关系,既不同于纯粹的市场交易关系,也不同于科层企业的内部交易关系。与市场交易相比,他们之间的交易并不完全按照价格机制、供求机制和竞争机制,他们之间的契约关系不是短期的,而是长期和多样化的;与企业的科层制度相比,各经济主体并没有丧失其原有的独立性,还有相当大的剩余控制权和剩余索取权,并且进入或退出这些组织完全遵循自愿的原则。除了动机强度、行政控制的区别外,这些组织在契约法律体制上也有别于市场和企业。即在组织成员之间出现冲突或纠纷时,他们通常不会像市场交易那样必须提交法庭解决,也不会像企业那样采取行政命令,而是通过组织内部的机制进行协调和裁决。这种方式往往比法庭更加方便、快捷和有效。

为了更加清晰地了解这些治理结构的特点,表 6.2 对四种基本治理模式的结构作出了比较。

表 6.2　五种基本治理结构的比较

	农 户	企 业	市 场	合作社	行业协会
规范基础	亲缘关系	雇佣关系	短期契约 产权关系	自愿性 自治性	自愿性 自治性
成员关系	共享	依附	独立	互倚	共栖
工作氛围	信任 可靠	正式 科层化	精细 猜疑	开放 互利	开放 互惠
评判标准	家长预期	计划	契约	章程	章程
调节力量	家长权威	等级制	市场供求 谈判	谈判 博弈	谈判 博弈
沟通方式	交谈	计划	价格机制	协商机制	关系网络
冲突解决原则	训斥	奖惩原则	竞价原则	互利原则	互惠原则
各方妥协程度	最高	高	最低	中	中
稳定性	最高	高	差	中	中
单个组织规模	最小	中	—	中	较大
社会影响力 和信任度	最小	较小	—	中	最大

6.3.2　四种典型农业产业组织的交易成本分析

为了便于分析,我们把组织的交易分为两个阶段进行分析:一是组织不与外部发生交易,即类似于组织自产自销的情况;二是组织在环境不确定状况下与外部实行交易。

首先,我们来看不同农业产业组织模式的初始成本,即没有发生外部交易前的成本(C_0)。这时我们只需考察两个因素,即成员的规模和关系,以及组织的治理结构。我们用 M 表示单个组织的成员数量规模,R 表示组织内部成员的关系一致性,G 表示组织的治理方式,用 1、2、3、4 分别表示农户、农业企业、农业合作社和农业行业协会。农户是通过血缘关系和婚姻关系自然形成的,其成员数量最少、成员之间的关系也最具有一致性,而治理方式主要依靠家长权威,显然,它的初始成本 C_{01} 是最低的。与农户相比,企业内部成员通常多于农户,成员与企业之间是雇佣关系,要实现内部成员的一致性相对较难,因此它的内部初始成本要大于农户($C_{02} > C_{01}$)。合作社与企业有一定的相似性,只是企业的成员往往是个体,而合作社的成员多数是农户,不过农户一般都由家庭的成员为代表。它们之间最大的区别在于内部的治理方式,合作社采用的是“一人一票”的民主协商制度,而企业采用的是科层制的控制和决策机制。仅从这点来看,前者成本要高于后者成本。通常情况下,合作社的成员数量要比企业多(但也有例外),那么我们就可以推导出:$C_{03} > C_{02}$。农业行业协会是一个松散型组织,其成员数量要比合作社(不包括合作社联合会)大得多,也是通过多方民主协商的方式进行治理,并且还设立了一个内部解决冲突的机制,因此其初始交易成本(C_{04})是最高的。这样我们就得到了一个一般性的结论:$C_{04} > C_{03} > C_{02} > C_{01}$。

然后,我们来分析不同组织在环境不确定状况下与外部实行交易时的情形。我们先假定环境的不确定性是不断加大的,同时我们也假定所有组织的预期交易收益基本保持不变,那么组织的外部交易成本就是组织为了实现这个收益所需付出的成本。也就是说,这时我们只要考虑组织的交易成本就可以了。因为农户成员规模最小,交易规模也最小,所以其市场的影响力是最小的,对环境的适应能力也最弱。当环境不确定性扩大时,其外部交易成本就会迅速增加,形成了一条陡峭的斜率。企业是一个营利性很强的组织,它给公众的影响是自利的,缺乏可靠性,所以在环境不确定加大的情况下,它的交易就会变得越来越困难,需要的交易成本也会越来越大。与农户相比,合作社的交易规模要大得多,而与企业相比,合作社的可靠性也要大一些,因此面对不断加大的环境不确定性,它的成本增长斜率要平缓一些。农业行业协会的成员规模大,加上组织自身有自律机制和自裁机制,其社会公信度是最高的,因此随着环境不确定的增大,它的交易成本的增加幅度就比较平坦。

根据以上分析,我们可以建立如下模型:

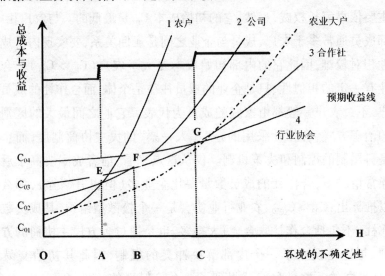

图6.7 四种农业产业组织模式的交易成本分析模型

6.3.3 模型的基本含义

图6.7的分析模型至少表达了以下一些含义:

（1）在自给自足（O 点）或环境不确定性较低（O - A 区间）的情况下,农户是农业生产经营的一个最有效的组织方式。农业产业组织的产生与发展主要是为了应对环境的不确定性,以减少迅速上升的交易成本。

（2）当市场竞争不断扩大、环境不确定性逐步增强时,农户在市场中的交易就会越来越难。当其交易成本总量上升到 E 点后,农户必然会考虑借助公司、合作社、股份合作企业等组织来扩大自己的经营规模,提高自己的市场竞争能力,从而出现"公司 + 农户"、"合作社 + 农户"、"股份合作企业 + 农户"等组织形式。这些组织模式具有一个共同的功能,那就是可以有效地解决农户经营规模过小的问题,有利于实现规模经济,降低组织的交易成本。

（3）不过,以上三种组织模式也有一定的区别。与"合作社 + 农户"、"股份合作企业 + 农户"等模式相比,"公司 + 农户"机制存在一个缺陷,那就是在公司与农户签署协议时很难合理确定双方的利益分配,因为市场的价格是波动的。因此,在通常情况下农户更愿意选择股份合作制和合作制的组织,而不是"公司 + 农户"的模式,因为合作机制具有利益自我调节的功能。至于选择股份合作制还是合作制,关键在于成员之间的关系结构。如果成员之间的情况相仿或接近,那么就会选择合作制组织,因为通过"一人一票"的民主决策机制容易达成组织行为的一致性;但如果成员之间的经济状况和经营实力相差较大,那么采用传统合作机制的交易成本就会很高,而股份合作机制更有利于成员之间的利益关系协调。不过,在农户与公司之间存在较大的资产专用性时,譬如农户生产的农产品只有通过公司加工后才能出售时,或者是市场价格相对稳定时,农户才会接受"公司 + 农户"的组织模式。

（4）当环境不确定性进一步加大,仅靠市场力量难以继续降低交易成本时,农业经济组织之间就需要更大范围的联合,这就产生了农业行业协会或者是合作社联合会。这类组织除了具有巨大的社会影响力外,还因为具有内部自律机制,增加了交易的可靠性和公信力,因而可相对降低外部的交易成本。

(5)需要说明的是,以上模型所表示的是在一定假设基础上的、具有一般意义的一些交易成本变化曲线。如果组织内部因素或交易特征发生了变化,有关的交易成本曲线也会随之发生变化。譬如,我们通常假定农户的生产经营规模是非常小的,因此根据分析模型我们可以推论:小农户只愿意加入合作社、股份合作企业,或者与公司联合形成"公司＋农户"的组织模式,而不会加入农业行业协会。但如果农户是个种粮大户或养殖大户,那么其外部交易成本曲线就会变得比较平缓(见图6.7)。当农业大户的经营达到一定规模后,他反而不太愿意加入农业经济组织,而更希望成为农业行业协会的会员了,因为这样更有利于这些大户降低其总体的交易成本。

该模型说明了一个基本规律:在现实中的农业产业组织,如果其内部交易成本较低,那么面对环境不确定时它的外部交易成本曲线通常较为陡峭;反之,则比较平坦。也就是说,并不存在一种内部交易成本和外部交易成本都完全低于其他组织的最佳组织形式。任何农业产业组织模式,都是在内部交易成本和外部交易成本的综合权衡中不断发展演变的。这里,环境的不确定性起到了重要的决定性作用。此外,该模型还表明,农业产业组织的发展不仅有利于降低总体的交易成本,而且还有利于提高经营的收入。

6.4 应用:理论对农业产业组织的解释力

那么,以上这些理论推导对现实究竟有多大的解释力呢? 本节将从两个方面对新的理论进行应用,一是验证理论与中国农业产业组织发展演变的契合性,二是对发达国家合作社制度变迁现象作出理论解释。

6.4.1 理论与中国农业产业组织发展轨迹的契合性

在改革开放初期至1984年粮食生产出现大丰收前,我国粮食一直处于短缺状况,供不应求。这一时期,除了专业技术协会、农业技术研究会等主要从事农业技术合作和交流的组织外,几乎没有出现农业产业组织。随着农产品市场从卖方市场转向买方市场后,农产品贸易的市场竞争越来越激烈。尤其是 1990 年代以后,农产品销售难的问题日益突出。这时一些地区开始出现了农业股份合作企业、农业专业合作社、"公司 + 农户"等新型农业产业组织。进入 21 世纪,我国农产品出口总额逐年增长(见图 6.8)。但与此同时,农产品出口也遇到强劲阻碍,频频遭到预警通报、退货、销毁,甚至暂停进口的事件。入世后,在传统的关税壁垒和非关税壁垒逐步取消的情况下,中国农产品出口遭遇到了更多的绿色贸易壁垒。在这个过程中,各类农产品行业协会在我国各地纷纷涌现。这些协会积极参与了有关农产品的侵权行为、反倾销、反垄断等诉讼活动,并取得了一定的成效,引起了中央领导的高度重视,温家宝总理还专门批示予以肯定。从以上我国农业产业组织发展历程来看,其演变轨迹与理论的分析逻辑几乎是完全契合的。同时,现实也进一步说明了农产品交易环境的变化,是促进农业产业组织发展演变的根本原因。

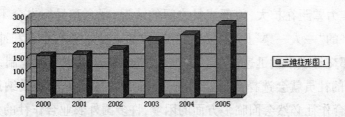

图 6.8 2000～2005 年我国农产品出口总额(单位:亿美元)

数据来源:中国商务部网站

6.4.2 对发达国家农业合作社制度变迁的理论解释

一些官员和学者在考察发达国家农业产业组织发展经验时发现,近几年许多发达国家(如美国、日本)的传统合作社都有向新型合作社转变的趋势。所谓传统合作社就是完全按照国际上通行的合作社原则建立起来的合作社。而新型合作社是仍然奉行部分合作社原则,但在资金筹集、社员人数与买卖协议、交货权利等方面已有较大改革的合作社,这类似于我国的股份制合作社。那么,这些合作社为什么会发生制度变迁呢?是因为环境发生了变化,还是其他一些因素?深入剖析这种现象,对我国农业合作社的未来发展作出准确判断,以及制定科学、合理的政策,必将有重要的指导意义。

按照作者以上提出的理论和分析模型,在组织规模和交易规模相当的情况下,传统合作社和新型合作社的外部交易成本变化曲线应该是接近的。因此,可以初步地排除是环境变化所造成的判断。从组织内部制度来看,传统合作社和新型合作社之间的区别,主要在于内部治理机制的不同。传统合作社所采用的"一人一票"的公平原则,比较适合规模和实力相当的农户或农民之间的联合,同时也决定了传统合作社具有封闭性(社员资格不开放、股权只能内部转让等)。而新型合作社兼顾了资本和人力两个要素,既能激发"强势"社员的积极性,又能吸纳更多的外部资金。

在农业合作社发展初期,社员之间的状况旗鼓相当。也就是说,合作社内部的成员关系具有较强的同构性。因此,在这种情况下采用传统合作社的组织方式,其内部交易成本是较低的。但随着时代的发展,农户或农场主之间的实力差距在扩大,内部成员之间的认识、观念和目标也会不同,因而基于公平的"一人一票"原则必然会加剧内部成员之间的矛盾和冲突,合作社的内部交易成本就迅速增加。这时,如果继续沿用原先的规制,一些"实力"较强的社员就会选择离开。同时,外部的力量又不可能吸纳进行。这样,传统合作社必然会面临多方面的困境,许多国外农业合作社的发展都经历过这样的过程。这就迫使传统合作社必须向新型合作社转变。

以上解释说明了一个规律,合作社发展制度变迁的原因在于内部社员的关系结构发展了变化,而不是环境变化所引起的一个结果。当组织成员同构性较大时,比较适合传统合作社的组织形式;而组织成员的差异性较大时,则会选择新型合作社的组织形式。这个规律同样可以解释,为什么"我国中西部地区较多地出现了传统形式的农业合作社,而东南沿海地区却存在着大量的股份制合作社"(黄祖辉、徐旭初,2005)的现象。这也给我们一个启示,随着社会的发展,我国的一些传统农业合作社可能也会逐步演变为股份制合作社。但是,我们不能简单地下结论:股份制合作社制度优于传统农业合作社,更不能采取行政手段和政策措施强迫传统合作社的转型。其实,传统合作社和股份制合作社是适合不同成员关系结构的两种合作社制度。

6.5　拓展:理论对纵向一体化及企业边界的新解释

本书创立的交易成本理论及其模型,不仅能解释国内外许多农业组织现象,而且还可以拓展应用到其他若干组织现象的分析。限于篇幅,本节仅就纵向一体化及企业边界作出一个新的理论解释。

6.5.1　对企业纵向一体化的新解释

纵向一体化是经济学中的一个经典问题。因为"理解了纵向一体化的存在,也就理解了企业的存在;说明了纵向一体化的程度,也就说明了企业与市场的边界"。交易成本经济学的创立者威廉姆森也是从剖析纵向一体化开始,但作者认为他的解释并没有抓住问题的本质,其研究结论也不符合现实世界。

在解释企业为什么会实行纵向一体化时,威廉姆森(Williamson,1971,1979,1984)曾多次强调,资产专用性是起决定作用的因素。"没有资产专用性,连续生产阶段的自主性合同有很好的节约生产成本和治理成本。但是,随着资产专用性的增加,天平向着有利于内部组织的方向移动。"通过分析,威廉姆森得出了三点结论:(1)当资产专用性低时,市场采购有规模经济和治理优势;(2)当资产专用性很高时,内部组织有优势;(3)中等程度的资产专用性,会导致混合治理(Williamson,1984)。我们暂且不论资产专业性何为高、何为低,因为这是一个十分含糊的概念,不易定量。

然而,我们在现实中看到的并非如此简单划一,而是一个缤纷多彩的世界。譬如同样是生产汽车的企业,在日本或中国等东南亚国家,普遍采用的是零部件外包的方式,但在美国或欧盟国家则基本上实行企业自制。难道在日本和中国制造汽车的资产专业性一定低于欧美国家吗?如果这还不能说明问题,那么我们再举一个威廉姆森(Williamson,1999)曾经引用过的案例——1926 年通用收购费舍案。威廉姆森认为,通用公司收购了费舍公司是因为双方存在较高的资产专业性,通过收购使汽车外壳的生产"内部化",可以抑制由资产专用性所引起的机会主义,进而可以降低交易成本。这种解释是非常牵强附会的,其实在 20 世纪初,通用汽车公司就与费舍(fisher)公司签订了一个为期 10 年的购销协议,由通用公司包销费舍公司生产的全部汽车外壳。既然它们之间有那么高的资产专用性,那么为什么通用公司当初没有收购费舍公司呢? 难道是过了 20 多年后,它们之间的资产专业性突然迅速提高了? 此外,威廉姆森对混合兼并又该做如何解释呢?两个互不相干的企业发生了并购,它们之间究竟存在着怎样的资产专业性呢? 等等。显然,威廉姆森的理论并不完善,更谈不上完美。

那么,我们能否提出一个更有说服力的理论解释呢? 按照上述提出的新理论,企业有效并购的前提应该是:并购后组织内部增加的成本应小于或等于并购前的外部交易成本。举例说明,假定 A、B 是一个行业中的两个上下游企业,在合并前,A 企业的内部成本是 Ca_n,与 B 企业的交易成本是 Ca_w,B 企业的内部成本是 Cb_n,与 A 企业的交易成本是 Cb_w;在 A、B 两个企业合并后,新企业的内部成本为 Cab_n,而外部交易成本已变为零。当 Cab_n $\angle$ 或 $= Ca_n + Cb_n + Ca_w + Cb_w$ 时,合并行为就可能会发生。在某一时点上,Ca_n、Cb_n、Ca_w、Cb_w 是一个既存的常量,因此是否合并,或者合并后是否成功,就取决于 Cab_n 的大小。

按照本书提出的理论,影响组织内部交易成本 Cabn 的主要因素是组织的规范结构和成员的行为结构。因为合并后企业的成员数量增加了,因此企业内部的交易成本一定会提高。至于提高的幅度有多大,就取决于成员对并购行为的认可度,以及新企业的内部文化(包括价值观、管理制度等)。如果企业的大多数员工,尤其是高层管理人员普遍认同合并行为,并且新企业的文化建设又做得很好,那么企业合并就会非常成功。反之,就可能会失败。由此说明,企业文化建设在企业并购中是何等的重要。这个推论,与大量事实和案例研究的结论(谢守忠,2009;王新兴,2008;奚玉芹、金永红,2007)是完全相符的,进一步表明了本理论具有较强的解释力。

运用本理论同样可以给通用收购费舍案作出一个新的解释。在 20 世纪初的通用汽车公司可能存在以下几个方面的问题:一是管理水平还不是很高,难以适应更大规模的员工管理,即合并会使内部管理十分困难,交易成本大幅度上升;二是当时企业的知名度和社会影响力还不够大,以致费舍公司的管理层和员工不愿成为通用公司的一员,在这种情况下合并,必然会引起内部矛盾和冲突,进而使企业的协调和控制成本过大;三是当时通用公司的生产经营规模还不够大,兼并成本所占的比重过高。正是因为以上部分或全部原因,所以通用公司选择了"外包"的方式,由费舍公司为其加工汽车外壳。到 1926 年,通用汽车公司在内部管理、外部形象和经营规模等方面都已发生了很大的变化和改善,基本具备了"内化"费舍公司的条件,所以一场影响较大的并购案就发生了。当然,要成为一个科学的理论或流派,这种解释还需要通过更加具体的事例和更加详细的数据进行验证。但从经验和常识来判断,这样的解释应该是有一定说服力的。

采用类似的方法,本理论还可以对横向兼并、混合兼并作出新的解释。与威廉姆森的"资产专用性"解释方法比较,本理论似乎要完美一些、对现实更有解释力一些。

6.5.2 对企业边界的新解释

上述的分析实际上已经引出了一个重要的理论问题,那就是企业边界(Enterprise boundary)。关于企业边界问题,理论界已有多种的解释。

科斯(Coase,1937)在解释为什么企业会存在问题时,对市场和企业两种制度安排做了替代性的比较。对于"企业组织的边界"问题,科斯的基本观点是:如果企业内部的协调成本小于市场交易成本,那么企业在经济体制中就能发挥一定的作用;而当企业内部增加的交易成本超过市场交易成本时,企业的规模就达到了极值,这就是企业的边界。这种观点对后来的学者产生了很大的影响。不过,科斯并没有说明是什么因素影响着企业的边界,这在逻辑上就明显存在"同义反复"的问题(即如果看到是市场交易,就断定企业规模已经达到极值;反之,就断定市场交易成本已大于组织协调成本),因而遭到了理论界的广泛批评。

为了弥补科斯的理论缺陷,威廉姆森(Williamson,1979)提出了一个企业效率边界(efficient boundary)的概念。所谓企业效率边界是指核心技术和另外一些被置于企业之中的交易(这些交易在企业内部进行被证明是有效的)加在一起所形成的集合。他认为,企业的效率边界或适度企业规模的均衡条件是:建立企业所节约的市场交易成本与企业内部的协调管理成本相等。也就是说,当一个企业扩张到如此规模,以至于再多组织一项交易所引起的成本既等于别的企业组织这项交易的成本,也等于市场机制协调这项交易活动的成本时,企业与市场的效率边界就确定了。

美国经济学家契斯提出,应该采用一种整体的视角,涵盖与企业能力建立相关的整个过程、整个企业的内部知识和产品的生产过程和外部的交易过程。他将企业动态能力定义为"企业整合、塑造和重组内部和外部竞争力以应对不断变化环境的整体能力。"并以企业动态能力为切入点对企业边界进行研究,认为"企业的边界在于能力的适用边界"。按照他的观点,企业边界的影响因素是多元的,决定企业边界变化的最终力量是效率。

德姆塞茨并不强调交易成本,他从企业的"生产"属性出发,把企业看成是一个知识产品库——生产性知识和能力集合。他是这样解释企业的垂直边界的:在市场"能有效地转换产品,但不能有效地转移知识"这一假设前提下,如果在生产阶段 B 需要使用阶段 A 所利用的知识,则生产阶段 A 和 B 将被垂直整合在同一个企业之中;另一方面,如果阶段 B 不需要使用阶段 A 所利用的知识就可完成生产任务,则阶段 A 和阶段 B 就能有效地通过市场交换相联系。换言之,生产阶段 A 与生产阶段 B 可分为两个独立的企业。

因为本章提出的理论是基于交易成本标准所提出的,因此企业边界的界定方法与科斯和威廉姆森是一致的。所不同的是科斯和威廉姆森的解释是静态的,过于刚性的,而新的理论解释是动态且柔性的。这是因为企业内部的成员关系结构每时每刻都在变化之中(尽管员工数量和企业文化可能是相对稳定的),因此企业内部的组织成本也是会不断变化。同样,企业的边界会随着企业内部成本的变化而变化。假定某个企业在某一时点刚好已达到了极值，但随着时间的推移，如果员工之间的关系结构不断恶化，那么企业的内部成本就会增加。当内部成本上升到一定程度时，企业就只能采取"外化"或"缩减"的方式(如剥离部分业务，实行业务外包，或者是缩减生产经营规模，等等)。相反，如果员工的关系结构不断得到改善，企业就有可能采取并购其他企业的战略。

这种理论不仅能很好地解释为什么一个企业在某个时期采用了"外化"或"缩减"的策略，而在另一个时期又采取"内化"或"扩张"的方法(例如上述分析过的通用汽车公司)，而且这种理论对企业加强内部管理以及制定科学的发展战略也有重要的指导意义和应用价值。

6.6　本章小结

本章对威廉姆森的交易成本理论分析框架进行全面回顾和学术批评，同时汲取了社会学中有关组织理论的研究成果和营养，进而创造性地提出了一个新的理论分析框架。在此基础上，结合四个典型农业产业组织的结构特征，构建了一个分析和比较组织交易成本的理论模型。该模型揭示了我国农业产业组织发展演变的基本规律及其主要原因，深入剖析了不同产业组织发挥作用的内在机理。与此同时，根据本章提出的理论对发达国家农业合作社制度变迁原因、企业纵向一体化以及企业边界等问题作出了一些新的理论解释。初步分析和验证表明，该理论具有一定的解释力和说服力。

本章最重要的一个着力点，就是希望通过打开组织这个"黑箱"，展现组织这个丰富多彩的世界。而为了把组织的外部交易成本与组织内部的协调控制成本综合在一起进行分析，作者充分考虑了组织的四个层面问题：微观层面、中观层面、宏观层面和交易层面，并从一般意义视角抽象出每个层面的关键因素，它们分别是成员规模与结构、组织规范、交易特征和环境不确定性。

显然，作者没有沿用威廉姆森的有限理性、机会主义、资产专业性和少数交易等几个中心概念,最主要的原因是前三个概念缺乏可观察性,而少数交易概念缺乏普遍性。具有普遍性、重要性和可观察性,是作者选择分析因素的主要标准。

同时,考虑到分析应具有动态性,作者丰富了环境不确定性的内涵(它包括竞争环境、政治环境和社会环境等),并把它理解为一个时序性的而不是时点性的概念。

当然,成员规模与结构、组织规范、交易特征和环境不确定性都是一些集体性概念,每个概念中又都包含着许多的影响因素。譬如,交易特征中已经隐含了有限理性和机会主义的因素,资产专业性和少数交易有时可以纳入其中进行分析。因此,在分析不同的组织现象时,可以按照实际情况有重点地选择其中的一些要素。

现实是复杂的,理论创新是十分艰难的。尽管以上的努力还显得有点粗糙,许多观点和理论假设尚有待于进一步的论证和检验。不过,作者坚信其理论意义和学术价值必将是深远的。

第 7 章 中国农业产业组织的制度环境及规制政策研究:一个基于社会学合法性机制的分析

为什么人们会自愿追随并服从于他们的统治者? 为什么人们会接受并拥护各种权威和制度? 在权威主义政体下,民众由于恐惧而被迫顺从。但是,专制统治者的权力不仅仅基于物质力量和强制约束,即使是最暴虐的统治者也会试图证明其统治是正当的。因此,合法性成为理解这种证明行为的关键概念,因为合法性能够将残酷的权力转变为公认的权威。

马太·杜甘(比较社会学,2006)

20 世纪 80 年代尤其是 90 年代以来,中国的农业产业组织蓬勃发展,已成为促进农村经济、政治、文化发展的不可或缺的重要力量。然而,由于种种原因,中国农业产业组织的合法性问题也逐渐暴露出来。根据组织生态学的观点,合法性是组织产生与发展初期最重要的影响因素,而竞争性则是组织发展到一定程度后的主要调节力量。因此,本章将从新制度社会学的合法性视角,来讨论我国农业产业组织发展过程中两个辨证而统一的制度环境问题。一是如何营造一个良好的制度环境,以促进农业产业组织的快速发展;二是如何通过有效规制,创造一个更加公平、有序的制度环境,进一步规范农业产业组织行为,防止出现一些负面的影响,进而确保农业产业组织的健康、持续发展。

7.1　新制度社会学的合法性理论

新制度这个词在 20 世纪 80 年代十分盛行,而且在不同的学科如经济学、社会学、政治学里都有不同的版本。组织社会学中的新制度学派是迈耶(John Mayer)和罗恩(Brain Rowen)于 1977 年在《美国社会学杂志》发表了一篇题为 Processing Fads and Fashions: An Organization - Set Analysis of Cultural Industry Systems 的文章中创立的。

7.1.1　理论的产生背景:组织趋同现象

迈耶(John Meyer)主要是研究教育社会学的,他和罗恩(Rowen)在 1977 年对美国教育制度进行调查时发现了一些奇怪的现象。譬如,按照美国的法律,联邦政府没有管理教育的行政权力,教育由每个州政府负责。由于各州的环境和条件等千差万别,所以按理说各州的教育体制结构应该是有所不同的。然而,现实情况并非如此,而是出现惊人相似的现象,体现出明显的趋同性(也称组织的同构性)。所谓组织的趋同性就是不同类型、处于不同营运环境的组织,其正式结构和内部的规章制度呈现相似特征的趋势(Tolbert & sucker, 1994)。那么为什么组织的正式结构和规章制度会越来越相似呢?

运用当时管理学界盛行的权变理论,显然无法解释这个现象。因为权变理论的基本思路是:组织的最佳结构取决于一个组织具体的环境条件、技术、目标和规模等等。也就是说,只要环境不同、技术不同、目标不同、或者规模不同,组织的最佳结构就会不同。按照这个分析逻辑进行推理,各州的教育环境条件是不一样的,它们的技术、规模和目标也可能不一样,那么它们的教育体制结构应该是正好相反,出现五花八门才对。可见,权变理论能很好地说明组织差异性的原因,但它解释不了这种组织趋同性的现象。

运用社会学研究中的制度学派理论,同样也难以得到满意的答案。当时制度学派的代表人物是塞尔兹尼克(Philip Selznick),他在研究美国田纳

西水利大坝工程和管理机构中发现,组织并不像韦伯式理性模式所描述的:
只是一个技术的组合体,是为了完成某种任务而建立的一个技术体系。实
际上,组织的运行过程是一个不断适应社会环境的制度化过程,而不是人为
设计的结果。所谓制度化(institutionalization)就是指"超越了组织具体任务
或者技术需要的价值判断渗透到组织内部的过程。"(Selznick,1953)塞尔
兹尼克这些思想显然已走出了组织理性学派提出的"组织是一个效率机
制"的模式,它已远远脱离了经济学家的研究思路,体现出社会学研究的基
本取向。不过,塞尔兹尼克所强调的制度主要是指道德层面的规范性体系,
如信念、义务、价值观等等。他认为,行为由个体对正确的认知所引导,由个
体对他人的社会义务所引导,由个体对共同价值观的信奉所引导。然而,显
而易见,美国教育体制的结构同化现象与这些因素并没有多大的相关性。

那么,究竟是什么因素导致现代社会中的各种组织越来越相似呢?

7.1.2 新制度社会学的分析思路

迈耶在研究美国教育体制结构趋同性问题时观察到一些现象,如联邦
政府对各州的教育问题并没有袖手旁观,而是热衷参与。它不仅为各个学
区提供财政支持,如为学生们提供免费午餐,而且同时还对接受财政支持的
学区提出若干附加的制度性要求,如必须提供完整的财务报告,不能有种族
歧视、性别歧视等等。各州和有关学校为了取得联邦政府的支持,就会极力
制定出若干规范,表现出各种相同的行为,以满足联邦政府的要求。然而,
学校的有些规章制度其实与组织内部运行是毫不相干的,所以一经建立就
会束之高阁。(Meyer and Rowen,1977)

通过观察,迈耶首先确定了自己的分析起点,即延续制度学派的分析思
路,不是从组织内部的角度,而是从组织环境的角度去研究组织的行为,以
之来解释组织的现象。然后,他提出,组织面对的环境不仅仅是技术环境,
而且还有制度环境。制度环境(institutional environment)应包括一个组织所
处的法律制度、文化期待、社会规范、观念制度。技术环境与制度环境对组
织的要求是不一样的,前者要求组织有效率,即按最大化组织生产;而后者

要求组织服从"合法化"机制,采用那些在制度环境中"广为接受"的组织形式和做法。如果组织或个人的行为有悖于制度环境,就会出现"合法性"危机,引起社会公愤,这必将阻碍组织的未来发展。同时,追求对技术环境的适应,往往会导致对制度环境的忽视;而对制度环境的适应,又常常会与组织内部的生产过程争夺资源。这种两难选择是引起组织现象错综复杂的根本原因。

7.1.3 合法性机制的解释逻辑

合法性机制是新制度社会学的一个核心内容,也是社会学理论的一个重要概念。其实,"合法性"(Legitimacy)这个概念并不是迈耶的首创,而是韦伯(Weber,1937)最先提出来的。在研究权威(authority)问题时,韦伯并不赞成所有的权威都是强迫性的说法。他认为,在统治者与被统治者、领导者与被领导者之间,不仅仅只有一个"强迫性"机制,而且还有一个"合法性"或"公义性"机制。当时,他提出了三种合法性机制:一是个人或领袖的魅力,即人们因领袖的个人魅力而愿意追随其后;二是传统,即人们接受领袖的权威是因为传统使然;三是建筑在法律理性之上的,是对理性制度(包括政治制度、法律制度等)之上的权威的认同和承认。同时指出,科层制是一个合理合法型权威,是社会理性化的一个核心部分。

但迈耶在使用合法性的概念时,主要是强调在社会认可的基础上建立起来的一种权威关系。它不仅是指法律制度的作用,而且还包括文化制度、观念制度、社会期待等制度环境对组织行为的影响。所谓合法性机制是指诱使或迫使组织采纳具有合法性的组织结构或行为的一种制度力量。这种力量可以在不同层面上发生作用,如在一个社会、一个行业、一个领域或者一个组织里。

那么,这种力量是怎样来影响组织的呢? 或者说,组织趋同性或同构性的驱动力是什么? 迈耶等人认为,制度环境对组织的影响主要体现在两个方面:一是组织之间的趋同现象,即为了得到制度环境的认同,各个组织都会采用类似的结构和做法。因为组织所处的大环境是一样的,所以他们的做法也就非常相似。二是组织之间的相互模仿学习,这些模仿行为减轻了组织的动荡,因为扎根在制度环境里可以得到合法性,不容易受环境的冲击。这样,即使这些组织的效率不高,它们也可以生存下去,合法性本身提高了组织的生存能力。

迪玛奇奥和鲍威尔(DiMaggio & Powell,1983)认为,迈耶等人的研究主要是以一个宏观机制(合法性机制)来解释一个宏观的现象(组织同构),因此可测量程度非常低。为了使合法性机制具体化为可测量的要素,他们提出了三种机制:一是强迫性机制(Coercive),即组织必须遵守政府制定的法律、法令,不然就会受到惩罚,因为法律制度具有强迫性;二是模仿机制(mimetic),即组织模仿同领域成功组织的行为和做法,因为组织面临不确定性,通过模仿那些成功组织的做法可以减少不确定性;三是社会规范机制(normative),即社会规范能产生一种共享观念、共享的思维方式,如人们在学习专业化技术的过程中,同时也学习了基本的行为规范,从而成为了一个制度化了的专业化人才,这就是一些专业化程度高的组织通常有着惊人相似性的原因。

7.2　我国农业产业组织所处的制度环境及其合法性问题

为了更加清晰地了解我国农业产业组织出现的合法性问题及其原因,我们有必要先对当前农业产业组织所面临的制度环境,包括我国公民社会的制度环境特征和我国社团管理的相关法律制度,作出一个全面地考察和分析。

7.2.1　我国公民社会制度环境的主要特征

约束和规范我国公民社会生产发育的现存制度环境,主要由宪法、普通法律、行政法规、党的政策和其他非正式规则等五个部分组成,它们互为补充,形成一个针对完善的制度网络,决定性地影响着中国公民社会的成长。俞可平(2006)将目前我国公民社会制度环境的主要特征归结为宏观鼓励、微观约束、分级登记、多重管理等特点。

所谓"宏观鼓励"就是从总体上说,中国的宏观制度环境是一种有利于公民社会生长的环境,这也是中国公民社会之所以在短时期内得以迅速兴起的基本原因。首先,宪法和中国共产党的基本政策,对民间组织持积极的肯定的态度,这为中国公民社会的存在奠定了合法性基础。其次,以农村土地承包责任制和确立市场经济为主要内容的经济体制改革,为民间组织的产生创造了现实的经济条件。再次,20世纪80年代以来中国在政治体制方面发生的许多重大变革,直接或间接地促成了公民社会的发展。

所谓"微观约束"是指中国的微观制度环境以约束为主。主要表现在几个方面:其一,政府有关部门直接针对民间组织的法律、规章、条例等,其基本导向就是对民间组织进行控制和约束;其二,政府管理部门对民间组织的管理,把入口作为重点,为民间组织的登记和成立设定了很高的门槛;其三,对民间组织的活动经费、范围和内容实行严格的限制;四是正像对经济发展一样,政府对民间组织也实行宏观调控。

"分级管理"就是县级以上人民政府的民政部门分别负责同一层级的民间组织的审批、登记、年检、变更、撤销和监管。具体来说,全国范围内活动的组织,由民政部审批和登记;地方范围内活动的组织,由县级以上地方各级政府的民政部门审批;跨行政区域活动的组织,由所跨行政区域的共同上级政府的民政部门审批。

"双重管理"是指登记在册的所有民间组织,除了接受政府民政部门等主管机关的监督外,还必须接受其业务主管部门的领导,而且业务主管部门通常还承担着主要的管理责任。这种双重管理体制,势必导致民间组织多头管理的格局。因为有关文件只是作出一般性的规定,但其实县级以上的相关党政机关及县级以上政府的授权机构,均可成为民间组织的业务主管部门。由此而来的必然结果是,民间组织的业务主管部门呈现出五花八门的局面。

此外,政府法规与党的政策相辅相成,都是管理民间组织的权威性规范,共同构成中国公民社会制度的基本制度环境,这是中国公民社会制度环境的又一个重要特性。

7.2.2 我国社团组织管理的相关法律制度体系

中国至今尚无关于民间组织的正式立法,由民政部门登记管理的民间组织分为社会团体、民办非企业单位和基金会。它们分别遵照《社会团体登记管理条例》(1998)、《民办非企业单位登记管理暂行条例》(1998)、《基金会管理办法》(1988)和《外国商会管理暂行规定》(1989)等四个法规进行管理。

这些法规主要在以下几个方面作出了相应的规定:关于社团组织的性质,如自治性、非营利性、是否区域或行业垄断性等;关于社团组织功能的界定,如信息提供、行业协调、参与政府政策制订等;关于社团功能实现方式的规定,如议事程序、制定内部规约、仲裁程序、处罚成员违规行为的强制程度等;关于社团组织机制的规定,如经费来源、领导及专职人员的选聘、总分会之间的关系等;关于社团组织违法行为的判定和处罚规定,如反竞争行为的受理和调查、对内部成员的越权管制行为的纠正等。

除了上述四个法规外,对民间组织的管理还有其他大量的规章。如民政部颁布的实施细则,民政部与其他部委联合颁布的管理规定,或者是由各部委单独制定的管理规定;各级地方政府及其主管部门制定的各种实施办法、实施细则;各级政府民政部门和业务主管部门制定的法规、条例和规章;此外,还有各级党委和政府出台的规范性文件和政策措施,等等。

俞可平(2006)将这种规章制度过多、管理职能重叠的现象称为“制度剩余”。这种制度剩余现象从有关文件对政府民政主管部门和业务主管部门的监督管理职责的规定上可见一斑。

按照现行的《条例》规定,民间组织登记机关的监督管理职责有三项:一是负责社会团体、民办非企业单位的成立、变更、注销登记;二是对社会团体、民办非企业单位、基金会、境外基金会代表机构实施年度检查;三是对社会团体和民办非企业单位违反条例的问题进行监督检查,对违反条例的行为给予行政处罚。

而民间组织的业务主管部门的监督管理职责有五项:一是负责社会团体和民办非企业单位成立、变更、注销登记前的审查;二是监督、指导社会团体和民办非企业单位遵守宪法、法律、法规和国家政策,按照章程开展活动;三是负责社会团体和民办非企业单位年度检查的初审;四是协助登记管理机关和其他有关部门查处社会团体和民办非企业单位的违法行为;五是会同有关机关指导社会团体和民办非企业单位的清算事宜。

从上面规定不难看出,两个管理部门的职能有明显的重复。这种制度设计的初衷是实行双重审核和双重负责的"双保险"机制,但实践证明,监管职责的交叉重复易于导致相互推卸责任,出现监管漏洞。同时,业务主管单位的监管任务和责任均大于登记管理机关,但又不能因此收取任何费用,使之缺乏监管动力。而一旦收取民间组织定期上缴的"管理费",又往往采取放任自流的态度。登记机关因为有业务主管单位把"第一道关",则容易疏忽日常的监管,最终使"双重管理"体制流于形式。这不仅是制度资源和政府执政资源的极大浪费,而且也未必能增强政府对民间组织的领导能力,相反,往往会削弱其管理能力。

7.2.3　我国农业产业组织面临的合法性危机

高丙中(2000)在研究我国社团组织合法性时,把合法性分为四类,即社会合法性、法律合法性、行政合法性和政治合法性。由于我国政府非常重视农业的发展问题,近几年特别鼓励农民发展各类农业产业组织,所以总体来说,当前我国农业产业组织的行政合法性和政府合法性都比较强,但其社会合法性和法律合法性问题应引起各界的高度重视。

(1)我国农业产业组织面临的社会合法性危机

任何一个社会组织要取得合法主体资格,首先必须具备社会合法性,这是它存在的合理性理由。余晖(2002)认为,社会合法性产生的基础可以是传统,可以是共同的利益,也可以是有共识的规则。但作者认为,在现代社会中社团组织要取得社会合法性至少应具备以下两个条件。

一是社会对个人利益的认可,或者说,个体拥有私人产权。这是社会团体产生的基础,也是现代组织有别于传统组织的关键。正如科尔曼(Coleman,1974)在考察中世纪的团体机构后强调,个人主义对于特殊目标组织发展具有重大影响。黑格尔也曾指出,"在公民社会(civil society,也有人翻译为市民社会或民间社会)中,每个人都以自身为目的,其他一切在他看来都是虚无。但是,如果他不同其他人发生关系,他就不能达到他的全部目的。因此,其他人便成为特殊的人达到目的的手段。但是特殊目的通过同他人的关系就取得了普遍性的形式,并且在满足他人福利的同时满足自己。由于特殊性必然以普遍性为其条件,所以整个市民社会是中介(组织)的基地。"([德]黑格尔:《法哲学原理》,范杨、张企泰译,商务印书馆 1961 年版)从这个意义上,我们可以说,公民社会的形成是社团组织产生的基础或前提条件。

二是成员对组织规则的承认,或者说,组织能给成员带来利益或权利。在现代社会,尽管民族国家对强力手段和符号的垄断,使社会只具有相对的自治性,而社团组织的社会合法性也降低为有限的合法性,但只要某一个行业或职业的从业者在竞争中存在着共同的利益,对调整其自身行为的发展和经济效益,那么由他们自愿建立的组织就具备了最基本合法性,这个组织也就具备了最本质的生命力和最强烈的发展动力。它甚至可以凭借这单一的合法性在国家权力未及之处长期在社会上进行活动。(余晖,2003)简单地说,一个社会组织的功能越强,那么它就更具有社会合法性。

20 世纪 80 年代的中国农村改革,一方面是国家集中控制农村社会经济活动的弱化,另一方面是农村社区和农民个人所有权的成长和发展。这是中国农业产业组织能取得快速发展的重要原因或前提条件,而农业产业组织在农业发展、农民增收和农村繁荣中所起的积极作用,则是其取得社会合法性的关键。

然而,目前我国农业产业组织在发展过程中也有不少问题,主要表现在数量众多,但单个组织的规模小,普遍缺乏资金、人才,必然导致能力不足、效率低下、服务质量不高。如果这种状况不能得到有效解决,必然会引起农业产业组织的社会合法性危机。

（2）我国农业产业组织的法律合法性危机

社会合法性仅仅是为农业产业组织发挥经济社会功能提供了一个合法性的基础，但要使这些组织在更大范围的社会博弈中不致陷入新的囚徒困境，以及在与其他社会组织竞争中保持优势，并防止组织内部的瓦解，还必须得到统治者或国家法律的承认，即取得法律的合法性。从这一点也可以说，法律合法性实际上是对社会合法性的追认和界定。

世界各国对社团组织的法律合法性规制，一般采用"预防制"和"追惩制"两种制度。前者是要求公民在成立社团前先向政府申请，得到批准和特许后方能合法化；后者没有事先申请的程序，但在成立后政府可根据社团的违法行为对其实施处罚或禁止其活动直至将其解散。显然，当前我国有关法规都是选择了前一种制度。

当前我国农业产业组织所处的法律制度环境，除了上述提到的"制度剩余"问题经常让农业组织无所适从外，还面临着几个大的问题。

一是法律制度的匮乏。由于缺乏相关的法律，一些农业产业组织的法律地位很不明确。比如合作社究竟是企业法人、社团法人、还是合作社法人，没有一个明确的法律界定。这样的结果导致了农业产业组织在发展过程中遇到了一系列法制、税收、体制等环境制约因素，经常会遇到一些尴尬的情况。

俞可平（2006）曾经举过这样一个事例，浙江温岭市的农民专业合作社是参照股份合作企业进行注册登记的，属于企业法人，因而税务机关、金融机构必须按照股份合作企业进行征税、贷款。然而，与此同时，《浙江省农民专业合作社条例》第十九条又规定，合作社销售社员生产和初加工的农产品，视同农户自产自销。农民生产初级农产品自行销售，无需征税，而把农产品委托给合作社进行销售，就要按规定纳税。在融资时又遇到了另一个问题，农民合作经济组织在工商登记为企业法人，而银行又不承认其为法人地位，不予贷款。即使要贷款，也只能以社员个人名义，并以个人资产抵押才能贷款。这无疑不利于农民专业合作社向规范化方向发展。

二是法规制定的门槛过高问题。我国宪法规定，公民有结社的权利和自由,作为弱势群体的农民,更有希望通过结社的方式寻求利益表达、保护和增进的强烈愿望和需求,但现行法律、法规和制度却没有很好地体现这种愿望和需求,客观上的障碍因素依然存在。具体表现在以下几个方面:

其一,对主管单位的条件限制问题。具体地说,农业社团的成立首先得有主管单位。按规定,其主管单位主要有县级人民政府有关部门或县级人民政府委托的乡(镇)人民政府以及全国供销社系统。这表明如果未得到有关部门的同意,就无法设立有合法主体资格的农业社团。

其二,对个人或单位的资格限制问题。按文件规定,50 个以上个人会员或者 30 个以上单位会员;个人会员和单位会员混合组成的,会员总数不得少于 50 个;全国性社会团体必须有 30 万元以上的活动资金,地方性团体和跨行政区域的团体必须有 3 万元以上,农村县、乡、村农村专业经济协会则不能低于 2000 元。以上两条规定无疑忽略了地区、行业、阶层等因素对结社的影响,在一定程度上剥夺了某些人(如弱势群体)的结社资格。此外,还规定要有与其业务相适应的专职工作人员。如要成立一个棉花技术协会,发起人中必须要有具备棉花技术的人员,也就是说不允许在协会成立以后再聘请相关技术人员。

其三,对相同性或相似性的限制问题。现有文件规定,在同一行政区域内已有业务范围相同或者相似的社会团体没有必要成立的不予批准。这条无疑给社会团体以垄断地位,如一个县里就不会有两个棉花技术协会。

三是与工商登记相比,目前《社会团体登记管理条例》和《民办非企业单位登记管理暂行条例》的知名度较低,权威性不强,大多数民间组织的创办者、领导者对其缺乏了解,甚至不知其存在,认为只要得到政府有关部门的认可就可以自由地开展活动,无须登记注册。从民政部门的统计数据来看,截止到 2004 年第 1 季度我国农业社团数量为 142989 个,非企业单位为 123720 个。但是在现实中存在的合法民间组织(或社团)的数量在我国部分地区仅为 8%~13%。

根据民政部举行的"全国发展农村专业经济协会会议"透露,截至 2004 年,全国已建立农村专业经济协会 10 万多个,但在各级民政部门登记注册的只有1万多个,仅占总数的十分之一。

故有学者断言:"一个社团要么同时具备四种合法性,要么不存在。但是,我们所谓的民间会社和非法社团范围内的许多社团实际上还会在相当长的一个时期以各种方式继续存在。"

7.3　农业产业组织的规则冲突解决机制:以农产品行业协会为例

综观现有研究文献,普遍都隐含着一个基本假设,即农业产业组织已具有合法主体资格,同时它们在运行过程中的行为也都符合法律规范。然而,农业产业组织与其他组织一样,其内部规则经常会与法律规范发生冲突,其行为也可能会有意无意地背离初衷甚至违背法律。因此,如何适时引入相应的解决机制和救济措施,加强内外部监督,实现合法性和合理性的统一,是一个很有现实意义和理论价值的研究。本节和下一节拟就这些问题展开深入探讨。

7.3.1　农产品行业协会的法律关系分析

建立于现代哲学对话理论之上的现代法学理论,已经逐步祛除了主—客体二元对立的认识论基础,重新塑造了一种以主客体相互关联的关系为中心的新型认识论基础。人们已经认识到,"自然科学在方法论上的向度是外在的描述与实证,而社会科学和法学在方法论上的向度则是内在的理解与解释。"因而从法学的角度看,研究农产品行业协会的切入点在于其法律关系,而不仅仅是行业协会的主体资格。而且在行业协会获得了主体合法性之后,并不必然地说明其存续过程中的正当性。合法性与正当性,本身是两个不同的问题。行业协会的主体合法性为基础实现其行为正当性,要以其法律关系是否具有正当性为判断标准。

作者认为,在行业协会内部至少存在两大类的法律关系。一类是基于法律法规授权或行政主体委托而具有的管理权。存在这类管理权的根源,在于我国有大量官方或非官方行业协会。在现实中,许多对于农业生产关系等方面的管理职能被赋予行业协会,并授予它们相应的处罚权。这类关系产生后主要是由行政法予以规范,调整的对象是一般社会成员,可以通过行政复议或行政诉讼予以救济。

另一类是基于行业协会内部规则对内部成员或外部社会成员的协调所产生的法律关系。从社团本身具有的自治性来看,行业协会主要依据内部规则对其成员进行管理,这些内部规则主要是行业协会章程以及其他的规则。行业协会依章程对其成员实施无论是奖励性或处罚性的行为,部分使得行为对象产生相应的法律关系,包括成员与行业协会之间的关系、成员之间的关系以及成员与外部社会成员之间的关系。

以某柑橘协会为例子,甲会员因出卖的橘子农药超标而造成消费者的身体伤害,受害者向甲会员提出赔偿请求的同时也起诉了柑橘协会。柑橘协会为了维护协会的声誉,依据内部规则,以甲会员出售的产品未达到协会要求的质量标准为由,对甲会员处以一万元罚款,同时责令甲会员赔偿损失。这时,柑橘协会的行为已使甲会员产生了一定的法律关系,即对协会承担罚款的关系(有一定的直接拘束力),对被害人承担赔偿损失的关系(有间接拘束力,如果甲会员不承担赔偿,就有可能遭致协会的其他处理,如勒令退出协会)。此外;也可能产生与其他会员之间的关系。如甲会员申辩说,不是自己而是乙会员向受害者所在地区出售了产品。可见,行业协会依据内部规则的行为导致了某些法律关系的产生,但这种行为有时也可能会出现与法律规范相冲突甚至相违背的情形。那么,如何消弭两者之间的冲突呢? 这就需要引入救济机制。

7.3.2　农产品行业协会规则冲突救济机制

任何一个社会团体包括行业协会在内,其存续的条件是规则的维持。这里的规则,不仅是指法律的规则,更重要的是指社团的内部规则,如章程、守则、纪律等。建立社团内部规则的意义,在于动员社会力量即相应的社会团体去规范有关事务。因为法律规范往往是一般原则、抽象的规范,只能涉及到社团一般层面上的问题,而对于社团内部专业化的具体问题则适宜由内部规则来解决,使社团成员接受内行的评价,并由此缩短社团与成员、成员与成员之间的距离,使得社团的行为更易为社团成员所接受。

毫无疑问,社团内部规则更强调其成员间的合作,这就不可避免地会在其中导入道德、价值观、习俗等内容。这些内容可能来自社会成员之间的约定俗成,也可能来源于社团成员的特别约定。通常,这些内容都建基于成员之间的民主性,或是建基于市民社会的对话机制基础之上,因而具有比法律规则更强的实用性。但这些内容往往都是写未被提升为法律规则的道德规则,与法律规则尚有一定的差距,因而与法律规则可能会产生冲突。随之而来的问题是,这些内部规则如何取得法律上的正当性?

一种一般性观点认为:"因强有力的国家的确立,大多数社会规范的实效性不是由以前存在的各种社会性团体,即部落、家族、封建的主从关系、同业公会等强制力(除外部的物理的强制力以外,也包含心理的社会的强制力)来保证,而是由国家强有力的强制秩序来保证。"这种观点说明了以下几个问题:一是作为社会团体内部规则必须与法律规范形成自洽性。因为保障社团秩序的最终力量源泉是法律规范,没有蕴涵法律自洽性的内部规则将缺乏合法依据及其适用的正当性。二是社团内部规则在法律规范未作详尽规定时,或者出现法律漏洞时,可以做出创设性的规定,但这些规定也应该符合法律的目的。虽然这种创设不同于法官适用法律时的法律续造,但与法律续造有异曲同工之妙。虽然内部规则的创制首先依据法律规范,但是在法律规范有漏洞而内部规则又必须加以规范时,符合法律的目的使得内部规范渗透着法的精神,同样可以减少两者间的冲突。这就是对社团内部规则的合法性要求,但这并不意味着社团内部规则与法律规则不会发生冲突。

仍以柑橘协会对甲会员的处罚为例,其性质在应然层面上属于社团罚,实然层面上则是变相行政罚。如果柑橘协会对甲会员的处罚是基于法律法规的授权进行管理,这属于一种行政行为,当然属于行政处罚。如果对甲会员的处罚是基于内部规则实施的,无行政主体资格而实行行政职权,可谓属于行政处罚。这时可能有三种情形:一是所谓"行政处罚权"的取得不是来源于法律、法规或规章的授权,而是具一般约束力的行政决定或命令等;二是行政机关在没有法律法规或规章明文依据时,将行政处罚权委托给了行业协会;三是行业协会在没有任何依据时,仅凭本协会属于某行政单位主管则认为有行政处罚权。但是,这里还可能会出现的一个问题,就是该柑橘协会依规章授权有了行政处罚权,但其内部规则规定超出了规章规定的处罚范围,这就可能与法律发生冲突。

如 1996 年 10 月 1 日实施的《浙江省人民代表大会常务委员会关于政府规章设定罚款限额的规定》明确规定:"政府规章对非经营活动中违反行政管理秩序的行为,设定的最高限额为二千元。政府规章对经营活动中违反行政管理秩序的行为,设定罚款最高限额为五万元。"如果柑橘协会对甲会员作出超过五万元的罚款,其内部规则依然与法律规范发生了冲突。如何处理上述两种情况呢? 这就关涉到法律救济问题。

对于上述出现的不同情况,我们应分别加以解决。如果柑橘协会的行为属于行政处罚,那么可以由甲会员通过行政救济途径的解决,这相对比较容易。但如果柑橘协会自身没有行政处罚的主体资格,其对成员的处罚就不属于行政处罚,那么就不能运用行政救济的途径来解决,而必须寻求其他解决途径。这实质上涉及到行业协会的监督救济问题。

有学者曾针对社团罚问题提出两种救济机制:一种是社团的内部救济机制,即通过社团内部健全的民主机制,建立公正的程序和中立的内部仲裁制度来控制;另一种是社团的外部救济机制,即通过国家权力对社团权力的控制来实现。作者基本认同这两种机制,同时认为在社团权力的控制方面,还存在第三种监督救济机制,即由其他协调组织进行横向监督。总之,这三种机制形成的监督救济体系,均应建立在平等对话的基础之上,无论是行业协会与国家之间,行业协会与其他协调组织之间,或是行业协会与其成员之间。

7.4 农产品行业协会的监督体系构建

除了规则冲突外,农产品行业协会在运用其协调功能时,也会出现一些触犯国家法律、危及成员或非成员的人身财产安全的负面行为。因此,在积极鼓励和促进发展的同时,建立和完善监督体系,加强对农产品行业协会的规范和管理是必不可少的。

7.4.1 农产品行业协会监督机制的调整对象

农产品行业协会作为社团的一种形式,无疑具有第三领域(属社会调整机制)的所有特征。其内部管理具有自主性、自律性的特点,对外又与政府和其他组织有着较密切的关系。因而,对行业协会的监督和规制也需要从多层面入手。作者认为,对农产品行业协会的行为规制主要应从两方面进行:

一是对非法行为的监督、规制,即农产品行业协会的活动必须与其设立的目的相符合。首先,行业协会的活动不得与非营利性的根本特征相违背,以避免与营利性主体相混淆,可以通过财政与税收的优惠、财政年度支出等事项进行规范其次,行业协会的活动不得与为农业、农民服务的宗旨相违背,作为一个自治性组织,其自治性体现在宗旨之下的所以具体事务;而不是指其政治活动中的自治性;再次,行业协会不应成为不正当竞争的组织者,例如排斥同行进入,联合下属经济组织成员实施价格垄断等。

二是对合法行为的监督、规制。农产品行业协会是自律性组织,它通过内部的章程、制度等对成员实施管理,如对违规的会员实施处罚。应坚持以下几个原则:行业协会的自律是在法律允许范围内的自律;行业协会的内部处罚与法律规范相冲突时,应给予其成员法律救济的途径;行业协会的自律必须建立在公平、公正地对待每一个成员之上,要体现出内部事务的合理性。

7.4.2　农产品行业协会的三个监督机制

作者认为,农产品行业协会的监督体系应包括以下三个机制:

(1)内部监督机制

农产品行业协会的成立与存续,其根本立足点在于市民社会的法治精神,也就是说,基于市民社会的自愿性、自治性和公共性特征,自主地管理自身的相关事务。在这一点上,行业协会的自主运行与国家的权力控制是互相矛盾的。因为国家的权力控制要求国家对行业协会的介入,这正好又违背了市民社会的法治精神。因为在行业协会的管理中,协会解决自身的问题显得尤为重要。于是在协会运行过程中,可能存在关涉到成员权利、义务的多种不同行为。如关于本协会运行目的、范围等方面的决议、决定,对成员的处罚等等。

以社团罚为例,行业协会对成员的处罚,往往被认为是基于成员同意的契约行为。如有学者认为:"开除出社团只能视作终止成员资格关系;罚款只能视作违约金;而名誉处罚则完全是不合法的"。然而,行业协会对这类处罚又通常不具有行政处罚的性质,更不具有刑事处罚的性质,而是纪律罚。按拉伦茨的说法:"它不是对不法行为,而是对违反一个有着紧密联系的社会集团的特定秩序和它对其成员要求的反应。"可以看出,行业协会的行为绝大多数是建立在成员自愿承认的基础之上,无论是对事务的决定还是对成员的处罚,都需要内部规则的预先设定以及正当合法程序的保障。

问题是,如果行业协会违反上述约定的规则,恣意地不公正对待其成员时,受到损害的成员应如何确保其权利义务关系回复到原初状态呢?作者认为,应按以下几条途径予以解决:

一是给予协会成员充分的参与权。就行业协会的工作性质而论,其涉及的事务不仅局限于"私法"意义上,而且还渗透到相关农业方面的公共事务,具有一定的社会性,因而协会的行为不仅要考虑成员的权利义务,而且还要考虑到本地区的公众利益。因此,允许成员的充分参与势在必行,协会不仅要让他们就自身的权利义务发表意见,而且还可就本地区农业事务发表意见。

二是行业协会的相关事务应向成员开放,这是上述成员参与权的反向度论述。行业协会除了保证其事务实体上的开放外,还要保证其处理事务程序的开放性,以取得其成员的信服,这一点尤为重要。从法律适用视角来看,"诉讼法乃实体法发展之母体",同时程序本身更能体现其特有的价值。

三是保证行业协会管理者的自律。自律是从自治性中推衍出来的,从我国的现状来看,往往只强调其成员的自律而忽视了协会管理者的自律。这实质是一个行业协会管理机关的责任问题。作为管理机关的人员首先应当自律,才能有效避免财务、事务和程序的暗箱操作。

我们可以运用公司法的原理,规定在达到一定规模的社团内部设立如董事会、监事会、成员全体(或代表)大会等机构,并明确各机构的职权和职责。一些发达国家的相关立法经验值得我们借鉴,如《日本特定非营利活动促进法》(1998年第7号法律)规定:特定非营利活动法人应当设置理事三人以上,监事一人以上。理事与监事构成负责人员。理事在一切事务上代表特定非营利活动法人,但是章程可以限制理事的代表权。特定非营利活动法人的事务,由理事过半数决定,但是章程另有规定的除外。监事的职责是监督理事的业务执行状况;监督特定非营利活动法人的财产状况;进行上二项规定的监督活动时,如发现有关业务活动或者财产的不当行为或者违反法律、法令或者章程的重要情况,监事向社员大会或者政府主管机关报告;如果为了提交前项规定的报告,必要时有权召集社员大会;就理事的业务执行的状况以及特定非营利活动法人的财产状况向理事提出建议。

(2)外部监督机制

虽然内部监督能够保障多数行业协会的事务得到合理、合法的解决,但仍不可避免会出现一些违法行为或不公正现象。这时就需要国家权力的介入,引入外部监督机制。

农产品行业协会基于其民主参与的社会基础,能够适时地介入到国家权力的控制机制中。例如协会通过民主性的参与,可以影响国家的农业产业政策,影响国家农业公益事业的决策,甚至影响农业经济决策等等。反过来,行业协会同样也需要国家权力的保护,无论从协会保障自身存续的独立性,还是协会运行过程中的规则冲突,在一定程度上都需要国家权力的互补作用以及监督作用。

作者认为,农产品行业协会需从以下几个层面规范其监督机制:

①通过立法或政府授予管理公共事务时,行业协会就成了分担政府部分行政职能的机构,同时协会会员也成为行政管理的对象,而非享有成员资格受内部规则约束的主体。在这种情况下,行业协会的运行以及监督和救济,完全依照行政法律规范规定的途径进行。

②作为非行政主体处理协会内部事务时,可能面对某成员的行政违法、刑事违法等现象。遇到这种情形时,协会有义务将这类违法犯罪行为及时报告相应机关。尤其在刑事领域,是国家公权力绝对排外的领域,唯有国家公权力才能处理相关的犯罪行为。

③在协会内部的社团罚等自律行为与法律规范相冲突相矛盾时,应当允许其成员通过法律救济途径予以解决。这种情况通常是在协会内部对话、商谈机制已失去效力,或者协会的自律行为已超越了法律限定的框架范围,而丧失了自律行为的合法性基础时发生。上述前两种情况是国家公权力绝对介入的领域,对于第三种情况则是在充分商谈的基础上无法解决,所以主动请求国家权力的介入,这是充分保障行业协会社团自由基础上的公权力介入。需要关注的是,国家权力既不能主动介入第三种情况之中,也不能以社团自由为名将此类纷争拒之门外。

④信息披露制度。如美国学者 Fellman 所言:社团组织在先天上就具有反托拉斯法的"爆发力"。由于行业协会的行为天然地接近于联合行为,也就必然内在地隐含着不正当竞争、垄断的风险,而且由于协会的组织统一,相对于一般的不法竞争行为而言,协会决议的执行更富有效率,对社会的危害也可能越大。因此,协会的重大活动信息尤其是关系其他主体重大利益的活动的实施,应及时向协会主管部门备案,或向社会披露。一定条件下应在实施之前予以公布,除非该信息的公布会损害协会的根本利益。对可能

影响社会公共利益的协会重大活动举措,公布实施之前还应举行听证会,提高协会业务的透明度。

(3)平行监督机制

除了上述内部和外部监督机制,还有一类监督机制极为重要,这就是平行监督机制。鉴于行业协会作为社团组织的自治性和国家权力介入对这种自治性带来的损害,有必要引入同样作为社团组织的其他社团对农产品行业协会的监督。此外,农产品行业协会虽不以营利为目的,但我国现行法律规范允许社团进行经营性活动(与营利性组织区别在于营利所得如何分配,而不在于是否营利)。因而同样需要对行业协会的资金运作实行监督。

譬如,通过农业审计专业协会的工作,更好地实现行业协会设定的目标。除政府部门依法对行业协会进行管理外,社会团体管理行业协会是一个重要的特点。因为行业协会之间及与其他社团之间互有服务、资助、依存和竞争关系。在他们彼此合作前要了解对方的情况,这种需求是税务和司法部门难以满足的。于是,各种评价性团体就应运而生。它们专门为团体和个人提供某一行业协会的各种情况的资料。实践证明,由社会团体管理行业协会,比政府管理行业协会的作用和效果更好。

7.5 本章小结

合法性对农业产业组织的产生与发展是至关重要的。这一点,我们可以从农产品行业协会的现实发展中可见一斑。在温家宝总理作出专门批示前,农产品行业协会的发展相当缓慢,名称也五花八门,大多还是叫农业行业协会。但是,在温总理批示后,无论是理论界还是广大农村,似乎在一夜之间大家都统一称之为农产品行业协会了。此后,这类组织就得到了迅猛地发展,有关农产品行业协会的文献也大量出现。由此说明,不仅仅是组织发展与合法性密切联系,就是理论研究也与合法性紧密相关。

我国农业产业组织的快速发展,主要是因为取得了行政合法性,这是因为我国的现有政府十分重视"三农问题"。但是,不能因为这样,我们就可以忽视目前存在的社会合法性和法律合法性危机了。以上的分析已经说明了这个问题。

农业产业组织的合法性和合理性问题,本身就是相互依存的。从某种意义而言,合法性是基础,合理性是保障。农业产业组织存在本身就已经说明了社会正在放弃精英解说式的个人权威,而代之以社会成员共同形成的价值观念。举一个简单的例子,如农业产业组织对其成员的农产品农药残留量作出规定,这一技术性规定蕴涵了两方面的选择:一是科学意义上的选择,即什么样的标准不会对人身健康产生损害;二是价值判断上的选择,即选择什么样的标准能够既无损于人的健康,同时又能保证农产品生产者的整体利益。在此,前一种选择是客观的,但不具有决定性意义;后一种选择才是人们在做出选择时普遍遵循的利益衡量,具有决定性意义。因此,农业产业组织的行为摆脱不了价值平衡,更需要用监督机制来消弭其带给成员和社会的负面影响。

作者认为,农业产业组织监督体系主要应从以下几个层次予以构建:

一是通过农业产业组织的行政参与,既实现政府对农业组织的行政监督,同时又实现农业产业组织对政府的监督。这种双向互动式的监督机制,更适合现代社会对话情景控制模式的建立,使农业组织起到更为重要的作用。一方面体现了市民社会的要求,农民的呼声通过行业协会等农业产业组织传递给政府,并通过参与政府的农业产业决策制定,使农民个人的声音转化为一种组织的声音;另一方面,在农业产业组织参与行政决策的过程中,政府又可以很好地参与到农业的行为之中,从而更好地实施监督。

二是通过其他社团组织(如农业合作审计协会)实现社团组织间的横向监督。虽然农产品行业协会等社团组织不以营利为目的,但其行为往往会涉及经济利益,通过经济上的审计活动,能够更好地实现其目的的正当性。

三是通过农业产业组织内部成员实施监督。农产品行业协会作为行业组织,与其成员形成服务关系、利益代表关系和对成员的管理关系。总体上协会通过行业自律完成其章程设定的宗旨。

　　然而,应该明确的是,农产品行业协会的自治、自律,并非将其成员的其他救济途径全部堵塞。例如,通过内部处罚管理成员,同时又不允许成员通过诸如法律救济的途径实现正当的权利,这其实就是涉及到行业协会内部处罚与法律规范冲突的问题。总之,无论适用哪一种方式,都应该以法律规范作为依据,体现行业协会的市民社会法治的精神,即在法律规范的范围内对内部处罚的正当性进行裁决,并由此保障协会行为的合理性。

第 8 章 发达国家农业产业组织发展模式：基于美德日三国的比较及启示

任何国家的制度模式都不能简单效仿，因为它们都是受复杂的社会、文化因素影响，在特定的历史条件下长期演化形成的，都有其适应环境的内在合理逻辑。社会系统进化同生物进化相似之处，大自然从简单生命孕育出种类繁多的物种，不同生物均具有独特的结构、形态和生存方式，各自均有独特的协调机制和内在逻辑，任何盲目的移植和模仿都是非常危险的。

余晖等(行业协会及其在中国的发展,2002)

农业产业组织在欧美国家的出现，至少已有 200 多年的历史，在亚洲的韩国、日本等发达国家和地区也已有近一个世纪的发展历程，并且各自都形成了较为独特而完善的组织与制度体系。因此，总结和比较发达国家的成功经验，对理清我国农业产业组织的发展思路，制定符合我国国情的具体建设方案，意义十分重大。

8.1 美国农业产业组织的发展模式

美国的农业是世界上最发达的现代化农业，我国多数学者把它归结于其经营规模、科技水平、物质装备和政府支持等。其实，从整体的角度看，美国农业的成功关键是它在上百年的历史演化和市场竞争中形成的农业产业体系，也就是市场化的农业及与其相关产业的组织结构和经营机制构成的有竞争力的农业产业体系(农业部访美代表团,2001)。

8.1.1 美国农业产业组织的发展历史

美国农业产业组织的发展历史,大体上可以分为以下三个阶段。

(1)1860年代以前为起步阶段

美国农业产业组织的出现,可以追溯到十八世纪下半叶。在殖民时期和独立战争时期(1775~1783),当地一些有文化的领导人就已开始仿效欧洲的贵族和时尚人士的做法,在农业、科技和商业领域建立了一些利益团体。1785年,美国费城成立了一个以推动与解决农业和农村其他问题的农业社团。1805年棉花取代了烟草成为美国最主要的经济作物。1811年,在著名农民领袖沃森(Elkanah Watson)的领导下,成立了巴克夏(Berkshire)农业社团。1817~1825年,在州政府的资助下农业社团以及农产品展销会、交易会曾一度出现了繁荣。

从发展初期来看,美国农业产业组织的出现多少带有一些"赶时髦"的成分。但自从1820年以后,美国农业进入了商品化阶段,农业生产迫切需要农户以外的加工、销售企业的支撑和协调,才能顺利完成产业的良性循环(农业部访美代表团,2001),由此农业产业组织的发展开始有了真正的内在动力。1820年代和1830年代,美国平均每年的农产品出口额为42000万美元和74000万美元,分别占出口总额的65%和73%。鉴于这种情况,美国国会分别于1820年和1825年成立了众议院农业委员会和参议院农业委员会。1840~1860年,美国的农业组织形式开始出现多元化,最早的农民合作社出现在奶酪加工以及羊毛、烟草等销售领域,中西部则主要发展农民俱乐部。1850年代,美国农产品的年均出口额增长到1.89亿美元,占美国出口总额的82%,其中棉花出口额为1.24亿美元,占美国出口总额的54%。1852年,第一个全国性的农业组织——美国农业社团(United States Agricultural Society)成立。

从美国早期的农业产业组织发展来看,其产生的基础是传统文化、共同利益和共识规则,但没有法律形式的确认和行政组织的认可。政府既不参与农业产业组织的组建，也不过问它的活动，更不给予经费上的资助。由此可见，当时美国农业产业组织的发展，只有一定的社会合法性，但不具备法律合法性和行政合法性。

（2）1860～1960 年为发展阶段

在这 100 年中，美国的农业产业组织曾出现过三次大的发展浪潮。

1860 年美国爆发了第一次农产品过剩危机，农产品卖难问题进一步刺激了农业组织体系的发育（农业部访美代表团，2001）。当时在美国已有 941 个农业社团，最有影响的是 1867 年成立的美国农业保护者协会（National Grange，简称"格兰其"）。1871 年格兰其开始对全国合作企业进行认定并发放许可证，1873～1876 年格兰其运动达到了高潮。1874～1880 年美国开始了农民联盟运动。

在 1889～1919 年期间，美国农业出现了空前的繁荣，农产品贸易竞争日益激烈，由此掀起了第一个农业产业组织的发展浪潮，使农业利益集团（Agricultural pressure group）的势力迅速得到加强。这一时期产生的农业组织主要是农业行业协会，如美国种子贸易协会（1883）、美国粮食与饲料协会（1896）、美国面包师协会（1897）、美国牧场主牛肉协会（1898）、美国绵子品协会（1898）、美国农民联合会（1902）等。在这一时期，美国于 1862 年成立的农业部上升为内阁地位（1889 年），并且随着农业法的通过（1900），联邦政府在农业上的作用进一步加强。

第一世界大战（1914～1918）后，农产品过剩再次成为美国农业的主要问题，因此农民协会在华盛顿形成了强有力的院外活动集团，经常出没在议院走廊或休息室向议员游说，希望政府支持和保护农业。1922 年通过的沃尔斯特德法案（Capper - Volstead Act），终于使合作社有了合法的地位，进而兴起了美国农业组织的第二次发展浪潮——合作社运动（1920～1932 年）。1929 年美国农民合作社全国委员会（National Council of Farmers Cooperatives）成立。到 1930 年，美国的合作社已发展到 11950 个，成员达 300 万。但总的来说，这些农业组织普遍具有分散性、小规模和非规范性等特点，发展比较缓慢，作用也相对有限。

第二次世界大战(1939～1945)以后,美国农业以年均2%的速度增长,其增幅远大于非农业部门。1946～1970年,美国出口了50%的大米和40%的棉花,已成为"世界的粮仓"(王思明,1995)。鉴于越来越大的国际贸易压力,以及借鉴某些农产品服务组织在市场保护方面取得的成功经验,美国农民纷纷自发组建成立各类农业服务组织,从而掀起了第三次发展浪潮。到1950年代,美国的合作社成员已多达700万,同时若干全国性的农民组织也纷纷成立。

(3)1960年代以后为调整阶段

为了适应经济全球化和开拓国际市场的需要,美国的农业产业组织正朝着大型化、综合性、国际化方向发展。通过关闭、合并、联合等手段,使农业产业组织的数量大大减少,但单个组织的规模和实力却不断增强,在国际经济舞台上发挥的作用也越来越大。到1970年合作社的成员增加了20多万,但数量却减少近200个,降到7994个。同时,美国的合作社也开始突破传统合作社的局限,1990年代初美国明尼苏达州(Minnesota)、北达科他州(North Dakota)和(Wisconsin)出现了50个新一代的合作社,涉及到牛奶、猪肉、玉米、通心粉(pasta)、土豆、蔬菜等的生产、加工和销售。

这些新一代的合作社具有以下一些特征(Dennis A. Johnson):通过加工提高产品的附加值,使生产者进入更高的食品链;合作社的成员有严格限定或选择,而不是完全开放;更多地采用合资和联盟的方式。农业部访美代表团(2001)的实地考察也发现另外一些现象,如美国许多农民经济组织表面上还打着合作社的旗号,但其中已有很大部分公司化了,实际上演变成为企业。而原有的服务于农户和企业的各类合作系统,也在适应形势的变化,纷纷转变职能,由过去侧重于农业生产、销售的合作,转向科技推广和环境治理方面的服务,成为类似行业协会的非政府组织。

8.1.2　美国农业产业组织的发展特点及其经验

纵观美国200多年农业产业组织的发展历程,主要体现出以下几个特点和经验:

(1)美国农业产业组织都是由农民自发形成的,走的是一条设立自愿、活动独立、经费自理、自下而上的发展道路。在缺乏政府支持的情况下,美国农业产业组织还能发展得这么好,其原因是多方面的。但其中有一个重要因素,就是这些组织通常都有一个或几个素质高、能力强的领导人。美国的农业产业组织负责人都是由农民担任的,这些负责人通常都有较强的组织能力、事业心和奉献精神。正如科罗拉多州玉米管理委员会原执行主任斯密德莱所说的:"任何组织在发展过程中,都不可避免地会遇到这样那样'成长的烦恼'。玉米协会之所以能克服重重难关,就是因为总有一位好舵手。每任会长对协会工作都是呕心沥血,并发挥着他们的聪明才智。"(www.ncga.com)可以说,一个农业产业组织的发展史,就是一个个农业产业组织负责人串成的奉献史。

(2)美国的合作社可以分为三类,一类是销售合作社,一类是供应合作社,还有一类是服务合作社。根据美国农业部1995年的调查数据,有4006个农业合作社在运营,拥有3700多万社员,营业额达1122亿美元。其中,有销售合作社2074个,占合作社总数的51.8%;供应合作社1458个,占36.4%;服务合作社474个,占11.8%(李瑞芬,2004)。而美国的行业协会却没有明显的三大产业的划分界线,只要与该协会的主要活动内容有关,无论是专门从事生产的农场(主),还是主要从事加工、贸易或相关服务的企业或业主,均可成为其成员。同时,一家(个)农场(主)、企业(主)可以成为多个不同协会的会员。因此,在美国没有专门的农业行业协会的统计数据。但从行业协会的名称来看,主要有两类农业协会:一是围绕某一农产品而成立的,用我们现在的说法,那就是农产品行业协会,如美国啤酒大麦协会(AMBA,1945)、美国家禽与蛋协会(U.S. PEA,1947)、美国种子贸易协会(ASTA,1883)、美国绵子品协会(NCPA,1898)等;二是按照生产经营主体来组建,我们可以称之为农产品生产者协会,如美国小麦种植者协会(NAWG,1952)、美国玉米种植者协会(NCGA,1957)、美国面包师协会(ABA,1897)等等。

(3)从表面看,美国农业产业组织的数量较多,组织结构相对比较松散,规范性也较差,似乎是杂乱无章的。但其实各类农业产业组织之间是分工协作、有机结合、相互促进的。供应合作社主要是为农场提供化学制品、饲料、肥料、燃料、种子和其他物资;服务合作社是经营扎棉机、汽车运输、人工播种、仓储和烘干等业务;销售合作社则依靠自身的竞争力,为成员开拓更广阔的市场空间。而行业协会通常是通过院外游说或在国会议院上演讲,来对政府产生影响或施加压力,以争取政府对本行业采取扶持或特殊的政策,并负责促进和发展美国与特定国家或地区之间的农产品贸易关系。这些组织与组织之间的关系几乎是平等的,没有上下级之分,组织层次也不明显。这使农产品的生产、加工、销售等各环节都优化配置起来,使每个环节都有优势,富有竞争力,进而提高了整个产业的效益。

(4)早先的美国政府与农业产业组织之间经常出现对立情绪,后来这方面的情况有所缓和。美国政府开始注意与农业产业组织的沟通和协调,加强了相互之间的配合与协作。1982年美国总统里根还亲自参加了美国玉米种植者协会的年会,并在会上作重要讲话。不过,到目前为止,美国各级政府组织还是没有设立专门负责农业产业组织的主管部门,它对行业协会的监管主要是通过立法来实现的,政府的主要任务只是负责产业政策导向和市场环境建设。

8.1.3　美国政府对农业产业组织的监管

美国管理农业和农村经济的政府职能部门是农业部(United States Department of Agriculture,简称USDA),主要是对农业产业体系的指导和管理,但它只管农业生产,而不管农产品的加工和销售。在各类农业产业组织中,农业部只管了农业合作社,具体由其下属的农村商业与合作社局负责。而像商店出售的农产品及加工制成品,主要由美国食品和药物管理局(Food and Drug Administration,简称FDA)负责管理;农用生产资料、农产品及加工制成品的进出口等则由美国商务部(United States Department of Commerce)负责管理。

美国的行业协会不按三大产业进行划分,联邦政府中也没有一个专门负责行业协会等社团的管理部门,它对行业协会只是通过税收进行管理,其他政府部门只有资助或不资助的权利而无管理权。行业协会的成立程序分法人登记和免税登记两步。经免税登记后,行业协会的收益就可免交所得税,但捐助人不能得到免税优惠。多数州的管理机构是司法厅,主要是对违反宗旨的非法活动和内部贪污、私分资金等问题进行处理。对贪污和私分资金的问题,只处理负责人,不处罚协会。对违反组织宗旨的活动问题,司法厅将协同税务部门作出处理,一是吊销免税证书,二是严重的由司法厅宣布解散,或与其他同类协会合并。

除政府部门依法对行业协会进行管理外,社会团体管理行业协会是美国的一个重要特点。因为行业协会之间及与其他社团之间互有服务、资助、依存和竞争关系。在他们彼此合作前要了解对方的情况,但这种需求是税务和司法部门难以满足的,于是各种评价性的社会团体就应运而生了。如非营利协会理事会、协会会长联合会等,它们专门为团体和个人提供某一行业协会的各种情况资料。美国的实践证明,由社会团体管理行业协会,比政府管理行业协会的作用和效果要好得多。

8.2　德国农业产业组织的发展模式

从历史渊源而言,原西德(联邦德国)和东德(民主德国)的农业产业组织发展历史都是一样悠久的,但到二战以后,原民主德国和联邦德国走出了两条完全不同的发展道路。前者走的是原苏联的农业集体农庄的道路,即改变农民主要生产资料所有制,实行统一管理、统一劳动、统一核算、统一分配的农业生产制度。而后者是不改变农民主要生产资料所有制,实行了自主、自治的发展道路。历史已经证明,前一种模式已逐渐衰落下去,而后一种模式则对二战后联邦德国的经济复兴作出了巨大的贡献,甚至到现在还显示出强大的生命力(李瑞芬,2004)。因此,本节主要介绍和分析原联邦德国的农业产业组织发展模式。

8.2.1 德国农业产业组织的发展状况

(1)德国农民协会的产生背景和根本任务

18世纪,德国的农民领袖就发起成立了一些农业协会,但大规模发展则从1862年开始。早期的德国农民协会,主要是通过刊登书面文章,相互进行经验交流,以促进农民的共同富裕。在普鲁士王朝之前,这些农民协会都是农民自发形成的,其活动经费也毫不例外地依靠协会成员的会费。只是到了1866年,普鲁士王朝才开始拨少量的经费。

成立农民协会的主要原因是,当时的农业产业组织规模小而分散,全部农业产业组织的成员加起来也只占农业总人口的三分之一,因此它们在与政府机关或其他行业打交道时,就不能以整个农业产业的代表名义和身份出现。这样,无疑限制了农业产业组织的影响力,也使农业产业组织感到难以忍受。当时的农业团体感到,不能屈服于困难,决心在遵循国家社团法规的基础上,建立一个公法的联合团体——农民协会。农民协会成立后,几乎天衣无缝地从原有的农业经济组织手中接过了任务,并且使农业产业组织发展向前迈进了一大步。

但是,在社会党执政以后,这些农民协会不是被解散就是被并入帝国协会(Reichsnahrstand)。这是帝国负责农业的总组织,所有农民、农产品加工者,以及各类贸易协会、营销协会和专业协会都被强制成为这个组织的成员。1948年帝国协会被同盟国瓦解,所以1845年成立的各州农民协会就顺理成章地取代了它的位置。1948年,西德地区的三个农民协会合并成立了德国农民协会(DBV),其目的是为了成为一个在政治上和宗教上独立的综合性联合协会。这个协会将在自由和民主的基础上,代表所有生产者、加工者以及他们的财产。

德国农民协会把自己看作是"从事农业、林业以及相关产业人们的专业代表"。按照它的章程,协会的任务是代表农业和林业部门的有关生产、法律、税收、教育和社会等方面的利益,并负责协调成员组织在各项事务中的活动。

总的来说,德国农民协会主要是扮演联结政府与农民的中介角色,代表农民利益与政府对话。它们的作用主要体现在两个方面:一是与政府签订合同,代表政府落实休耕政策和畜牧饲养规模控制政策,具体实施对农户的生产补贴;二是为农户提供法律、政策、技术、财政等咨询服务,帮助农户解决生产经营中的各种困难和问题。

(2)德国农业合作社发展状况

德国的合作社运动具有极为悠久的历史。早在19世纪70年代就已出现合作社的雏形。1889年德国合作法的制定与实施,是德国合作社发展史上的里程碑。在100多年的发展过程中,德国农业合作社一直保持着自己的传统。农业合作社遵循的原则是自助、自律,并为每个人自己的行为负责,其宗旨是提高社员的经济福利。作为按民主方式组建起来的组织,农业合作社一直保留着明确的组织目标和决策程序,并接受来自市场竞争者的监督。尽管德国农业的功能和结构都已发生了很大的变化,但是这些基本原则至今大都没有改变,并且仍富有活力。当然,德国农业合作社的形象和特征已出现了根本性变化,它们不再是穷人和农村人口的一些自助性组织,而是一种具有强大力量的现代组织。

近40年来,德国合作社的发展经历了持续的结构变动过程,在农业技术进步不断提高生产效率,农产品市场竞争日趋激烈的情况下,德国合作社出现了大规模的兼并浪潮。与1950年相比,德国信贷合作社数量由21000个下降到3950个,贸易合作社从12000个减少到2589个,手工业合作社从8500个降为768个。但是,合作社数量的减少绝非意味着其地位的下降、功能的削弱,相反,由于规模的扩大,合作社变得更加强有力和更为有效。在这一时期,德国合作社的成员由440万增至1430万,其构成包括农民、工人和其他职业劳动者。这一事实表明,德国合作社具有巨大的经济活力和包容性,在国民经济中扮演着极为重要的角色(四川省赴德农业经济考察团,1999)。

目前,德国合作社已发展为体系完整的组织网络,从体系结构上分三个层次进行活动。一是中央一级的合作社联盟(DGRV),主要是负责与整个合作社组织相关的经济、法律和财政问题,不仅包括对国内合作社提供有关审计、法律、人员培训和资料处理的咨询和建议,而且与国外合作社组织保持联系,致力于对合作社运动的援助。其下设立了信贷合作社联合会(BVR)、贸易合作社联合会(DRV)和小企业联合会(ZGV)等三个分支机构,分别从不同的领域对德国合作社的发展提供服务和指导。二是地区合作社联合会,主要任务是在税收、法律、管理等重要方面为各个所属的基层合作社提供咨询服务。现全德国共有53个地区性合作社联合会,其中有38个信贷合作社联合会、3个贸易合作社联合会和12个小企业联合会(四川省赴德农业经济考察团,1999)。三是地方性合作社,这些合作社直接为农户提供信贷、销售和加工等服务,有效地降低了农户的生产经营成本,提高农户在市场竞争中的地位,从而使其成为德国农业和农村发展中最重要的组织基础。

8.2.2 德国农业的组织形式及其体系

到目前,德国农民以多种方式联结在一起,已形成了形式多样的农业服务组织。这些组织可以分为四大类(Werner Grobkopf,2000):

第一大类是影响力组织(Institutes exerting influence)。建立这类组织的目的,是为了降低政治领域的交易费用。一方面是对农业政策的制定施加影响,另一方面是代表农业部门的利益。其中,最具影响力的是四个集团性组织:(1)德国农民协会(简称DBV),它的成员包括18个州的农民协会、德国青年农民协会、德国Raiffeisen协会(German Raiffeisen Association)和德国科技院校毕业生联合会(Federal Association of German Technical College Graduates)。农民并不直接加入德国农民协会,而是集聚在有关州的农民协会。州协会下面又有县和地方农民协会。州农民协会是自愿加入的,但有90%生产规模在2公顷以上的农场主都成为了它的会员。总的来说,规模越大的农民越愿意加入协会。目前,州一级的协会共有成员55万。(2)德国Raiffeisen协会(简称DRV)。(3)德国农业会社(简称DLG)。(4)德国农业事务所(Chambers)协会。

第二大类是决策类组织(Decision – making institutes)。这类组织由农业事务所组成,主要是负责提供信息、咨询和培训,即充当咨询和信息服务提供者的角色。它们是按照公法建立起来的合作体;具有自愿性、专业性和自我约束的特点,实行自我控制和自我管理。在农业教育与职业培训方面,德国有 11 所内部设有农学院的大学、8 个设有农业系的应用科技学院、209 个农业技术学院和 580 个农业职业学校。在咨询方面,存在着四类机构:(1)官方咨询机构,主要由政府财政拨款,为农民及其家庭提供职业培训和咨询。出于财政预算的考虑,以及存在咨询与监督需要的冲突,尤其是缺乏咨询的能力,近几年官方咨询结构正在逐步减少。(2)团伙咨询机构,如农民自愿组成一个小集团,一起雇佣一些咨询员,通常政府会给予一定的补助。这些组织机构与官方机构的咨询相比,具有明显的优势。首先是避免了咨询员与监督员的利益冲突;其次是付费的成员只对咨询效果或咨询员本身感兴趣,而不会把咨询员看作政府的代表。这些团伙平均拥有 80 ~ 150 个涉农企业,并出现朝着专业化方向发展的趋势。(3)私人咨询机构,从农业企业的总数来看,全职咨询员的作用是不大的。由于收费太高,所以只有在一些特殊的情况时才会聘用私人咨询员,如合并或联合前的准备、大型企业的咨询等。不过,对私人咨询的需求正在迅速扩大,特别在一些新的州,地方机构已被私人咨询员所垄断,尽管他们也经常得到政府的补助。(4)其他咨询机构,随着农产品的生产、加工和贸易的发展,协会、银行和教会也会提供一些咨询服务。

第三大类是生产合作组织(Cooperation in production)。德国生产者合作社和生产者团伙的发展,已经超越了提高农业生产者市场地位的需要。根据 1969 年颁发的《德国市场结构法》,生产者合作社在创办初期可以得到政府的补助和投资方面的援助。此外,按照竞争法规,还可以得到进一步的支持。生产者合作社通常会在完成生产后,与加工企业和销售企业签署协议,目的是为了产生和带来更大的市场和统一标准的产品。结果,生产者合作社本身并不拥有自己的加工设备,也不销售原始农产品。它的目标是联合为加工者或销售者提供物品。1998 年,德国有 1202 个生产者合作社。

第四大类是市场合作组织(Cooperation in marketing)。这类组织在德国已经存在将近150年。他们的功能是促进农民在贷款、销售和市场方面的合作。合作社遵循着自助、自管和自负责任的原则,即使组织的功能和结构已经改变,但这些原则还是基本保留下来并具活力。不过,合作社的形象和特征已发生了根本的变化,从一个穷人和农村人口的自助组织转变为具有威力的现代机构。1999年,4221个农业合作社联合组成了Raiffeisen合作社。这些合作社1998年的营业总额为750亿德国马克,约占农民销售总额的一半。可见,农村合作社已享有全国50%的市场份额。

以上四类组织形式的功能作用是有所区别的,有的是为了减少交易费用,有的是为了取得规模经济的好处,还有的是增强自己的市场力(market power)。具体可见表8.1。

表8.1 德国四类农业组织的功能比较

	影响力组织	决策类组织	生产合作组织	市场合作组织
政府援助	—	+	+	—
减少交易费用	+	—	—	+
利用规模经济	—	—	+	+
提高市场竞争力	+	—	—	+

注:"+"表示有;"—"表示没有或者微弱。

资料来源:Agriculture in Germany 2000:168

8.2.3 德国政府对农业产业组织的立法与监管

欧洲多数国家农业产业组织产生与发展的历史都十分悠久,数量也较多,所以很早就以社会团体的形予以有立法。德国的立法相对更加完善,联邦一级不仅在宪法上对公民结社自由权予以保护,而且在民法中专门设立结社法章节,以之来规范行业协会的成立及其具体活动,同时在一些行政立法中也从不同角度予以约束,分别对农业产业组织的活动进行监督管理。此外,德国还利用地方自治性强的特点,以地方立法的方式,以及运用公众舆论监督,共同来制约行业协会的违法行为和活动。德国具体负责农业产业组织的管理机构,是 1949 年由德国农民协会、德国 Raiffeisen 协会、德国农业会社和德国农业事务所协会等四个农业利益集团共同组成的德国农业中央委员会。

1867 年,德国合作社取得了自己的第一部合作社法,即《关于购进和经济合作社中私人合法地位法》。这是一部组织法,它规定合作社的唯一合法目的是促进社员收入和经济的发展,如果追求其他目的就必须解散;合作社章程至少要有 7 人表决通过并签名;合作社设有三级机构,即理事会、监事会和全体(代表)大会,理事会是合作社的领导机构,负责业务领导和作为合作社的法律代表;监事会至少由 3 人组成,负责监督理事会的业务领导;在全体(代表)大会上,原则上实行一人一票制。

德国农民协会的管理制度具有以下特点:一是每年要选送一定数量的会员大会代表到政府的环境、农业、食品和旅游等部门工作。譬如,石勒苏益格——荷尔斯泰州农民协会章程明确规定每年选送 12 人到政府部门工作,其中至少 6 人是女性。二是政府有关部门可以通过命令形式,委托农民协会在农业、园艺、家政领域举行专业培训和其他有关任务。三是除了会费、财政拨款外,德国农民协会还可以收取有关农业税款。当然,政府对协会开支也有严格的规定和监督机制。四是如果农民协会的会长或副会长有严重失职行为,政府有关部门就有权立刻撤销他或她的职务,但有关人员可在一个月内向农业法庭提出诉讼,等等。

8.3 日本农业产业组织的发展模式

日本的农业产业组织形式主要是农业协同组合,简称"农协"。它的发展和完善是战后日本农村稳定、农业繁荣的一个重要因素。

8.3.1 日本农协发展的历史贡献

日本农协起源于 1910 年。第二次世界大战后,日本为了解决农村中地主与农民之间长期存在的社会矛盾,实行了农地改革,将大地主所有的大量土地无条件地分给农民,由此确立了农业家庭经营的基本制度。然而,由于农业生产受分散经营、生产力水平低下的束缚,出现了生产上的盲目性和供求关系的失衡。为解决这一问题,1947年日本颁布了《农业协同组合法》,并据此大规模发展农协。在1947~1950年的三年时间里,日本在全国各地成立了4000多个基层农协。经过几十年的发展,日本农协已从上到下形成一个统揽全国的大系统。日本农协的经营服务活动十分广泛,渗透到农村生产、流通、卫生保健、科技文化等各个领域,为农民提供了"从摇篮到墓地的一切帮助"。李显龙、石敏俊(2001)把它的重要贡献归纳为以下几个方面:

(1)巩固土地改革成果,保护自耕农利益。农协围绕流通和金融领域,为小农生产者提供了产前、产中、产后以及资金调剂等多方面的服务,促进了土地改革确立的自耕农体制的巩固。如果没有农协,大量小农经营将难以为继,甚至重新失去土地,再次沦为佃农。

(2)保障农产品供应,增加农民收入,缩小工农、城乡差别。作为农产品的主要流通渠道,农协的作用之大,地位之高,怎么强调也不过分。除了为农民提高生产、销售等服务外,农协也向社会呼吁增强农业保护意识,促进政府采取农产品价格保护政策,提高农产品价格。同时,作为农户经营代理人,它还为农民提供资产管理服务,增加了农民的收入,从而缩小了工农、城乡的差别。

(3)有效组织农户资金,发展农村社会保障。在农民资金不足时期,为他们解决资金不足的困难;在农民出现游离资金时期,为他们提供资产管理服务,从而有效地组织了农户资金,提高了资金的利用率。同时,通过发展农村保险事业,为农民提供有效的社会保障。

(4)提高农民的组织化程度,减少政府社会管理成本。农协作为自上而下组织起来的农民团体,从一开始就发挥了政府代理人的作用。具体来说,从粮食统购制度下的粮食统购业务,到结构调整政策下的调减大米种植面积,农协分担了政府大量工作,从而减少了政府的管理成本。

(5)强化执政党政权基础,维护政治稳定。自民党政权之所以能持续几十年,其主要原因之一就是在农协的协助下,稳住了农村、农民的选票,从而巩固了其政权基础。政局稳定也是促进日本经济高速成长的重要原因之一。

8.3.2　日本农协的组织体系及其结构

日本农协的组织结构主要可分为两个部分,一是按上下隶属关系来区分的各级农协组织,即农协的纵向组织结构;二是按合作经济活动的内容来区分的农协的各合作组织,即农协的横向组织。

(1)农协的纵向组织体系由三级组织组成,即每个市町村均设立基层农协,在此基础上每个都道府县又成立联合会,再由都道府县联合会组成全国联合会。全国联合会是农协机构中的最高形态,其机构设置和业务职能基本上与都道府县联合会保持条条上的对应关系,它既是全国农协的指导和管理单位,又是面向全国的综合性服务机构。都道府县成立的联合会,包括供销联合会、合作保险联合会、合作信贷联合会等。基层农协存在着专业农协和综合农协两种不同的形态,专业农协是指以专门从事某一种动植物的生产活动为中心的农协,如养鸡专业农协、养牛专业农协、养蚕专业农协等;综合农协是把一个市、町、村内所有的农村经济活动作为服务对象,围绕农业生产的产前、产中、产后开展多元化、综合性的合作服务活动,内容包括农业生产技术的指导、农产品的销售、生产资料的供应、农业设施的合作使用、农村信贷和农村保险、农村生活资料的供应以及农村教育、文化、医疗、保健、福利等等。

(2)农协的横向组织体系,是指以基础农协为依托而形成的,由农民直接参加的各种合作活动。主要有三种类型:一是围绕农业生产服务的合作小组,即同一农协中从事某种相同的农作物生产的一部分农户之间,在自愿的基础上形成的一种自发的联合,如蔬菜生产者联络会、稻米生产者联络会、花卉生产者联络会等,这种合作对农业技术的普及和提高农产品质量,统一农产品的规格等具有重要作用。二是围绕产前、产后服务的合作小组,合作小组可以由几家农户组成,也可以由农协组织间接参与(提供场地、设施、资金等),如机耕服务队、植保服务队、生产承包服务队等,这种合作不仅有利于克服一家一户小生产的盲目性,而且有效地促进了小生产与大市场的衔接,从而保证了农产品有计划、稳定供给的实现。三是各种辅助性的合作小组,最为典型的是农协青年部和农协妇女部。农协青年部主要是根据农村青年人的特点,除安排各种文娱、体育、旅游活动外,更多的是根据当前农业生产的需要,组织各种生产座谈和技术交流活动,其成员一般在25~39岁之间。农协妇女部是以农家妇女为成员,通过各种组织活动以取得妇女们对农协事业的理解和支持,其参加者的年龄差异很大,上可至60多岁的老妇,下可到不足20岁的少女。

以上分析的纵向组织结构和横向组织结构,可以以基础农协作为一个分界线。基础农协及其以上的组织构成的纵向体系,可称为农协的管理体系;而基础农协以下的横向组织体系,可以称为以农民(农户)为主体的农协生产和生活体系。

8.3.3 日本农协的特点及改革趋势

在日本农协的发展过程中,体现出以下几个明显的特点:

一是非常强调政府对农协的推动作用,同时又十分注重发挥农协在沟通政府与农户、农户与农户以及农户与公众的重要性。一方面,农协是执政党在农村的 社会基础,也是日本政府农业政策在农村的执行者和协作者;另一方面,农协又是农民利益的代表,通过给政府施加压力,迫使政府实施对农民有利的政策。所以,在政府与农协之间形成了一个非常融洽的分工协作关系。

二是组织形式以综合农协为主,以专业农协为辅。与美国相比,日本农协的数量较少,但每个农协内部组织机构却较有庞大,组织化程序也相对较高,并且其组织体系与行政组织基本对应。

三是日本农协具有比较广泛地参与社会经济发展的功能,既有类似于我国事业单位的一些性质,又有合作组织的某些特征。其业务范围几乎延伸到农村生产和生活的各个方面,如生产和生活资料的供应,农产品收购、加工和销售,农技推广示范等等。

四是在组织结构上,根据日本民法,农协除设置会长、副会长、常务理事外,还要设立监事和评议员。监事的主要任务是对农协的业务状况、财产运营和会计处理及其他事业执行情况进行监督。监事的资格与理事相同,是经民主选举产生的,但也有政府主管省厅派出的人员。设立评议员的目的是,通过评议员对农协重要业务活动提供咨询,促进事业的正确发展。评议员一般由对某项事业具有丰富经验的人担任。

此外,日本农协甚至还开办自己的医院,为成员提供保健福利服务。更为独特的是,日本政府允许在农协内设立金融机构。这不仅使农协可以通过吸收农村的闲散资金,为农业生产和农业开发提供信用服务,同时又能大大增强农协自身的生存和发展能力。但总体来说,农协的业务主体还是以流通领域为主,生产领域占少数。

然而,进入 20 世纪 90 年代以后,日本农业的内外部环境已经发生了一些新的变化,由此也出现了一些新的问题。譬如,随着兼业农户的大量增加,农协会员早已改变了单一的自耕农成分,由于农协采取一人一票的决策机制和平等扶持的政策,一些大户认为参加农协是义务多收益少,因而出现了离会的倾向,使不少农协因陷入赤字经营而面临生存危机。又如,基层农协有大量的游离资金难以消化,他们就把大部分资金上交到县信用联社,而县信用联社同样也消化不了,又再上交到农林中央金库,这就使潜在风险增大。如果农林中央金库不能有效地运用和消化如此庞大的农协系统资金,不少基层农协的经营状况必将进一步恶化。

针对这些新的问题,日本农协开展了一些改革措施。一是通过合并减少基层农协的数量,以增强农协的竞争能力。如 1997 年 10 月日本提出,到 2000 年底把全国基层农协减少到 532 个。二是通过改组减少中间环节,即将基层——县——中央的三级组织体系改为基层——中央的二级组织体系。如 2000 年 4 月,日本 47 个县级共济(保险)联社已与全国共济(保险)联社整合为一体。三是引入企业化经营机制。目前比较成熟的方案是实行常务理事会,聘任企业家担任常务理事,负责农协的日常经营业务,同时加强经营管理委员会的监督功能,以保障农协经营不致违背农民团体和合作经济组织的基本原则。

8.3.4 日本政府对农协的监管

日本对农协的监管主要是依据 1962 年修改《农协法》。《农协法》明确规定,农协的成员必须是农民。但对于农民必须拥有多少耕地面积、每年必须有多少时间参与农业生产等才能成为农协会员,则没有作出详细规定。关于这一点,各农协根据当地实际情况均在本农协章程中予以明确。多年来,农协的正式会员的表决权和选举权一直延续着"一户一票"制,其目的在于避免因劳动多寡造成表决不均。近年来,由于农协内部结构变化,妇女参与农协活动增加,许多农协已由"一户一票"制改为"一户多票"制。(刘多田,2002)

《农协法》规定,一个农协必须有 5 个以上的理事和 2 个以上的监事,由会员大会选举产生,任期一般都为 3 年。理事和监事都是农协的干部,不得经营和从事与农协业务有实质性竞争关系的事业。理事具有代表权和执行权,代表权是指理事在不违背会员大会决议前提下的行为和责任,原则上均构成农协的行为和责任;而执行权是指理事在执行农协日常业务过程中的权限。监事的职责是监督、检查农协的财产状况及理事的业务执行情况等。《农协法》还赋予监事一些特殊的职能,如农协签署任期合同时,监事可代表农协;当农协与理事发生法律纠纷时,监事也可代表农协;农协在无人履行理事职责时,或理事在无正当理由情况下不予召集会员大会事,监事可履行理事的职责,并可召集会员大会。

《农协法》还规定,农协可设参事,参事是农协的业务总管,代替理事执行农协的日常业务,具有与理事几乎同样的权限。但参事不是农协的干部,而属于农协的职员。因此,参事不需要经过会员大会选举,由理事会半数通过则可任命。

日本的公益法人登记机关是法务省及下属机关,这些机关除设立登记外,还负责日常管理。如规定每年 3 月,农协等公益法人均要向主管省厅提供事业报告书、决算书等材料,接受审查。若定款或寄附行为中的内容有变动,需得到主管省厅的批准办理变更手续。为了准确掌握农协等公益法人运营中财务收支、资产等方面的状况,主管省厅还可采取要求提供书面材料等对其进行检查。

日本对农协违法行为处罚的依据,主要是民法的规定和公益法人的存款和寄附行为。农协从事事业目的以外的活动及使用内部管理资金超过资金总额的 50% 等情况时,政府主管省厅可视其具体情节予以劝告。农协在进行活动中给他人造成损害时,只承担民事责任。在以法人名义实施犯罪行为时,原则上只对行为者加以处罚。对三年未进行活动的组织,称为"休眠法人",也被列为清理的主要对象。

日本的税法规定,会费、捐款等收入原则上不作为纳税的范围,只有开展收益事业(指法人税法规定的事业)时,才承担交纳法人税的义务。

8.4 三种农业产业组织发展模式的比较分析

美国、德国和日本三国在发展农业产业组织,促进本国农业繁荣方面所取得的成效是明显的。它们在发展中既有一些共同的特点,也有许多不同的做法。

实践表明,发达国家农业产业组织对本国农业发展所起的作用是巨大的,但是由于他们所处的社会、经济、文化等环境的不同,以及农业体系、农户规模、政府对农业政策等不同,所以他们在农业产业组织的发展路径、组织形式和功能等方面都有一定的差别。

8.4.1 农业产业组织发展路径的比较

在发展初期,三个国家的农业产业组织都是农民自发形成的,但后来日本走上了政府主导下的"自上而下"道路,德国选择了政府与民间"上下互动"的模式,而美国还是继续走民间自发的"自下而上"道路。作者认为,之所以选择不同发展路径,这与所在国家的经济体制是密切相关的。如美国是一个一直崇尚市场经济的国家,政府主要关注的是提供一个公平的宏观经济环境,而不参与具体的经济行为,所以"自下而上"是它的必然选择。第二次世界大战后,德国和日本的社会经济背景似乎十分相似。两国都想从战时的统制经济中脱身,转入市场经济轨道。无论是德国的社会市场经济,还是日本的社团市场经济,都试图建立一种政府与社会、企业合作或"官民协调"的宏观经济管理模式。不过,那时两个国家的农业产业组织状况差异较大。德国的农业产业组织已成规模,所以政府只要加强引导和加大支持力度就可以了。而日本农业产业组织的数量和规模都很小,因此只能借助政府的力量进行"自上而下"的推动。

然而,三个国家的发展实践均表明,无论是哪一种发展模式,农业产业组织最终都必须走向了自我管理、自我协调、自我发展的道路。即使像日本那样完全由国家主导下建立起来的农协组织,在发展过程中也都始终贯彻民主自治的原则。当然,不同的发展模式需要解决或避免的核心问题是不一样的。日本"自上而下"的发展模式,关键是要避免农业产业组织成为政府的附庸或"第二政府";而美国"自下而上"的发展模式,则主要应解决农业产业组织的生存和效率问题。正是因为处理好了这些关键问题,农业产业组织才能逐步成为了一个真正自律、自治和自助的有竞争力的社会组织。

8.4.2　农业产业组织形式与功能的比较

从总体上看,美国和德国的农业产业组织形式比较多(有合作社、行业协会、农民俱乐部等等),而日本的组织形式相对较为单一(主要是农协)。从表面看来,出现这种状况的原因,可能与发展路径有一定的关联。一般来说,"自下而上"的模式,农民通常可以根据自己需要,自由地选择不同的组织形式;而"自上而下"的模式,政府往往只鼓励发展某种组织形式。但从深层次原因分析,一个国家农业产业组织形式的多寡还是与政府的法律政策密切相关。如果政府允许和鼓励多种形式的组织存在,那么农业产业组织就会呈现出多元化局面;如果政府只鼓励和支持某类组织形式,那么农业产业组织势必会比较单一。从这一点来看,农业产业组织的产生与变迁不仅仅是一个经济学中的效率问题,有时更重要的是一个社会学中的合法性问题。

从现实来看,组织形式多的国家,其农业产业组织的功能会比较小,而组织形式单一的国家,其组织功能就相对比较大。如美国和德国的农业组织之间有相对明确的一些分工,如农业合作社一般是帮助农民解决产前、产中和产后的有关生产和销售问题,而农业行业协会则作为本行业的利益代表,主要是向政府争取优惠和支持政策,或帮助本行业生产经营者参与侵权行为、反倾销、反垄断的诉讼等。而日本农协的职能则不仅涵盖了美国或德国的合作社和行业协会的所有功能,而且还具有农村金融和农村保险等若干功能。因此,我们在研究时不能把日本的农协简单地等同于美国和德国的合作社或行业协会,它是一类具有更加宽泛功能的非常特殊的农业产业组织。

当然,无论组织形式多还是少,一个国家的农业发展既需要有专业性的组织,也需要有综合性的组织。一般来说,农业合作社多为专业性组织,而农产品行业协会则具有更多的综合性。从实践情况分析,农业专业化程度高且单个农产品生产经营规模较大的国家或地区,往往以发展专业性组织为主,即组织主要是围绕某一农产品而成立,如美国的综合性农业产业组织相对不多,其农产品行业协会和农业合作社都多为专业性;而专业化程度较低或农业生产经营规模不大的国家和地区,则更适宜采取综合性的组织形式,如德国的农业行业协会和日本的农协都具有很强的综合性。再从实际绩效来看,专业性组织的会员由于具有同质性,其活动内容就有更强的目的性和针对性,但其组织数量往往较多,组织结构也比较松散,如美国的农业产业组织就具有这一明显的特点;而综合性组织则能代表更广泛农户和农业企业的利益,也具有比较广泛地参与社会和经济活动的功能,还有利于在更大范围内进行协调,但内部组织机构通常过于庞大,组织程序也相对较为复杂,如德国的农民协会。

8.4.3 农业产业组织体系的比较

从某类农业产业组织来看,不论哪一种模式,通常都设有全国性、地方性和基层等不同层次的组织,从而形成自己的独立体系。只是日本的组织分层与行政设置密切对应,而美国和德国的农业产业组织没有严格的行政界限。并且,不同层次组织之间的功能也相对有所侧重,从而形成了一个完整的分工协作的有效机制。以美国的农产品行业协会为例,一般来说协会应具有行业代表、行业服务、行业自律和行业协调等功能。但对于全国性组织来说,它们主要是发挥行业代表的功能,如负责与政府和国外组织的沟通,以争取政府的政策支持,协调本行业与国外组织和企业的关系,扩大本行业在国内外的知名度,为本行业成员提供国际纠纷中的有关诉讼服务等,所以通常都建有自己的专业网站和刊物,聘任高水平的专家和律师等;对于地方性协会,则主要侧重于行业协调功能,如国家和地方政策的宣传和解释,起草行业标准,推出本协会产品的统一商标,组织专业培训等;而基层行业协会更多的是要发挥行业服务的功能,如引进优良的农业品种,提供各种技术和市场信息,以及具体的营销服务等等。

从整个农业产业组织体系来看,日本农协是一个金字塔结构,而美国和德国形成的是一个不同农业产业组织之间纵横交错的网络结构。以美国为例,一家(个)农场(主)、企业(主)可以成为多个不同农业合作社和农产品行业协会的会员,而大批的农业合作社和其他规模性组织又可能加入相应的农产品行业协会。不同类型农业产业组织的功能,既有区别又有重叠,更重要的是互为补充的,并且组织与组织之间几乎是平等的,没有上下级之分,从而在不同组织之间形成了互有服务、资助、依存和竞争的关系。

从以上比较分析中,我们可以得出这样一个简要的结论:一个国家或地区的制度(包括经济体制、农业政策和组织法规等),会影响其农业产业组织的发展路径以及组织形式的选择;而组织发展路径和组织形式的多寡,又会影响组织本身的功能以及整个组织体系的构建。

8.5 国外农业产业组织发展经验对中国的启示

通过对美国模式、德国模式、日本模式的深入研究和比较分析，我们可以进一步认识到，以代表农民利益、为农业服务为宗旨的农业产业组织的建立和发展，可以使农户和农业企业在自律、互助的基础上形成更大范围的联合行动，从而有效克服小规模生产和分散经营的局限性，提高农业生产的专业化程度和集约化水平，进而增强农业的综合竞争能力，有利于促进了农业现代化的进程。

然而，从上述分析可知，各国农业产业组织在实现自身宗旨上所表现出的形式却是各有千秋的，并且各自均有着符合本国社会、经济、文化的独特协调机制和内在逻辑。因此，任何盲目或简单地移植和模仿某国的经验和做法都将是危险的。只有仔细区别不同模式的共同特征、产生背景、发展原因、运行机制和实际绩效，才能有甄别地吸收对我们有益的营养。同时，还要认真分析自身的特点以及发展的环境，在实践中不断探索、创新，才能真正发展起符合我国实际的组织体系。

8.5.1 组织创新是我国现代农业发展的必由之路

在我国农业市场化、国际化和产业化进程不断加快，而在短期内又难以从根本上解决小规模、分散化的农业经营局面，以及小生产与大市场矛盾仍较突出的情况下，要发挥我国农业的区域比较优势，提高农业的国际竞争力，降低农业经营风险和增加农民收入，除了鼓励农户和涉农企业开展多种形式的经济合作，大力发展各种形式的农业合作经济组织以外，还迫切需要提升农业中各个行业的整体组织化水平，积极培育和发展那些能超越于市场个体力量且具有较强服务与协调功能的各类农业行业协会。

8.5.2 组织形式多元化是我国农业产业组织创新的必然选择

我国以家庭作为农业生产经营主体的基本制度与日本非常相似，并且我国大多数农业产业组织在发展初期,也是像日本一样按"自上而下"的方式建立起来的。这可能是不少学者提出要学习日本模式的主要原因。日本农协可以说是一个半官方性质的组织,它由政府推动和支持,自上而下形成了统揽全国的庞大网络。从生产到流通,从技术指导到医疗保健,无所不包,无所不营。这种体系有利于规模细小的农户实现经营规模化、专业化。但是,这种体系也决定了农协缺乏竞争,自我调节能力差,它最多只适合土地规模相对较小的国家或地区。随着国内外经济形势的日益严峻,日本农协面临着越来越大的困难,已逐渐暴露出其不足与缺陷。而我国幅员辽阔,农业资源丰富,人口众多,产业门类齐全,地区之间经济社会的差别大、人们需求多样等,这是日本不可比拟的。如果仅仅以一种具有综合功能的农协组织来替代目前的多种组织形式,显然难以满足我国当前不同地区的不同需要。从这些方面来看,我国的情况可能更接近美国。因此,学习和借鉴美国的做法,允许多种产业组织形式的并存应该是我国现代农业发展的理性选择。

8.5.3 制度和政策引导是农业产业组织健康发展的关键

有了以上认识后,关键在于政策导向。我国要通过各种政策手段,鼓励和支持各类农业产业组织的发展(而不是有些学者提出的优先或重点发展某一类组织),使原先的"自上而下"的发展模式逐渐转变为"上下互动"的发展模式上来。在这方面,德国的经验最值得我们的借鉴。

从发达国家的经验来看,农业产业组织在发展初期,出现组织数量过多、规模偏小的现象是正常的,组织发展或者是市场经济发展必然要经历这么一个过程。当农业产业组织达到一定的数量和规模后,我们可以再采取分类区别对待的办法。如农业生产合作社可以继续予以支持,而农产品销售合作社就要逐渐"断奶",通过市场的优胜劣汰机制,使一些组织自行开展合并、重组,甚至关闭,进而逐步增强各类农业产业组织的生存能力和竞争能力。

8.5.4　组织之间协调互动是有效发挥农业产业组织功能的重点

按照目前的实际状况,我们需要十分关注的是农业产业组织体系的构建。当前我国的农业产业组织不仅规模小,而且各自为政,如一盘散沙,这是农业产业组织功能弱,作用小的主要原因。

借鉴国际经验,并结合我国地域辽阔、区域差异大等特点,可以考虑建立三级农产品行业协会,即全国性组织、省一级组织和县一级组织。后两级组织是按行政区域进行组建,还是跨区域建立,主要决定于该协会服务对象的实际分布,以及协会本身的吸引力。在当前我国行政管理壁垒较多的情况下,可以允许先按行政区域进行设立。待协会发展到一定程度以及各方面改革不断推进后,再通过合并、调整等手段,逐步消除行政界线。由于协会必须具有一定的行业代表性和社会覆盖面,因此县级以下原则上不应设立协会组织,而主要是发展合作经济组织。

此外,农业行业协会发展不必也不应面对千家万户,而是要优先吸纳具有一定规模的涉农组织和农户,同时还可吸收技术推广组织和其他相关社会公益组织。对规模较小的农户和企业,则可由协会的会员单位如农业龙头企业、专业合作社和专业大户来带动。这样,将有利于在农业中形成政府组织——协调性组织——(合作)经济组织分工协作的有效组织体系。

第9章 结论与展望

本章将对本书的有关研究结论和观点作出一个概要性的总结,并提出相关的政策建议。同时,也将指出今后有待于进一步拓展的研究方向。

9.1 基本结论

本书通过对中国农业产业组织产生与演变原因的经验考察,组织演变规律与协调互动机制的理论解释,合法性视角下农业产业组织所处制度环境的探讨,以及对典型国家农业产业组织发展模式的比较分析,可以得出以下几个方面的基本结论和启示。

(1)基于制度环境的分析表明,我国农业产业组织的演变与其环境制度的变化,尤其是土地制度的重大变革密切相关,政治领袖则起到了决定性的作用。组织制度的变迁效率似乎与交易成本的关联更加紧密,而与生产效率的提高没有必然的联系。在组织的演变过程中,中国农民具有一定的"经济人"特征,但更多的时候则体现出马克思所描述的"人性扭曲"的"社会人"角色。

(2)基于效率机制和演化理论的分析表明,劳动分工是组织产生的前提和基础,交易成本是组织制度发生演变的重要原因,而组织规模、组织行为模式、组织的可靠性和责任感,以及制度环境等是影响组织内外部交易成本的主要因素。

(3)组织特性的比较分析表明,农业合作经济组织与农产品(农业)行业协会有着本质的区别。前者是市场组织或者经济组织,以营利为目的;后者属于非营利组织中的互益组织,主要是为了促进内部成员的利益,但并不直接参与市场的竞争。因此,它们在角色定位、功能定位和目标定位方面都应该是不一样的,切不可把两者混为一谈。

(4)交易成本理论分析表明,成员结构(微观层面)、组织规范(中观层面)、交易特征(交易层面)和环境不确定性(宏观层面)是影响交易成本的主要因素。前三个因素比威廉姆森提出的有限理性、机会主义、资产专用性等因素,更具有普遍性、重要性和可观察性;而后一个因素在威廉姆森的概念界定中过于模糊和绝对(不是有就是没有,不是高就是低或中),可进一步分为市场交易环境和宏观政策环境,并且是一个时序性的概念,这样有利于建立一个动态的分析模型。在新的交易成本理论分析框架中,成员结构包括利益结构、关系结构和成员数量,利益结构主要影响组织的边界,而关系结构和成员数量则会影响组织内部成本;组织规范主要指利益分配机制和自律机制;交易特征主要指交易规模和交易双方之间的关系,其中交易双方关系可以包含威廉姆森的有限理性、机会主义、资产专用性、少数交易等因素。

(5)典型农业产业组织交易成本比较分析模型表明,每种组织形式都处于内部交易成本和外部交易成本的两难境地之中。一般来说,组织内部成员利益关系越密切,譬如农户,其组织边界就越小,组织的封闭性也相对较大,那么对环境的适应能力就较差,在面对环境不确定性增大时,其外部交易成本会迅速上升;如果组织内部成员的利益关系较为松散,譬如农产品行业协会,其组织规模就较大,组织的开放性也越大,那么对环境的适应能力就较强,其外部交易成本的增幅就较小。由此说明,并不存在一个最佳的组织模式,即其总体交易成本完全低于其它任何组织。在不同的环境条件下,需要有不同的组织模式与之相对应,这就是农业领域乃至现代社会出现组织多元化的原因所在。

(6)交易成本比较分析模型也表明,农业产业组织的发展演变与外部环境是密切相关的。随着外部环境不确定的不断扩大,农业产业组织会从紧密结构向松散结构的形式演变。基本的组织变迁路径是:从农户到农业经济组织,再从农业经济组织到农业社团组织。不过,这种演变并不是一种替代关系,而是一种互倚关系。也就是说,一类不同性质的组织产生后原先的组织依然存在,它们之间是部分叠加,而不是完全包容或替代。于是就出现了"农业经济组织＋农户"、"农业社团组织＋农业经济组织"等新型的农业产业组织形式。在环境不确定较大的情况下,一个理想的组织体系是"农产品行业协会＋农业经济组织(合作社、股份合作企业、公司等)＋农户"。因为从分析模型来看,这个组织体系的整体外部交易成本是最低的。

(7)不过,同类性质组织(如农业经济组织)之间的选择或相互演变,则主要取决于组织内部的成员结构和分配机制,而不是外部环境。农业经济组织作为一种利益的紧密合作体,必然要涉及到利益的分配问题。由于专业合作社、股份合作制企业等组织内部具有一种利益分配的自我调节机制,因此通常是农户首选的组织形式。至于更愿意选择哪一种形式,或者会向哪一种形式演变,则主要取决于农户之间的结构。如果农户之间具有较强的同构性(即实力、水平、观念等相当或相似),则他们更愿意选择传统的合作机制;如果农户之间的差异性较大(如有些农户的经济实力和经营水平特别强),则他们更愿意选择股份合作制或新型合作社制度。因为这样的制度选择,其组织内部的交易成本更低一些。只有当市场价格相对稳定,或者其它农业经济组织发育不够充分,或者是农产品加工的需要时,农户才会选择"公司＋农户"的组织制度。当然,农业经济组织作为一个市场交易的主体,势必存在一个适度规模问题,这是由外部边际交易收益和内部边际交易成本共同决定的。

(8)与农业经济组织不同,农产品行业协会等社团组织需要更大规模的联合,并且这种联合是相对松散的。从国际经验来看,农产品行业协会通常应该具备行业代表、行业服务、行业自律和行业协调等功能。这些功能,一方面可以增强本行业产品或成员的社会影响力和市场竞争力,另一个方面可以扩大本行业产品或成员在消费者心目中的可靠性和可信度。

(9)政策环境是农业产业组织能否生存和持续发展的重要因素。在农业产业组织的发展初期,政府首先需要解决的问题是农业产业组织的合法性问题。合法性包括社会合法性、法律合法性、行政合法性和政府合法性。其中,社会合法性仅仅是为农业产业组织发挥经济社会功能提供了一个合法性的基础,而法律合法性、行政合法性和政府合法性是从不同层面对社会合法性的追认和界定。如果取得了合法性,组织发展就会很快。反之,组织发展就会步履维艰。国际经验比较分析表明,法律制度的出台时间和具体内容,都会影响一个国家的组织形式和组织体系。当然,当组织发展到一定阶段后,就应该引入竞争机制。只有优胜劣汰,才能使农业产业组织保持活力和持续发展的动力。

(10)农业产业组织与其它组织一样,也会产生一些负面的行为。譬如,在内部会出现权力滥用或误用行为,对外可能会采用欺诈、共谋等手段。因此,在采取必要鼓励和扶持政策的同时,政府还要加强监督体系的建设。这个监督体系应该包括内部监督、外部监督和平行监督等三种监督机制。除此以外,政府有关部门还要考虑建立规则冲突解决机制。当农业产业组织的内部规则与法律规则发生冲突,或者其行为背离组织成立的初衷甚至违背法律时,就应该适时引入相应的解决机制和救济措施,加强内外部监督,实现合法性和合理性的统一。

(11)本书还对企业纵向一体化和企业边界作出了一些新的解释。与威廉姆森的"资产专用性"解释方法不同,本书认为企业边界是企业边际收益等于边际成本时的一种状态,它并不是静态的,而是动态的。它会随着与企业边际成本和边际收益相关因素(如交易环境、内部成员结构尤其是产权结构)的变化而变化。而企业纵向一体化能否成功的关键因素,是合并后企业的文化整合。

9.2 政策建议

我国幅员辽阔,农业资源丰富,人口众多,产业门类齐全,地区之间经济社会的差别大,农民的需求也多种多样。因此,我们不能寄希望于一种所谓的最佳组织形式来解决农民和农业中遇到的各种问题,而是要鼓励形成各种农业产业组织形式百花齐放的局面,并形成一个科学、合理的组织体系。

仅从生产视角来看,我国把家庭作为农业生产的基本单位是合理的。因为由血缘和婚姻联结起来的家庭具有较低的内部协调和控制成本,这是其它组织所无法比拟的。如果家庭成员的知识水平,直接影响到农户对现代农业科技成果的应用能力,进而会影响农业的生产效率,那么家庭内部的和谐则有利于降低内部的交易成本。可见,在加大知识培训和能力培养力度的同时,加强农业人口的道德教育和农村文化建设也是不可或缺的。

然而,从经营视角来看,农户作为市场经营的主体却又是不合适的。因为农户经营缺乏规模经济,这可以从两个方面来理解:一是单位农产品的交易次数过多,交易成本比重过大;二是在市场交易中缺乏竞争能力,主要体现在议价能力弱,影响了产品的定价水平,进而会减少销售收入。同时,农户的独立经营也缺乏政治和社会影响力,既无力争取政府的政策支持,更难以在国际贸易中取得公平或者主动的地位。此外,由于部分农户可能存在机会主义思想和行为,买卖双方又存在一定的信息不对称性,因此也会影响交易的成功概率。交易成功率低,不是增加了交易成本,就是会造成较大的利益损失。

理论和经验表明,可以通过组织和制度创新,充分发挥农户生产的优势,同时弥补农户在经营方面的缺陷。在农业科技水平和农户成员综合素质一定的情况下,提供适度规模的土地,可以最有效地发挥农户的生产效率。而农户经营的三大缺陷,则可以通过建立经济组织和社会组织的方式来弥补。由农户合作成立的农业经济组织,有利于实现农产品销售的规模经济;由农业大户和农业经济组织联合起来组建的农业社团组织,则有助于解决农产品销售中的公平竞争问题;而无论是经济组织还是社团组织的出现,都可以在一定程度上增强农产品销售的可靠性或可信度,提高交易成功的概率,进而减少交易成本或者损失。

因此,需要通过各种政策手段,鼓励和支持各类农业产业组织的发展,使原先的"自下而上"的发展模式逐渐转变为"上下互动"的发展模式上来。从目前的现实情况来看,我国在行政合法性和政府合法性方面上做得相对较好,但在法律合法性和社会合法性方面却有些滞后。2007 年 7 月 1 日开始施行的《中华人民共和国农民专业合作社法》是我国农业产业组织的第一个法律文件,对支持、引导农民专业合作社的发展,规范农民专业合作社的组织和行为,保护农民专业合作社及其成员的合法权益,促进农业和农村经济的发展,具有重要意义。不过,本研究表明,农产品行业协会、农业合作社联合会等社团组织,由于肩负着一定的公共管理职能,并且其本身又存在非营利组织所无法避免的效率缺陷等,所以更 加需要通过法律制度的形式,加大对这些组织的支持和激励。

从发达国家的经验来看,农业产业组织在发展初期,出现组织数量过多、规模偏小的现象是正常的,组织发展或者是市场经济发展必然要经历这么一个过程。当农业产业组织达到一定的数量和规模后,我们可以再采取分类区别对待的办法。如农业生产合作社可以继续予以支持,而农产品销售合作社就要逐渐"断奶",通过市场的优胜劣汰机制,使一些组织自行开展合并、重组,甚至关闭,进而逐步增强各类农业产业组织的生存能力和竞争能力。

在农业产业组织体系的构建方面,我们应特别关注和强调不同性质产业组织之间的相互配合(譬如,社团组织发挥其社会服务功能,经济组织发挥其经济功能),以及同一性质不同形式组织之间的分工协调。具体来讲,农产品行业协会可以优先吸纳具有一定规模的涉农组织和农业大户,以及有关农业技术推广组织和其它相关的公益组织等作为自己的成员,而不必面对分散的千家万户。对于规模较小的农户或企业,则可由农产品行业协会的会员单位,如农业龙头企业、专业合作社和专业大户来带动。这样,就有利于在农业中形成政府农业管理部门——农业社团组织——农业(合作)经济组织——农户等分工协作的有效组织体系,使农业产业组织的整体功能得到更加充分、有效地发挥。

针对农业产业组织可能存在的负面行为,我国应加大监督体系和规则救济机制的建设。目前我国农业产业组织的规制体系,基本上是以政府为主的外部规制手段,在实践中已暴露出很大的局限性。因此,极有必要逐步引入组织内部的规制机制和组织之间的平行规制机制。在这个方面,美国的经验值得我国学习和借鉴。

国际经验还表明,农业产业组织的发展与其领导人的文化水平、价值观念、献身精神和工作能力等密切相关的。这是目前制约我国农业产业组织发展的一个重要因素。因此,加强农村教育,提高我国农民的整体素质,特别是要重视农民领袖的培养,是加快和促进我国农业产业组织发展的一个重要内容。

9.3 研究展望

农业产业组织的发展演变规律及互动机制,是一个看似简单实为复杂,看是无聊实为有趣的研究主题。本书的一个核心内容就是从交易成本视角,分析了我国农业产业组织的产生原因和引起组织制度变迁的内外关键因素,并探讨了几个典型产业组织的作用机理,以及它们之间出现共生、共栖和互倚现象的缘由。这是一项探索性和原创性的研究工作,难免存在一些不足之处。譬如,书中提出的几个交易成本分析维度和理论假设还有待于更多的经验验证,交易成本分析模型也需要进一步精炼和完善。不过,作者仍然坚信这是一项有重要价值的理论探索。

与威廉姆森的理论框架比较,本书创建的交易成本理论分析框架的最大特点,就是综合考虑了组织的内部协调控制成本和组织外部的交易成本,并且把组织三个层面(微观、中观和宏观)的因素和交易因素联系在一起进行分析。国内外著名学者,如斯格特(美)、杜玛(荷兰)、邱泽奇,都曾经说过类似的话:"要在组织的三个层面之间构建一个统一的分析平台几乎是不可能的"。但本书通过交易成本这个概念,把它们巧妙地结合在一起了,这应该是一个新的突破。

这里需要特别说明的是,在本书写作过程中,作者曾大量阅读了新制度经济学家威廉姆森教授、组织理论学家斯格特教授和著名社会学家周雪光教授等的研究文献,他们的研究思想和学术观点对作者的影响是最为深刻的。而在交易成本理论框架的构建和我国农业产业组织发展环境的分析中，作者广泛汲取了经济学、社会学、管理学、法学等多个学科的成果和营养。这使作者深深地感受到，学科的交叉融合具有广阔的发展空间和美好前景。同时，作者认为，借助农业产业组织这个主题来探讨交易成本的有关理论是一个非常好的研究途径。因为这里的组织形式和组织现象，似乎比企业的纵向一体化还要丰富多彩。

当然，交易成本只是研究农业产业组织的一个分析视角，自然存在着一定的局限性。随着一些新的理论的出现和发展完善，我们可以从更多的视角对其进行剖析。譬如，可以采用基于代理的博弈模型来分析组织之间的协调互动关系，也可以从信息经济学视角对不同形式的组织效率作出分析和判断，等等。

改革开放 30 年，中国取得的成就是辉煌的，无论在农业领域还是工商领域，农业产业组织的产生与发展演变只是其中的一个缩影。这些改革实践和成功经验为理论的创新提供了大量鲜活的素材。因此，经过引进吸收、模仿创新或应用创新两个阶段后，中国经济学界将会步入一个原始创新的学术繁荣时代，我们已经看到具有中国特色经济学诞生的曙光。回顾近 30 年的发展历程，中国在发展路径、发展动力以及制度环境和制度变迁等诸多方面都是独具特色的。为此，作者斗胆预言，中国经济学界可能会在发展经济学和制度经济学两个研究领域率先取得重大的理论突破。

参考文献

[1] Alback, S. & Schultz, C. On the Relative Advantage of Cooperatives [J].
Economic Letters, 1998,59(2):397 – 401.

[2] Banerjee, A. D., Mookherjee, D. & Munshi, K. et al. Inequality, Con-
trol Rights, and Rent Seeking: Sugar Cooperative in Maharashtra [J]. Jour-
nal of Political Economy, 2001, 109(1):138 – 190.

[3] Borgen, S. O. Rethinking incentives problems in cooperative organizations
[M]. Norwegian: Norwegian Agricultural Economics Research Institute,
2003:78 – 79.

[4] Coase, R. H. The Nature of the Firm [J]. Economica, 1937(4):386 –
405.

[5] Condon, A. M. The Methodology and Requirements of a Theory of Modern
Cooperative Enterprise [A]. Royer, J. Cooperative Theory: New Approa-
ches[C]. ACS Service Report No. 18, USDA, Washington D. C. 1987:
1 – 31.

[6] Cook, M. L. The Role of Management Behavior in Agricultural Coopera-
tives [J]. Journal of Agricultural Cooperation, 1994(9):42 – 58.

[7] Cook, M. L. The Future of U. S. Agricultural Cooperatives: A Neo – In-
stitutional Approach [J]. American Journal of Agricultural Economics.
1995, 77 (10): 1153 – 1159.

[8] Cook, M. L. & Iliopoulos, C. Ill – defined Property Rights in Collective

Action: The Case of U. S. Agricultural Cooperatives [A]. Claude M. Institutions, Contracts and Organizations: Perspectives from New Institutional Economics [C]. London, U. K. Edward Elgar Publishing Ltd,2000:335 – 348.

[9] Cook, M. L. & Tong, L. Definitional and Classification Issues in Analyzing Cooperative Organizational Forms [A]. Cook, M. , Torgenson, R. & Sporleder, T. et al. Cooperatives: Their Importance in the Future Food and Agriculture System [C]. NCFC and FAMC, USDA, 1997:113 – 118.

[10] Cook, M. L. The Role of Management Behavior in Agricultural Cooperatives [J]. Journal of Agricultural Cooperation,1994(6) :42 – 58.

[11] Cook, M. L. Cooperatives and Group Action [A]. Padberg, D. In Food and Agricultural Marketing Issues for the 21st Century [C]. FAMC , Texas A & M University, 1993:154 – 169 .

[12] Cotterill, R. W. Agricultural Cooperatives: A United Theory of Pricing, Finance, and Investment [A]. Royer, J. Cooperative Theory: New Approaches [C]. ACS Service Report No. 18, USDA, Washington DC. 1987:171 –258.

[13] Eliers, C. & Hanf, C. H. Contracts Between Farmers and Farmers Processing Cooperatives: A principal – agent Approach for the Potato Starch Industry [A]. Galizzi, G. &Venturini L. In Vertical Relationship and Coordination in the Food System[C]. Heidelberg,Physica, 1999:267 – 284.

[14] Emelianoff, I. V. Economic Theory of Cooperation: Economic Structure of Cooperative Organizations [M], 1942, reprinted by the Center for Cooperatives, University of California, 1995.

[15] Fetrow, W. W. & Elswort, R. H. Agricultural Cooperation in the United States [J]. Farm credit Admin. 1947(54) :214.

[16] Fulton, M. , Ketilson, E. & Hammond, L. The role of cooperatives in

communities: Examples from Saskatchewan [J]. Journal of Agricultural Cooperation, 1992 (7): 15 –42.

[17] Fulton, M. The Future of Canadian Agricultural Cooperatives: A Property Rights Approach [J]. American Journal of Agricultural Economics, 1995, 77 (5):1144 –1152.

[18] Hansen, M. H. , Morrow J. L. & Batista, J. C. The Impact of Trust on Cooperative Membership Retention, Performance, and Satisfaction: an Exploratory Study [J]. International Food and Agribusiness Management Review, 2002(5):41 –59.

[19] Harris, A. , Stefanson, B. & Fulton, M. New Generation Cooperatives and Cooperative Theory [J]. Journal of Co – operatives, 1996(11):15 – 28.

[20] Helmberger, P. G. Cooperative Enterprise as a Structural Dimension of Farm Markets [J]. Journal of Farm Economics, 1964 (46):603 –617.

[21] Helmberger, P. & Hoos, S. Cooperative Enterprise and Organization Theory [J]. Journal of Farm Economics, 1962 (44):275 –90.

[22] Helmberger, P. G. Future Roles for Agricultural Cooperatives [J]. Journal of Farm Economics, 1966 (48):1427 –35.

[23] Hendrikse, G. W. J. Screening, competition and the choice of the cooperative as an organisational form [J]. Journal of Agricultural Economics, 1998, 49 (2), 202 –217.

[24] Hendrikse, G. W. J. & Veerman, C. P. Marketing cooperatives and financial structure: a transaction costs economics analysis [J] Journal of Agricultural Economics, 2001, 26(3) 205 –216.

[25] Hendrikse, G. W. J. & Bijman, J. Ownership structure in Agrifood Chains: The Marketing Cooperative[J]. American Journal of Agricultural Economics. 2002, 84(1):104 –109.

[26] Hirschman, A. O. Exit, Voice and Loyalty [M]. Cambridge: Harvard U-

niversity Press, 1970:2 - 16.

[27] Iliopoulos, C. & Cook, M. L. The Efficiency of Internal Resource Alloca-
tion Decisions in Customer - owned Firms: The Influence Costs Problem
[A]. Paper presented at the 3d Annual Conference of the International So-
ciety for New Institutional Economics Washington, D. C. , September 16 -
18, 1999.

[28] Kyriakopoulos, K. The Market Orientation of Cooperative Organizations:
Learning Strategies and Structures for Integration Cooperative Firm and
Members[J/OL]. PhD thesis presented at Nyenrode Business Universiteit.
2000.5. http://www. nyenrode. nl/ nice/download. cfm.

[29] Ladd, G. W. A Model of a Bargaining Cooperative [J]. American Jour-
nal of Agricultural Economics, 1974, 56(3):509 - 519.

[30] Lang, M. G. The Future of Agricultural Cooperatives in Canadian and the
United States: Discussion [J]. American Journal of Agricultural Econom-
ics, 1995, 77(5):1162 - 1165.

[31] Lawless, G. Historic foundations of Cooperative Philosophy [D]. Form U-
niversity of WisconsinCenter for Cooperatives. http//www. wisc. edu/uwcc.

[32] LeVay, C. Agricultural co - operative theory: A Review [J]. Journal of
Agricultural Economics, 1983 (34):1 -44.

[33] Lerman, Z. C. Parliament Financing Growth in Agricultural Cooperatives
[J]. Review of Agricultural Economics, 1993, 15(3):431 -441.

[34] Nilsson, J. Organisational Principles for Cooperative Firms [J]. Scandin-
navian Journal of Management, 2001(17):329 - 356.

[35] Nourse, E. G. The Place of the Cooperative in our National Economy: A-
merican Cooperation1942 - 1945[M]. American Institute of Cooperation,
Washington D. C. , 1995:33 - 39.

[36] Phillips, R. Economic Nature of the Cooperative Association [J]. Journal
of Farm Economics, 1953 (35):74 - 87.

[37] Porter, P. K. & Scully, G. W. Economic Efficiency in Cooperatives [J]. Journal of Lawand Economics, 1987(30): 489 – 512.

[38] Rhodes, V. J. Cooperatives and Contestable/Substainable Markets [A]. Royer, J. Cooperative Theory: New Approaches[C]. ACS Service Report No. 18, USDA, Washington D. C. 1987:108 – 116.

[39] Rhodes, V. J. The Large Agricultural Cooperative as a Competitor [J]. American Journal of Agricultural Economics, 1983(65):1090 – 1098.

[40] Rumble, W. E. Cooperative and Income Taxes [J]. Law and Contemporary Problems, 1948, 13(3):534 – 546.

[41] Sexton, R. J. The Formation of Cooperatives: A Game – Theoretic Approach with Implications for Cooperative Finance, Decision Making, and Stability [J]. American Journal of Agricultural Economicd, 1986, 68 (2):214 – 215.

[42] Sexton, R. J. Imperfect Competition in Agricultural markets and the Role of Cooperatives: A Spatial Anslysis[J]. American Journal of Agricultural Economics, 1990, 72(3):709 – 720.

[43] Sexton, R. J. & Sexton, T. A. Cooperatives as Entrants [J]. The RAND Journal of Economics, 1987, 18(4):581 – 695.

[44] Sexton, R. J. Cooperatives and Forces Shaping Agricultural Marketing [J]. American Journal of Agricultural Economics, 1986, 68(5):1167 – 1172.

[45] Shaffer, J. D. Thinking about Farmers' Cooperatives, Contracts, and Economic Coordination [A]. Royer, J. Cooperative Theory: New Approaches [C]. ACS Service Report No. 18, USDA, Washington DC. 1987:61 – 86.

[46] Staatz, J. M. The Cooperative as a Coalition: A Game – Theoretic Approach. American [J]. Journal of Agricultural Economics, 1983 (65): 1084 – 1089.

[47] Staatz, J. M. Cooperatives: A Theoretical Perspective on the Behavior of Farmers [D]. Ph. D. dissertation, Michigan State University, 1984.

[48] Staatz, J. M. The Structural Characteristics of Farmer Cooperatives and Their Behavioral Consequences [A]. Royer, J. Cooperative Theory: New Approaches [C]. ACS Service Report No. 18, USDA, Washington D. C. 1987:33 - 60.

[49] Staatz, J. M. Recent Developments in the Theory of Agricultural Cooperation [J]. Journal of Agricultural Cooperation, 1987(2):74 - 95.

[50] Staatz, J. M. Farmers' Incentives to Take Collective Action via Cooperatives: A Transaction - Cost Approach [A]. Royer J. Cooperative Theory: New Approaches [C]. ACS Service Report No. 18, USDA, Washington D. C. 1987:87 - 108.

[51] Sykuta, M. & Cook, M. L. A New Institutional Economics Approach to Contracts and Cooperatives [J/OL]. Working Paper. 2001, http://cori. missouri. edu/wps.

[52] Taylor, R. A. The Taxation of Agricultural Cooperatives – Some Economic Implications [J]. Canadian Journal of Agricultural Economics, 1971 (19):13 - 24.

[53] Tennbakk, B. Marketing Cooperatives in Mixed Duopolies [J]. Journal of Agricultural Economics, 1995, 46(1):33 - 45.

[54] Torgerson, R. E. Alternative Structural Approaches to Farm Bargaining: A Cooperative Systems Model [J]. American Journal of Agricultural Economics, 1971,53(5):823 - 724.

[55] Torgerson, R. E. , Reynolds, B. J. & Gray, T. W. Evolution of cooperative thought, theory and purpose [J]. Journal of Cooperatives, 1998 (13):1 - 20.

[56] Youde, J. G. & Helmberger, P. G. Marketing Cooperatives in the U. S. : Membership Policies, Market Power, and Antitrust Policy [J]. Journal of

Farm Economics, 1966, 48(3):23 – 36.

[57]Werner, H. Z. , Perregaux, E A. & Robotka, F. Vertical Integration of Agricultural Cooperatives: discussion [J]. Journal of Farm Economics, 1950, 33(4):1058 – 1063.

[58] Williamson, O. E. The Vertical Integration of Production: Market Failure considerations [J]. American Economic Review, 1971(61):112 – 113.

[59]Winters, L. A. The so – called "non – economic" objectives of agricultural support [A]. OECD Econ. Study, 1989 – 1990, 13:237 – 266.

[60] Zusman, P. Constitutional selection of collective choice rules in a cooperative enterprise [J]. Journal of Economic Behavior and Organization, 1992 (17):353 – 362.

[61] Zusman, P. Group Choice in an Agricultural Marketing Co – Operative [J]. The Canadian Journal of Economics, 1982, 15(2):220 – 234.

[62] Alchian, A. & Demsetz, H. Production, Information Costs, andEconomic Organization, American Economic Review, 1972,62 (12): 777 – 795.

[63] Alchian,A. Uncertainty, Evolution and Economic Theory[J], Journal of Political Economy, 1950,58(2):211 – 221.

[64]Arrow, K. J. The Organization of Economic Activity: Issues Pertinent to the Choice of Market Versus Non market Allocation, in The Analysis and Evaluation of Public Expenditure[A]: The PPB System, U. S. Joint Economic Committee, 91st Congress, 1st Session. Washington, DC: U. S. Government Printing Office,1969 (1):39 – 73.

[65]Arrow, K. Reflectio1092 – 1101. Lipsey, R. (2001). Successes and Failures in the Transformation of Economics [J]. Journal of Economic Methodology, 1987,8 (2): 169 – 201.

[66] Axelrod, R. The Emergence of Cooperation Among Egoists[J]. American Politic Science Review, 1981(75):306 – 318.

[67] Friedman, D. Evolutionary Games in Economics[J], Econometrics, 1991

(59): 637 – 666.

[68] Grobkopf, W. Institutional Characteristics of German Agriculture [A]. Stefan Tangermann. Agriculture in Germany [C]. Frankfurt am Main: DLG – Verlags – Gmbh, 2000:167 – 186.

[69] Heiner, R. A. The Origin of predictable behavior [J], American Economic Review, 1983, 73(4):50 – 595.

[70] Hodgson, G. M. Darwinism in Economics: From Analogy to Ontology [J]. Journal of Evolutionary Economics, 2002, 12(3):259 – 281.

[71] Hollingsworth J. R, Lindberg, leon, The Role of Market, Clan, Hierarchies, and Associative Behavior [A] In Streeck W. and Schmitter, Philippe C (ed.), Private Interest Government: Beyond Market and State [C]. Sage Publications Ltd: 1995:221 – 54.

[72] Llewellyn, K. What Price Contract? An Essay in Perspective [J]. Yale Law Journal, 1931, 40(5): 704 – 751.

[73] Milgrom, N. W. The Role of Institu – tions in the Revival of Trade [J], Economics and Politics, 1990, 12(3), 1 – 23.

[74] Rander, R. Hierachy: The Economics of Man – ging [J], J of Eco Literature, 1992(3):1382 – 1415.

[75] Stiglitz, R. S. The Architecture of Economic Systems : Hierarchies and Polyarchies [J], American Economic Review, 1986, 76:716 – 727.

[76] Streeck, W., & Schmitter, P. C. Community, market, state and association? The prospective contribution of interest governance to social order [A]. In Streeck W. and Schmitter, Philippe c. (ed.) Private Interest Government: Beyond Market and State, Sage Publication Ltd [C]. 1995: 1 – 29.

[77] Verba, S. Cross – National Survey Research, the Problem of Credibility [A]. in Ivan Vallier, ed., Comparative Methods in Sociology [C], Berkeley, University of California Press, 1971:309 – 356.

[78] Whinston, M. On the Transaction Cost Determinants of Vertical Integration [J]. Journal of Law, Economics and Organization, 2003, 19 (1): 1 – 23.

[79] Williamson, O. E. Credible Commitments: Using Hostages to Support Exchange[J]. American Economic Review, 1983, 73(4): 519 – 540 .

[80] Williamson, O. The Vertical Integration of Production: Market Failure Considerations[J]. American Economic Review, 1971, 61 (5): 112 – 123.

[81] Williamson, O. Franchise Bidding for Natural Monopolies—In Generaland With Respect to CATV[J]. Bell Journal of Economics, 1976, 7 (1): 73 – 104.

[82] Williamson, O. Transaction – Cost Economics: The Governance of Contractual Relations[J]. Journal of Law and Economics, 1979, 22 (10): 233 – 261.

[83] Williamson, O. The Logic of Economic Organization[J]. Journal of Law, Economics , and Organization, 1988, 4 (1): 65 – 93.

[84] Williamson, O. Economic Institutions: Spontaneous and Intentional Governance [J]. Journal of Law, Economics, and Organization, 1991a, 7 (Special Issue): 159 – 187.

[85] Williamson, O. Comparative Economic Organization: The Analysis of Discrete Structural Alternatives[J]. Administrative Science Quarterly, 1991b, 36 (6): 269 – 296.

[86] Williamson, O. The Theory of the Firm as Governance Structure: From Choice to Contract[J]. Journal of Economic Perspectives, 2002, 16 (2): 171 – 195.

[87] Williamson, O. E. Economic Institutions: Spontaneous and Intentional Governance[J], J of Law and Eco, 1991(7): 159 – 87.

[88] Wilson, D. R. Reputation and Imperfect Information[J], J. Economic

Theory，1982，（27）：253－279.

[89] Zhu，T. Incentive Intensity，Forbearance Law，and the Governance of Transactions[J]. Industrial and Corporate Change，2004，13（12）：855 －866.

[90] 艾尔·巴比（美）.社会学研究方法基础[M].北京：华夏出版社，2002。

[91] 安德鲁·肖特（美）.社会制度的经济理论[M].上海：上海财经大学出版社，2003。

[92] 安东尼·吉登斯（英）.社会学方法的新规则——一种对解释社会学的建设性批评[M].北京：社会科学文献出版社，2003。

[93] 奥尔森（美）.集体的选择[M].上海：上海三联书店，上海人民出版社，2006。

[94] 奥立弗·E.威廉姆森（美）.从选择到契约：作为治理结构的企业理论[J].赵静、丁开杰译，经济社会体制比较，2003（3）：79－94。

[95] 敖毅，许鸣.当前我国农村新型社会中介组织的发展及其再转型[J].中国农村经济，2004（7）：27—34。

[96] 陈剑波.制度变迁与乡村非正规制度——中国乡镇企业的财产形成与控制[J].经济研究，2000（1）：48—55。

[97] 陈剑波.人民公社的产权制度——对排他性受到严格限制的产权体系所进行的制度分析[J].经济研究，1994（7）：47—53。

[98] 陈丽霞.互动博弈中的政府与中介组织——宋代行会的演变及其启示[J].浙江社会科学，2002（7）：17—21。

[99] 陈凌.超越钱德勒命题——重新评价《看得见的手》[J].管理世界，2005（5）：160—165。

[100] 陈昕.财产权利与制度变迁——产权学派与新制度学派译文集[C].上海：上海三联书店，上海人民出版社，2005。

[101] 陈郁.企业制度与市场组织——交易费用经济学文选[C].上海：上海三联书店，上海人民出版社，2006。

[102] 陈郁.所有权、控制权与激励——代理经济学文选[C].上海：上海三

联书店,上海人民出版社,2006。

[103]陈昭玖.农产品行业协会的运行机制和管理模式研究[M].北京:中国科学文化出版社,2004。

[104]池泽新,郭锦墉,陈昭玖,傅小鹏,蔡阳.制度经济学的逻辑与中国农业经济组织形式的选择[J].中国农村经济,2003(11):61—65。

[105]曹利群.农产品流通组织体系的重建[J].学术月刊,2001(8):30—35。

[106]曹利群.转型时期中国农业经济组织的演进[M].北京:中国广播电视出版社,2004。

[107]曹晔等.中国农民组织化形式探析[J].农村经济,2002(4):48—50。

[108]戴星翼.探索政府与行业协会的新型关系[J].上海改革,2001(4):19—21。

[109]德勒巴克,V.C.奈(美).新制度经济学前沿[C].北京:经济科学出版社,2003。

[110]邓宏图.组织、组织演进及制度变迁的经济学解释——质疑"伪古典化"的"杨小凯范式"[J].南开经济研究,2003(1):23—27。

[111]丁家兆加入WTO与发挥行业组织的作用[J].经济研究参考,2002(4):35—40。

[112]丁力.美国农业产业体系对中国的启示与建议[J].财经问题研究,2001(9):28—34。

[113]丁菓.论权力的合法性与组织结构变革[J].南京社会科学,2006(5):72—77。

[114]杜润生.中国农村改革漫忆[J].新华文摘,2004(8):91—96。

[115]冯雪珍.农业产业化中的组织创新和制度创新[J].南京社会科学,2000(9):9—14。

[116]高广阔.中国农村组织体系面临战略性转变:复旦大学中国经济研究中心主任石磊教授访谈录[J].探索与争鸣,2001(9):8—11。

[117]龚兰凤,徐跃进.农业产业化经营的组织创新[J].龙岩师专学报,

2000(6):18—20。

[118]顾益康.求索"三农"[M].北京:中国农业科学出版社,2002。

[119]郭国庆,陈凯,焦家良.社会中介组织发展中的问题与对策研究[J].
新华文摘,2006(6):14—17。

[120]郭剑雄.现代农业的制度含义[J].经济问题,2002(3):16—18。

[121]郭红东.浙江省农业龙头企业与农户的利益机制与创新研究[J].浙
江社会科学,2002(9):181—185。

[122]胡剑锋,黄祖辉.建立我国农业行业协会的思路与方案研究[J].农业
经济导刊,2004(8):96—100。

[123]胡剑锋,王晓.论现代社会的组织多元化及其结构优化[J].浙江社会
科学,2004(7):217—222。

[124]胡剑锋,文聪.农业行业协会:利益代表而非经济合作[J].浙江大学
学报(人文社会科学版),2004(4):20—25。

[125]胡建渊.诺斯与马克思关于制度变迁理论的比较[J].南京理工大学
(社会科学版),2005(4):50—52。

[126]黄家海,王开玉.社会学视角下的和谐社会[C].北京:社会科学文献
出版社,2006。

[127]黄祖辉,胡剑锋.国外农业行业协会的发展、组织制度及其启示[J].
农业经济问题,2002(10):60—63。

[128]黄祖辉,Olof Bolin,徐旭初.农民合作组织发展五问[J].浙江经济,
2002(1):43—44。

[129]侯守礼,王成,顾海英.不完全契约及其演进:政府、信任和制度——
以奶业契约为例[J].中国农村观察,2004(6):46—54。

[130]贾根良.演化经济学——经济学革命的策源地[M].太原:山西人民
出版社,2004。

[131]金祥荣.转型期农村制度变迁与创新[C].北京:中国农业出版社,
2002。

[132]金兆怀.我国农业社会化服务体系建设的国外借鉴和基本思路[J].

当代经济研究,2002(8):38—41。

[133]姜利军,胡敏华.论建立和完善农业社会化服务体系[J].中国农村经济,1997(9):61—65。

[134]江小娟,周耀东.90年代中国产业组织理论研究综述[J].经济研究,2001(4):3—10。

[135]理查德·斯格特(美).组织理论[M].黄洋,李霞,申薇,席勘译,邱泽奇译校.北京:华夏出版社,2002。

[136]李成贵.农民合作组织与农业产业化的发展[J].南京社会科学,2002(11):44—47。

[137]李汉林,渠敬东,夏传玲,陈华珊:组织变迁的社会过程——以社会团结为视角[M].上海:中国出版集团/东方出版中心,2006。

[138]李昆,傅新红.重释农业合作社存在与发展的内在动因[J].农村经济,2004(1):16—18。

[139]李小卉.从发达国家的经验看我国农村合作组织的发展[J].农业经济,2001(6):18—19。

[140]李显刚,石敏俊.日本农协发展的启示[J].中国改革,2001(2):64。

[141]李元华.对温州市农产品行业协会的调查与思考[J].中国农村经济,2004(2):62—67。

[142]廉高波.我国农村经济组织体系分析[J].绿色中国,2005(6):39—41。

[143]梁灿云.我国农村合作经济组织的组织结构缺陷及制度创新[J].农业经济,2004(10):23—24。

[144]林坚,王宁.合作社——推动农业产业化经营的新型经济组织[J].江西农业大学报,2002(1):53—55。

[145]林莉红.民间组织合法性问题的法律学解释——以民间法律援助组织为视角[J].中国法律,2006(1):37—46。

[146]林毅夫.论经济学方法[M].北京:北京大学出版社,2005。

[147]林毅夫.制度、技术与中国农业发展[M].上海:上海三联书店,上海

人民出版社,2005。

[148]刘纯阳.农村合作经济的组织变异:现象及其解释[J].调研世界,2003(6):26—28。

[149]刘文超,李辉.诺斯是否超越了马克思——比较两种不同的社会制度变迁理论[J].探索,2006(4):155—158。

[150]刘金山.内生性与农业市场组织创新[J].中国农村观察,2001(5):38—41。

[151]刘仲齐,蒋建国.美国农业生产结构的发展历史和现状[J].世界农业,1998(5):16—18。

[152]刘作翔.社会组织的人性基础和存在意义——一个法理的阐释[J].法学,2002(9):13—14。

[153]罗剑朝,聂强.农民合作经济组织演变中的政府行为分析[J].农业经济问题,2002(7):8—11。

[154]马杰,马君.一门新兴的经济学科:组织经济学[J].世界经济,1997(11):60—64。

[155]马涛.农村急需组织创新——读石磊新著《中国农业组织的结构性变迁》[J].上海经济研究,2000(7):76—79。

[156]马太·杜甘(法).比较社会学——马太·杜甘文选[M].李洁等译.北京:社会科学文献出版社,2006。

[157]倪建伟,王景新.中国农民组织建设的现状分析与趋势预期[J].农村经济,2005(8):8—10。

[158]牛若峰.农业产业化经营发展的观察和评论[J].新华文摘,2006(11):52—54。

[159]农业部访美代表团.培育有竞争力的农业产业体系——关于美国农业的观察与思考[J].中国农村经济,2001(8):72—80。

[160]乔纳斯·特纳(美).社会学理论的结构[M].邱泽奇等译.北京:华夏出版社,2001。

[161]潘劲.农产品行业协会发展中的政府行为分析[J].中国农村观察,

2004(6):55—65。

[162]秦诗立.商会的性质:一个市场缺陷和非市场缺陷视角的研究[J].浙江社会科学,2001(9):20—24。

[163]任大鹏,潘晓红,龚诚,郭海霞.有关农民合作经济组织立法的几个问题[J].中国农村经济,2004(7):41—45。

[164]塞特斯·杜玛,海因·斯赖德(荷兰).组织经济学——经济学分析方法在组织管理上的应用[M].原磊、王磊译.北京:华夏出版社,2006。

[165]四川省赴德农业经济考察团.德国农村发展状况的考察及其启示[J].经济体制改革,1999(5):122—126。

[166]石秀和,徐红.重构我国农村合作经济组织体系[J].农业经济导刊,2004(10):71—75。

[167]石敏俊,金少胜.中国农民需要合作组织吗?——沿海地区农户参加农民合作组织意向研究[J].农业经济导刊,2004(9):72—79。

[168]孙天琦.产业组织结构研究——寡头主导大中小共生[M].北京:经济科学出版社,2001。

[169]孙亚范.先阶段我国农民合作需求与意愿的实证研究和启示——对江苏农户的实症调查与分析[J].江苏社会科学,2003(1):204—208。

[170]宋青.农村民间组织合法性剖析[J].理论学习,2005(4):37—38。

[171]潭劲松.关于中国管理科学定位的讨论[J].管理世界,2006(2):71—79。

[172]唐良银.从社会组织的分类的角度看非营利组织管理中存在的问题[J].民间组织管理,2003(5):83—85。

[173]唐仁建,张文宝,黄延信.农产品流通组织结构:现状分析与重建思路.农产品流通体制与政策保障[M].北京:红旗出版社,1992。

[174]卫志明.近70年来产业组织理论的演进[J].经济评论,2003(1):86—90。

[175]汪东梅.日、美、德农业合作社之比较[J].世界经济研究,2001(2):62—65。

[176]汪海波,邱靖基,刘立峰.社会主义市场经济体制下的行业管理[J].
国家行政学院学报,2002(2):20—27。

[177]汪丁丁,韦森,姚洋.制度经济学三人谈[M].北京:北京大学出版社,
2005。

[178]王茂福.组织分类研究:韦伯与帕森斯之比较[J].社会科学研究,
1997(1):96—101。

[179]王健敏.日本农协的发展经验及对我国的启示[J].世界农业,2002
(4):43—46。

[180]王敏,章辉美.帕森斯社会组织思想的几个问题[J].求索,2005(6):
80—81。

[181]"我国农产品行业协会研究"课题组.我国农产品行业协会发展的历
史沿革[J].中国农村经济,2004(11):17—23。

[182]吴春.组织理论的发展概述[J].新疆大学学报(社会科学版),2002
(1):136—141。

[183]伍山林.制度变迁效率评价——以中国农村经济制度变迁为例[J].
经济研究,1996(8):31—36。

[184]吴军民.行业协会的组织运作:一种社会资本分析视角[J].管理世
界,1005(10):50—56。

[185]吴士健,郑强国.合作社的发展与股份合作制组织[J].山东农业大学
学报(社会科学版),2002(1):25—29。

[186]谢岳.组织结构的制度化重建.开放社会的政治整合[J].天津社会科
学,2002(2):36—42。

[187]谢泗薪,张金成,踪家峰.西方非营利组织管理理论及其借鉴意义
[J].南开学报(哲学社会科学版),2002(2):79—86。

[188]胥爱贵,韩卫兵.对农村新型合作经济组织的调查与思考[J].农业经
济问题,2001(3):。

[189]徐更生.重振农业合作社再架农民致富桥[J].农村合作经济经营管
理,2002(5)33—34。

[190]徐祥临.关于农业社会化服务问题的几点辩识[J].中国农村经济，1996(9)：。

[191]徐旭初.中国农业专业合作经济组织的制度分析[M].北京：经济科学出版社，2005。

[192]徐旭初，黄祖辉.中国农民合作组织的现实走向：制度、立法和国际比较[J].浙江大学学报(人文社会科学版)，2005(3):59—65。

[193]胥爱贵，韩卫兵.对农村新型合作经济组织的调查与思考[J].农业经济问题，2001(3):34—38。

[194]颜华，叶喜永.美、日两国农村合作经济之比较[J].农业经济，2001(9):47—48。

[195]杨瑞龙.当代主流企业理论与企业管理[M].合肥：安徽大学出版社，1999。

[196]杨小凯，黄有光(澳).专业化与经济组织——一种新兴古典微观旧经济学框架》[M].张玉纲译.北京：经济科学出版社，1999。

[197]叶国灿.WTO背景下我国农产品行业协会的功能与发展研究[J].农业经济导刊，2004(8):101—106。

[198]应瑞瑶.合作社的异化与异化的合作社——兼论中国农业合作社的定位[J].江海学刊，2002(6):69—75。

[199]俞可平.中国公民社会制度环境的主要特征[J].新华文摘，2006(6):11—14。

[200]余晖等.行业协会及其在中国的发展：理论与案例[M].北京：经济管理出版社，2002。

[201]余兴发.浅论行业管理和行业协会[J].财经研究，1995(7):36—38。

[202]于显洋.组织社会学[M].北京：中国人民大学出版社，2001。

[203]苑鹏.中国农村市场化进程中的农民合作组织研究[J].中国社会科学，2001(6):63—73。

[204]袁迎珍.农业合作组织：历史变迁和制度演进——推进我国农业经营组织化的新制度经济学分析[J].经济问题，2004(2):49—51。

[205] 战明华,吴小刚,史晋川.市场导向下农村专业合作组织的制度创新——以浙江台州上盘镇西兰花合作社为例[J].中国农村经济,2004(5):24—30。

[206] 赵慧峰,李彤.国外农业产业化经营组织模式分析[J].农业经济问题,2002(2):60—63。

[207] 张计划.论市场化进程中的交易费用[M].北京:经济科学出版社,2005。

[208] 张进选."退出权"能解释一切吗？——对林毅夫关于中国农业制度变迁理论的几点质疑[J].中州学刊,2003(4):45—49。

[209] 赵凯,侯军歧:我国农村新型合作经济组织体系的研究框架[J].农业经济,2002(9):8—9。

[210] 张三林.浅议提高农业组织化程度[J].上海农村经济,2002(5):38—40。

[211] 张曙光.中国制度变迁的案例研究[C].北京:中国财政经济出版社,1998。

[212] 张文礼.农业组织制度创新与农业产业化经营组织模式选择[J].甘肃社会科学,2000(6):43—46。

[213] 张尚仁."社会组织"的含义、功能与类型[J].云南民族大学学报(哲学社会科学版),2004(2):28—32。

[214] 张维迎.博弈论与信息经济学[M].上海:上海人民出版社,2004。

[215] 张湘涛.中国农村改革研究[M].长沙:湖南人民出版社,2005。

[216] 张晓山等.联结农户与市场——中国农民中介组织探究[M].北京:中国社会科学出版社,2002。

[217] 张秀娟,胡雪梅.日本农协的发展新趋势[J].经济纵横,2002(1):43—45。

[218] 赵选民,王宝石.我国农业合作经济组织制度变迁与创新的分析[J].西安石油学院学报(社会科学版),2003(2):14—18。

[219] 郑远红,王越子.中国农业合作经济组织的类型及其发展趋势[J].农

业经济,2004(2):13—14。

[220]中国行政管理学会课题组.中国社会中介组织发展研究[M].北京:中国经济出版社,2006。

[221]周立群.组织理论与组织经济学[J].经济学动态,1998(5):49—52。

[222]周立群,曹利群.农村经济组织形态的演变与创新——山东省莱阳市农业产业化调查报告[J].经济研究,2001(1):26—32。

[223]周立群,曹利群.商品契约优于要素契约——以农业产业化经营中的契约选择为例[J].经济研究,2002(1):14—19。

[224]周其仁.中国农村改革:国家和所有权关系的变化(上)——一个经济学制度变迁的回顾[J].管理世界,1995(3):178—189。

[225]周其仁.中国农村改革:国家和所有权关系的变化(下)——一个经济学制度变迁的回顾[J].管理世界,1995(4):147—155。

[226]周贤日.法人和非法人组织分类简论[J].国家检察官学院学报,2004(5):80—86。

[227]周霄.小议社会组织分类——从韦伯到帕森斯[J].安徽农业大学学报(社会科学版),2005(5):86—88。

[228]周雪光.西方社会学关于中国组织与制度变迁研究状况述评[J].社会学研究,1999(4):26—43。

[229]周雪光.组织社会学十讲[M].北京:社会科学文献出版社,2003:58—72。

[230]周雪光."关系产权":产权制度的一个社会学解释[J].社会学研究,2005(2):1—31。

[231]周雪光.制度是如何思维的[J].读书,2001(4):10—18。

[232]周雪光.方法·思想·社会科学研究[J].读书,2001(7):32—39。

[233]朱广其.农户合作:农业组织化的主体性选择[J].经济问题,1996(5):55—58。

[234]朱新方.制度变迁理论与中国农民合作经济组织发展的制度设计[J].长江大学(社会科学版),2005(5):90—94。

[235]周耀虹.从社会现代化转型认识民间组织发展[J].新华文摘,2006
(6):17—20。

[236]史蒂芬·P.罗宾斯(美).组织行为学精要[M].北京:机械工业出版
社,2000。

[237]周晓兰,朱述斌,池泽新.略论我国农村市场中介组织的主要问题及
其发展对策[J].农业经济,2004(3):39—40。

[238]涂剑立,张永超,余盛杰.对农业合作经济组织问题的思考[J].湖南
农业科学,2004(3):11—14。

[239]郑成林."入世"后我国行业协会面临的挑战与抉择[J].华中师范大
学学报(人文社会科学版),2002(7):75—79。

[240]寇平君,卢凤君,吴金环.制约我国农业合作经济组织发展的八大原
因[J].农业经济,2004(2):7—8。

[241]王亚红.发达国家农业合作社发展中的政府行为特点及其启示[J].
农业经济,2003(12):41—42。

[242]张红凤.西方规制经济学的变迁[M].北京:经济科学出版社,2005。

[243]温铁军."三农"问题与和谐社会[J].中国广播电视学刊,2005(5):
18—19。

[244]杨群义.加快农业社会化服务体系建设的思考[J].农村经济,2001
(3):39—40。

[245]李前兵.农民中介组织发育的经济学本质[J].商业研究,2004(1):
158—160。

[246]解安.农村土地股份合作制:市场化进程中的制度创新[J].甘肃社会
科学,2002(2):53—55。

[247]陈孝兵.股份合作制的制度绩效及其局限性[J].福建论坛·经济社
会版,2002(6):6—10。

[248]张路雄.从衢州农业专业协会的实践看我国行业协会的发展[J].农
村合作经济经营管理,2002(4):12—13。

[249]王乃学.把小蚂蚁聚合成大象[J].中国改革,2001(4):28—29。

[250]刘传江,李雪.西方产业组织的形成与发展[J].经济评论,2001(6)：
104—106。

附录一:中国农产品行业协会发展状况的社会学研究

——以浙江福建为例

一、引言

20世纪80年代中期,中国农村全面推行家庭联产承包责任制后,极大调动了农民生产的积极性,有效地解决了广大农民的"温饱"问题。但与此同时,农业也开始频繁出现卖粮难、增产不增收、交易费用上升、不确定性增加等现象,由此逐渐暴露出以家庭为生产经营主体的制度缺陷。十多年来,理论与实践在保持家庭联产承包制度长期不变的前提下,就如何提高农业组织化程度方面进行了大量探索和创新。如农业股份合作制企业、"公司+农户"的契约组织,以及互助型合作经济组织等的相继出现和快速发展,在一定程度上缓解了农业"小生产与大市场"矛盾。正如石磊博士(2001)所说的:"组织创新是我国农村当前与未来较长时期改革发展的主题,它比改革初期所推行的土地承包制要复杂、艰巨得多,也是一场更为深刻的革命。"

然而,由于行业利益代表的长期缺位,在国家公共政策的制定和国际贸易过程中,农民的弱势地位始终难以改变。近几年,全国各地在借鉴国际经验的基础上,结合自身实际,发展了一大批农产品行业协会,在沟通农户与政府之间的关系,保护本行业涉农组织和农户的权益等方面,起到了积极的作用。但总体来说,这些组织的发展状况并不尽如人意,主要表现在:组织制度不够合理,结构体系不太健全,在代表农民利益、为农民服务方面还做得不理想等等。为此,温家宝总理于 2002 年 6 月作出了重要批示:"农产品行业协会,是行业自律性组织,是政府联系农民和企业的桥梁。办好协会,对于转变政府职能,完善农业社会化服务体系,应对 WTO 挑战,提高我国农产品的竞争力,都具有重要作用。"? 同时他要求政府有关部门和社会各界对此做出调查研究,提出政策建议和解决对策。

二、理论简评和本研究理论分析框架

我国理论界对农业或农产品行业协会的研究,最先主要见诸于有关农业合作社和其他农村经济组织等研究文献之中。由于当时对农产品行业协会的组织特性了解不足,另一个原因可能是过多地仿照了日本农协的定位(其实日本农协并不是真正意义上的行业组织,而是介于合作社和行业协会之间的一种制度安排),所以普遍将其与农业经济组织混为一谈,这就难免会在分析研究中出现一些偏差或误解。也正是以上这些原因,有关文献在分析研究农产品行业协会时几乎都是运用经济学的有关理论和方法。但随着理论研究的进一步深入,人们逐步认识到农产品行业协会的特性有别于专业合作社和其他经济组织,它是介于政府与经济组织和农户之间的一类社团组织,具有行业性、非营利性和中介性等特点,其主要功能是"利益代表而非经济合作"(胡剑锋,2004)。因此,我们认为仅仅运用经济学的理论和方法是很难准确描述和客观分析作为社团组织(而不是经济组织)的农产品行业协会的本质和行为特征的。从社会学视角进行研究,必将有利于我们增进对农产品行业协会的全面理解。此外,自温总理批示以后,对农产品行业协会的专题研究已有不少,但多数仅基于定性分析和规范研究,研究主题主要集中在发展意义、功能定位和国际经验介绍等方面。对农产品行业协会的个案研究和面上分析的研究也有一些,但基于深入、系统地开展实地调查而作出的实证研究并不多见,从社会学理论和方法进行研究的更是没有。

由于农产品行业协会作为一个由同行业不同组织和个人组成的集合

体,具有组织结构复杂性和组织目标多样性等特点,所以要精确地描述其现存特性和相互关系,以及更好地理解其本质和运作情况,就必须从社会学的多个层面对其进行剖析。本研究根据美国著名社会学家 Scott 教授在《组织理论》一书中所归纳的组织研究最为关注的三个分析层次,即社会心理层次、结构分析层次和生态层次对农产品行业协会发展状况做出深入分析。

三、实地调查的基本情况

2004 年暑假,作者带领四名本科生设计了三套调查问卷(协会、农户和政府主管部门负责人),选择了具有代表性和典型性的浙江、福建两省,就农产品行业协会的发展状况展开深入调查。其间,我们对 37 家农产品行业协会作出了问卷调查,并走访了 179 家农户(其中 78 户为协会会员,101 家尚未加入协会组织),此外还对 12 位政府主管部门官员和协会负责人进行深入访谈,从中取得了大量一手资料。被调查协会的基本情况如下:

从调查情况来看,农产品行业协会已涉及农、林、牧、渔等各个领域,并且各个协会基本上都是围绕当地农业的支柱产业和拳头产品进行组建,大体可以分为粮食、果品、花卉苗木、蔬菜、茶叶和农药中药等七大类(见表1),多数协会的发展都与地方特色块状农业或农业产业带紧密结合了起来。

附表 1　调查协会的分类情况

粮食	果品	花卉苗木	蔬菜	畜禽养殖	茶叶	其他
2	8	5	2	10	4	4

其他:漳州农药协会、永康农药协会、温州中药材协会、金华种子协会。

从成立时间来看,最早的协会成立于 1984 年,而组建数量最多的是 2002 年,也就是温总理作出批示的那一年(见图1)。深入分析可以发现,20 世纪 80 年代成立协会的初衷主要是为了加强生产协调,90 年代中后期成立的协会则侧重于加工,而 2000 年后成立的协会绝大多数是为了促进农产品贸易。

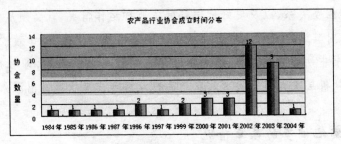

附图 1　调查协会的成立时间分布

　　按照目前理论界的基本共识,农产品行业协会是联系农民、农业企业、市场和政府的桥梁和纽带,是为了维护和增进共同的利益而在自愿基础上组建的不以营利为目标的农业中介组织。按照我国的《社会团体登记管理条例》规定,协会应该在各级政府的民政管理部门注册登记。但从调查中发现,有 4 家协会是在工商行政管理部门注册登记的,属兼有营利性质(见表2)。不过,这 4 家协会都是早期成立的,在发展过程中它们已逐步转为纯粹的非营利组织,只是登记机关尚未调整而已。

附表 2　调查协会的组织性质

性质	频数	百分比
非营利性组织	33	89.2%
营利性组织	4	10.8%

　　从协会的分布和层次来看,本次调查虽然并不完全采用随机抽样的方法,但它涵盖了两省的温州市、金华市、厦门市和漳州市等地区以及温州地区的平阳县、文成县,金华地区的永康,漳州地区的诏安、云霄等 9 个县市,并包含了省、地(市)、县(市)和乡镇等四级的农产品行业协会(见图2),所以应该说本次调查应该说具有一定的代表性。

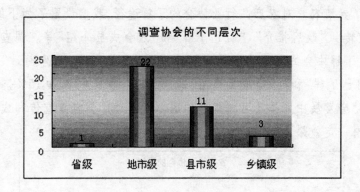

附图2　调查协会的不同层次

四、农户的动机与行为:社会心理学层次分析

社会心理学层次分析,就是把协会作为一种环境,研究其对个体(会员)态度和行为的影响。包括农户加入协会的意愿和了解协会的渠道、农户加入协会的初衷、影响农户加入协会的主要因素以及农户对协会的满意程度等。

(一)农户入会意愿和了解协会途径

农产品行业协会是一个自愿性组织,其会员有入会和退会的自由。那么现实情况究竟如何呢?调查数据显示,92.3%的农户是自愿加入协会,只有6户从众加入,仅占7.7%,没有强制加入现象出现。可见,农民加入农业组织与否,是根据自身的需求、意愿来决定的。

附表3　农民加入组织的方式

原因	频数	百分比
自愿加入	72	92.3%
从众加入	6	7.7%
被强制加入	0	0.0%
小计	78	100%

为了弄清农户对农产品行业协会的了解途径,我们设置了如下的选项:"协会宣传"、"政府推介"、"自己了解"和"入会成员介绍"等。调查数据表明,农户了解协会的主要途径是通过政府推介,占39%,此外通过"协会宣传"、"自己了解"和"入会成员介绍"的,分别占19%、19%和15%。这表明政府在协会发展中发挥不可忽视的作用。而通过协会自身宣传和成员介绍等也能有一定效果,今后应加强这方面的工作。

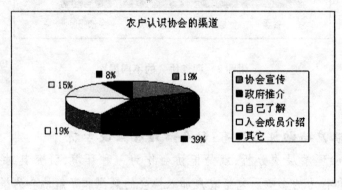

附图3　农户对协会的了解途径

(二) 农户加入协会的初衷

为了了解不同的农户加入农产品行业协会的初衷,我们在问卷中列举了以下项目:获取基础设施支持、信息支持、经验技术交流、获取贷款支持、取得法律保障、获取行业标准和寻求行业利益代表等。调查结果表明(图4),有96.2%、69.2%的农户分别选择"信息支持"和"经验技术交流"。这说明了在市场转型阶段,"小农户"面对变化莫测的"大市场",需要联合起来解决市场经济中"弱势地位"的问题;另一方面也说明行业协会在提供相关服务方面确实发挥着一定功效。在调查中我们也发现,仅有15.4%的农户选择了"寻求行业利益代表"。这表明农户对"行业利益代表"的认识是很缺乏的,分析其原因主要有两个方面:一是农户由于经营规模小,还没有意识行业利益代表或行为代言人的重要性;二是协会资金缺乏、职能不到位,或者是定位模糊等原因,协会还无法真正扮演起行业利益代表的角色。

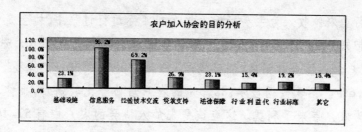

附图 4　农户入会初衷的统计

(三)影响农户入会的主要因素

为了解影响农户决定是否加入协会的主要因素,我们选择了三个重要变量:农户年收入、户主的文化水平和户主的性别。同时,将农户年纯农业收入分为高收入(5000 元及以上)、中等收入(2000～5000)和低收入(2000元及以下)等三类,户主文化水平分为高中及以上、初中和初中以下等三类,户主性别分男和女两类。经相关性分析得知,农户年收入和户主文化水平与是否愿意加入协会显著相关和相关,说明农户年收入和户主文化水平越高越愿意加入协会组织。而户主性别与该农户是否加入协会不存在相关性。

附表 4　收入、文化水平、户主性别与加入与否的相关性分析

收入	Pearson Correlation	.217＊＊
	Sig. (2 - tailed)	.004
N	179	
文化水平	Pearson Correlation	.170＊＊
	Sig. (2 - tailed)	.023
	N	179

＊＊ Correlation is significant at the 0.01 level

＊ Correlation is significant at the 0.05 level(2 - tailed).

(四)会员对协会的满意程度

农产品行业协会作为农户的利益代表,是以促进本行业农产品发展和提高本行业农民收入为主要目标。那么在实际运行过程中,协会是否真正为成员带来好处呢? 或者说,农户对协会的满意程度究竟有多大呢? 表5显示,农户加入协会后销售"明显提高"的有53.8%,"有一点提高"的也占到了34.6%。图5数据显示,88.5%的农户对协会比较满意,也体现了协会真正为农户带来了利益。这应该是未加入协会的农户中有57.4%表示愿意加入协会的一个重要因素。当然,也有11.5%的农户对协会表示不满意,可能是因为他们认为协会发挥的作用不明显等。

附表5 农户加入组织后的销售情况

	频数	百分比
明显提高	42	53.8%
有一点提高	27	34.6%
提高不明显	9	11.5%
小计	78	100%

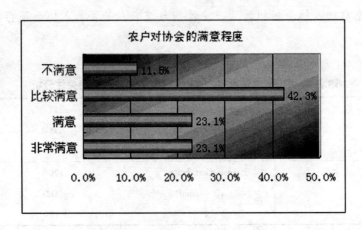

附图5 农户对协会的满意程度

五、协会的组织体系与内部结构：组织结构层次分析

组织结构层次分析，主要是研究农产品行业协会纵向的组织体系、内部组织结构、会员构成情况以及管理人员的素质与特点等。

(一)协会的组织体系

作为一个利益集团，农产品行业协会必须要有一定的规模，否则它就会缺乏影响力和号召力。但由于受到管理幅度的限制，这就需要建立一个完善的组织体系。

从调查情况来看，目前还没有形成一个从国家到地方的完整组织体系。只有福建省粮食行业协会和浙江省茶叶行业协会已初步建立了省级协会——地市级协会——县市级协会的基本构架，各级协会之间没有严格的等级关系，在工作上各有侧重又密切配合，起到了较好的效果。通常，省级协会政策导向(如制定产品质量标准、评定名优企业或产品等)和重要信息(包括技术、贸易等)收集；地市级协会主要负责技术和政策法规培训等；而县市级协会则侧重于生产方面的指导和协调等。2001 年浙江省茶叶行业协会代表本行业在国际贸易的反倾销诉讼中获胜，切实维护了广大茶农的利益，在业界产生了巨大的影响。此外，除了温州市奶业协会、兔业协会和花卉协会等已构建了市、县二级组织结构体系外，其他协会则基本上都属于"游兵散勇"，功能十分有限。尤其是乡镇一级协会，由于规模过小，实力不足，其功能几乎类同于农业专业合作社。

(二)协会的内部组织结构

组织结构是一种工具、一种手段，可以提高组织的运行效率。根据经典管理理论，一个有效的组织必须包括权力机构、决策机构、监督机构和管理机构，并且要相互配合又相对分。

通过调查我们发现，目前大多数协会内部都设立了相应的组织机构：(1)最高权力机构——会员(代表)大会。主要是对协会的一些重大决策进行表决，如选举会长、制定或修改协会章程等。(2)具体决策机构。县市一级协会基本设立会长、副会长，以会长办公会议的形式进行决策。(3)日常

办事机构。其工作人员大多由专职、兼职组成,个别协会还聘请了一些律师、专家,为自己的会员提供较为前沿和专业的服务。此外,部分协会还聘请政府官员担任名誉会长或顾问来指导和监督协会的发展及运行,如厦门市粮食行业协会、漳州芗城区农产品营销协会等。

(三)协会的成员结构

有学者曾通过理论分析并考察国际经验后提出了"规模组织和农业大户更愿意加入协会组织"、"农产品行业协会要优先吸纳具有一定规模的涉农组织和农户,同时还可吸收技术推广组织和其他相关社会公益组织。对规模较小的农户和企业,则可由协会的会员单位如农业龙头企业、专业合作社和专业大户来带动等观点(胡剑锋,2004)。本次调查数据显示(表6),在所有协会中,单位会员占58.4%,个人会员占36%,其他的一些科技单位占5.6%,说明现实状况在总体上与上述观点相一致。

附表6　农业组织的会员构成及比例

类　别		百分比
单位会员	农业合作社 农业企业	15.4% 43%
个人会员	一般农户 专业大户	24% 12%
其他		5.6%

为了进一步验证上述观点,我们在粮食和蔬菜协会中随机抽取了29个会员样本,与未加入协会的45个样本进行比较。经过"T"分析后得出,加入农产品行业协会的农户种植面积要大于未加入的农户,其平均数是10.41亩,远大于未加入农户的3.06亩。也就是说从事大面积种植的农户加入组织的积极性要大于种植面积较小的农户,说明理论分析与现实状况是符合的。

附表 7　Group Statistics

	YESORNO	N	Mean	Std. Deviation	Std. Error Mean
种植面积	加入	29	10.4138	8.01569	1.48848
	未加入	45	3.0667	2.31006	.34436

附表 8　Independent Samples Test

		Levene's 方差齐性检验		两均数是否相等的 t 检验						
		F 值	P 值	t 值	自由度	P 值（双侧）	均数差值	差值的标准误	差值的95%置信区间 下限	上限
种植面积	假设方差齐	3.547	0.064	5.805	72	0.000	7.3471	1.26562	4.82417	9.87009
	假设方差不齐			4.809	31.021	0.000	7.3471	1.52779	4.23126	10.46299

（四）协会负责人的特点

本次调查发现,我国农产品行业协会的负责人由政府委派的现象十分普遍。大多数协会的负责人都是政府有关部门的二线或退休人员,有的甚至由在职领导兼任。据统计,政府委派的占 56.7%,兼职人员占 81%（表9）。通常,考察协会负责人的身份就可以得出当地政府对该协会的重视程度。兼任的职务级别越高、位置越重要,说明该协会越受重视,开展活动也就越方便。但是长期政府官员担任要职,会使协会染上官方色彩,容易形成"二政府"。官员的身份决定其在行使权力时,更多地会考虑政府的利益。比如,温州市茶叶产业协会就有四套领导班子,这使得协会自觉不自觉地成了传达政府政策和指令的工具,影响了其应有功能的发挥。

附表 9　协会负责人产生方式

产生方式 工作方式	政府委派	民主选举	总计
兼职	17（45.9%）	13（35.1%）	30
全职	4（10.8%）	3（8.2%）	7
总计	21	16	37

六、政府行为与绩效:生态层次分析

没有一个组织是自给自足的,所有组织的存在都有赖于与其所处的更大体系的关系。组织会影响环境,环境也会影响组织。生态层次分析,就是把协会作为运作于更大系统中的一个集合体,主要是研究协会的发展与外部环境之间的互动关系。为了能更加深入地作出分析,本研究将集中考察政府在农产品行业协会发展中的作用及其绩效。

(一)政府在农产品行业协会发展中的制度环境营造

浙江和福建两省在农产品行业协会的制度环境营造方面一直走在全国前列。2003年浙江省发起成立了农产品行业协会联席会议制度,每个季度召开一次会议,分别由农业厅、林业厅、海洋渔业局、供销社轮流主持,并拟定讨论主题,这在全国属于首创。联席会议设有秘书处,主要工作是协调各部门内农产品行业协会的发展,为全省农产品行业协会提供咨询、信息等方面的服务,同时开展调查研究,为政府决策提供参考。2004年1月,福建省则以政府令(1号文件)的形式向各市、县(区)人民政府和省直属单位发布了《福建省人民政府关于加快农产品行业协会发展的意见》,对农产品行业协会发展的指导思想、职能作用、运行机制以及加强引导和服务等做出了专门指示,在全省范围内形成了促进农产品行业协会发展的氛围。这些都为农产品行业协会的发展营造了一个良好的制度环境。

(二)政府在农产品行业协会发展中的地位和作用

为了解政府在农产品行业协会发展中的地位和作用,我们把农产品行业协会的发展路径分为政府主导型、民间主导型和政府民间互动型三类。所谓政府主导型是指在农产品行业协会的组建和运作过程中,政府始终起主导作用,居支配地位,而农户或其他农业组织只是被动地参与,在决策中居从属地位。所谓民间主导型是指在农产品行业协会的组建和运作过程中,成员居主导地位,起支配作用,政府则起宏观管理和辅助推动作用。两者互动型是指政府和民间相互合作和配合,共同构成农产品行业协会产生和发展的促进因素。从调查情况看,政府主导型的农产品行业协会仍然占居多数,而民间主导型的并不多,并且普遍缺乏公信度和号召力。如何从政府主导型逐步转向民间主导型,是今后我国农产品行业协会发展的一个重要课题。

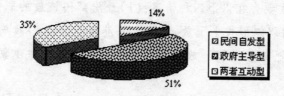

35%　　　14%

51%

☑民间自发型
☑政府主导型
☐两者互动型

附图6　农产品行业协会的发展路径

(三)政府对农产品行业协会在资金上的直接支持

在调查和访谈过程中,我们了解到资金缺乏是协会发展的最大问题。样本中75.7%的协会都在不同程度上得到政府的财政支持,可见目前政府对农产品行业协会的发展是重视的。通常得到政府资金支持的协会,其发展状况要比没有资金支持的协会好得多。由于农产品行业协会具有明显的公益性,在工作中承担了原先由政府负责的部分公共管理职能,所以政府对协会的支持不仅是协会发展的需要,而且也是政府应有的职责。根据国际经验,政府对农产品行业协会的资金支持是一项长期的任务,而不仅仅是在农产品行业协会的发展初期。

附表10　经费收入的结构及数量

经费来源	频数	百分比
政府拨款	28	75.7%
会费	37	100.0%
创收	13	35.1%
其他	12	32.4%

(四)政府在职能转移方面的实际情况

所谓转移职能,是指政府将原属政府行使的一部分职能转移或委托给协会,就是通常所说的赋予协会一定的权力和手段,这是政府对农产品行业协会的间接扶持。

我们从对政府部门负责人和协会负责人的访谈中了解到,目前关于政府的职能转移主要存在以下四种情况:(1)政府部门该放的职能没有下放;(2)政府部门的职能形式上下放,实际上并没有下放;(3)政府职能下放不彻底;(4)政府把某些不该下放的职能下放。以上的种种现象阻碍了协会的发展。

以厦门市养猪协会为例,在其发展过程中遇到了来自各个政府职能部门的阻力,如土地、环保、农业检疫和工商等。作为养猪场,不无例外地会产生大量的排泄物,这势必会影响到卫生,于是环保部门要求养猪场引进环保设施,进行排泄物的清理。一套设备的价格几乎可以占到养猪场成本的三分之一,养猪场很难承担这笔费用。这给养猪协会带来了极大的困难。再如目前的有关规定中,厦门的所有生猪都必须集中在由有关部门指定的屠宰场里,而不可以拿到别的地方进行屠宰,生猪屠宰存在着专营现象,这一现象导致的直接后果是养猪户或企业对屠宰场服务质量和服务态度的极大抱怨。厦门市养猪协会计划由会员发起成立几家屠宰场,以活跃市场氛围,提高竞争力度,但这一请求也遭到了有关部门的拒绝。在这样状况下,协会苦于没有实际的权力对行业实施有效的监管和保护,同时会员和非会员均认为协会的作用有限,在重大问题上还是不得不求救于有关部门,于是对协会的认可度也下降了。秘书长认为,目前阻碍协会发展的根本因素在于政府职能转变的不彻底,而这又引起了一系列的负面作用。可见,在实际发展过程中,政府职能下放对协会绩效产生了重要影响。

七、简要结论与政策性建议

(一)简要结论

随着农业生产化进程不断推进,农产品国际贸易的逐步扩大,人们对发展农产品行业协会的必要性和紧迫性的认识进一步加强。在发展过程中,人们对农产品行业协会——作为一个非政府的市场组织的基本特性的理解渐趋清晰,对协会在农业生产经营中的目标定位、角色定位和功能定位也更加准确。农产品行业协会的大量涌现,对构建"政府——行业协会——合作经济组织——农户"的农业生产新型服务体系将会产生积极的影响。实践表明,协会通过自身的努力,在协调行业的集体行动、处理内部成员之间的经济纠纷、降低农产品的交易成本等方面产生了一定的效果。有关数据也证实了胡剑锋老师提出"协会成员应以规模组织和农业大户为主"等观点。现实还进一步表明,政府在当前我国农产品行业协会发展中作用是举足轻重的,在今后较长时间内,政府导向和政府与民间互动等仍将是农产品行业协会发展的主要路径。

当然,现实的问题也是明显的,主要表现在农产品行业协会的公信度和影响力还有待提高。造成这一状况的原因是多方面的,首先是尚未形成完善的组织体系,各个协会基本上属于"游兵散勇",难以形成规模和气候。尤其是县级以下的协会,由于信息、资本、人力资源和规模等多方面的限制,其功能十分有限,并且大多数与合作社等组织重叠,存在严重的同化现象。其次,农产品行业协会的功能,尤其是其主要功能——利益代表功能几乎没有得到发挥。此外,协会负责人和管理人员的知识水平低、工作能力弱以及协会运作经费不足等,也是限制协会发展的重要原因。

(二)基本观点和政策性建议

结合以上的研究结论,我们提出了如下观点和政策性建议:

1.组织体系方面

借鉴国际经验,并结合我国地域辽阔、区域差异大等特点,可以考虑建立三级组织,即全国性组织、省一级组织和县一级组织。由于协会必须具有一定的行业代表性和社会覆盖面,因此县级以下原则上不应设立协会组织。同时,县级组织应围绕当地农业的支柱产业和拳头产品,以组建专业性协会为主,把发展协会与培育地方特色块状农业或农业产业带紧密结合起来,通过创建当地品牌,促进经济发展。省级和全国性协会,则可以以联合会的形式出现,以便于综合协调。

2. 组织结构方面

在当前我国农业生产经营规模普遍较小、专业化程度不高的情况下,农产品行业协会应把服务重点放在规模组织和专业大户上。因为一般农户的生产经营规模过小,农业收入极其有限,他们对行业协会的内在需求不大。尤其在一些沿海发达省份,农户的承包田收入已不是其家庭收入的主要来源,所以他们的农业生产经营行为都有一定的随意性。对于小规模的农户和农业企业,则主要应依靠农业合作社、专业(种植、贩销)大户、龙头企业等组织来带动,而不应是农产品行业协会。

3. 协会内部管理方面

当协会发展到一定规模时,协会的正、副会长或理事长、原则上要选有能力、号召力和凝聚力的种养大户和企业家等民间人士担任。并要发挥会员大会的职能,鼓励协会以民主方式选出自己的领导,取代政府官员的兼职。在目前情况下,由政府在位或退位官员兼任协会负责人还是具有一定的积极意义的。为了避免政社不分问题,建议政府部门像选派农业特派员深入乡村一样,将有关专业技术和管理人员选派到农产品行业协会,帮助协会加强组织建设和制度建设。

4. 强化协会职能方面

要使农产品行业协会真正发挥作用,当务之急是要赋予其应有的职能。根据目前我国实际,政府可以先将以下职能落实到农产品行业协会,如农产品行业发展规划、农产品生产与质量的国家标准和行业标准制订,WTO 规则下有关"绿箱政策"、"黄箱政策"的实施,农产品行业资质的评定,行业名特优产品和先进企业的评选,对内部的成员组织或农户之间的各类技术纠纷、服务标准、商事摩擦和重大市场关系做出行业裁决,在成员发生与国外相关的反倾销、反补贴诉讼等案件时提供行业协会方面的法律援助,等等。

附录二:建立我国农业行业协会的思路与方案研究

摘要:农业行业协会是介于政府与农民之间的一个重要组织。它可以使农户、农业企业和其他农业组织在自律、互助的基础上形成更大范围的联合行动,从而有效克服小规模生产和分散经营的局限性,提高农业生产的专业化程度和集约化水平,增强农业的综合竞争能力,进而有力地促进农业现代化的进程。本文在全面阐述当前加快培育和发展我国农业行业协会的重要性和必要性基础上,充分借鉴美、德、日、韩等发达国家的成功经验,并结合国情,从六个方面提出建立我国农业行业协会的基本思路与具体方案:一是正确认识和理解农业行业协会的本质特征,二是合理定位农业行业协会在我国农业社会化服务体系中的作用,三是加强农业行业协会的组织建设,四是进一步强化和落实农业行业协会的职能,五是建立和形成政府与协会之间的协调、互动关系,六是加大政府对农业行业协会的扶持与激励政策。

关键词:农业;行业协会;方案研究

一、导言

近几年,我国农业生产经营的内外部环境已发生了重大变化,加强农业社会化服务体系建设,尤其要加快培育和发展农业行业协会的重要性和必要性已逐渐被人们所认识。其现实意义主要体现在以下几个方面:

其一,从农民本身看,作为占我国人口绝大多数的群体,却一直缺乏能代表自身利益的声音,在政府决策过程中几乎没有任何发言权。因此,与其他行业相比,它始终处于一个劣势或不平等的地位,与政府之间也无法像发达国家那样形成"谈判——合作"的有效机制。农业行业协会作为代表和维护本行业生产经营者权益的利益集团,则能及时向政府及其有关部门反映本行业农民和农业企业的要求、建议与意见,积极争取政府的政策扶持,同时还可以代表本协会会员处理农产品贸易中的各种纠纷。

其二,从国内环境看,自20世纪80年代初我国全面推行"家庭联产承包制"后,农户家庭成为了农业资源配置和社会秩序优化的基本组织单元。这一制度充分调动了农民生产经营的积极性,从而解决了亿万农民的"温饱"问题,但同时也使我国农业组织出现小规模、分散化的特点。因此,自80年代中期以来,卖粮难、增产不增收、交易费用上升、不确定性增加等问题频繁出现,由此而产生了一系列严重的政治、经济、社会问题。如法律案件增多、农业基础设施严重损坏且供应不足、人心涣散、干群关系恶化等。发达国家的实践表明,发展农业行业协会等中介组织,可以为广大农户提供农资供应、产品加工与销售、市场信息、技术交流与培训、生产指导等服务,从而能缓解小生产与大市场之间的矛盾,促进农业结构调整,最终实现农民增收和农业增效。

其三,从国际环境看,我国加入WTO后,已承诺取消对农产品进口实施的非关税措施,同时承诺限期削减关税并对关税进行约束。也就是说,我国政府对农业的直接保护力度将逐年减弱。与此同时,近来国外大企业、大协会纷纷抢滩中国市场,我国农业生产经营正面临来自国外农业的巨大挑战。如果我们不能通过新的形式把分散经营的农户有效组织起来,"游兵散勇"势必难以抵御"八国联军","提篮小卖"肯定无法对抗"跨国集团"。有识之士呼吁,提高我国农业组织化程度已是刻不容缓,而建立农业行业协会是提高农业组织化程度的一个重要手段。

其四,近几年,我国正在开展新一轮大规模的政府机构改革,其总体目标就是要实现三个转变:即由原来的直接管理为主转向间接管理为主,由原来的微观管理为主转向宏观管理为主,由原来的部门管理为主转向行业管理为主。对于国家机关让出的那部分职能,显然不能全部交由农民或农业企业自主处理,而是应该由合法的具有较大覆盖面和代表性的行业组织来接管。这个行业组织就是农业行业协会。

二、国外农业行业协会发展对中国的启示

近些年，我国的农业行业协会已有较大的发展。但总体来说，这些协会的发展状况还是差强人意，普遍存在组织结构松散，制度安排不合理等问题，在代表农民心声、保护农业利益、切实为农户和农业企业服务等方面还做得远远不够。如何借鉴国际经验，结合自身的实际，提出一套切实可行的发展思路与具体方案，已成为解决"三农"问题，进而实现亿万农民全面小康的一个重要内容。

许多发达国家的实践表明，以代表农民利益、为农业服务为宗旨的农业行业协会的建立和发展，可以使农户和农业企业在自律、互助的基础上形成更大范围的联合行动，从而有效克服小规模生产和分散经营的局限性，提高农业生产的专业化程度和集约化水平，进而增强农业的综合竞争能力，有促进了农业现代化的进程。然而，各国农业行业协会在实现自身宗旨上所表现出的形式却各有千秋，并且各自均有着符合本国社会、经济、文化的独特协调机制和内在逻辑。因此，任何盲目或简单地移植和模仿某国的经验和做法都将是危险的。只有仔细区别不同模式的共同特征、产生背景、发展原因、运行机制和实际绩效，才能有甄别地吸收对我们有益的营养。

1. 虽然各国农业行业协会的表现形式千差万别，但在本质上它们均具有以下共同特征：一是自愿性。协会是同行业农户或企业自发组成的社会团体，其会员有自由入会和退会的权利。二是行业性。协会的组建以行业为基础，不受部门、地区和所有制的限制。三是中介性。协会在整个行业管理体制中起着政府与农户或企业之间桥梁与纽带的作用。但它不具有行政管理的职能，也不采用行政办法和行政手段进行活动，而是以服务于会员和本行业为根本宗旨。四是非营利性。协会不是经济实体，不以营利为目的。工作原则是统筹而不偏爱，指导而不干预，协调而不强制，监督而不管卡，服务而不争利。五是自律性。协会代表本行业的利益，为了实现其目标，特别注重本行业的行为和专业操作的规范，各行业协会都有自己的章程和各种

规章制度,以规范成员的经营行为,加强行业自律,维护和强化市场秩序。

2.各国农业行业协会产生背景与发展原因并不完全相同。大多数是因为农业遇到了困境,特别是农产品贸易出现了困难。但也有的是由于农业组织自身发展的需要,如1896年3月20日在德国基尔成立的石勒苏益格—荷尔斯泰因州农民协会,并不是因为当时农业遇到了困境,而是为了改变以往的农业组织经费不足和缺乏影响力等问题而成立起来的。近二十年,各国农业行业协会的发展则主要是因为国际经济关系的变化所产生的外在动力的推动。同时,它们的发展路径也各有差别,既有政府主导下的"自上而下"模式,又有民间自发的"自下而上"模式。但无论哪一种模式,农业行业协会最终必将走向自我管理、自我协调、自我发展的道路。即使像日本和韩国那样完全由国家主导下建立的农协组织,在发展过程中也都始终贯彻民主自治的原则。当然,不同的发展模式需要解决或避免的核心问题是不一样的。"自上而下"模式,关键要避免行业协会成为"第二政府";而"自下而上"模式,则主要应解决协会的生存和效率问题,使其能真正成为一个自律、自治和自助的组织。

3.各国农业行业协会的组织形式既有综合型,也有专业型。从现实情况分析,农业专业化程度高且单个农产品生产经营规模较大的国家或地区,一般以发展专业性协会为主;而专业化程度较低或农业生产经营规模不大的国家和地区,则更适合采取综合性的形式。再从实际绩效来看,专业性协会的会员为同质群体,其活动内容就更有目的性和针对性,不过其组织数量往往较多,组织结构也比较松散;而综合性协会则能代表更广泛农户和农业企业的利益,也具有比较广泛地参与社会经济发展的功能,还便于在更大范围内进行协调,但内部组织机构通常过于庞大,组织程序也相对较为复杂。

4.在发展的历史长河中,各国农业行业协会都在不断地更新自己的任务和功能,但归纳起来主要有以下四个方面,即行业代表、行业服务、行业自律和行业协调。所谓行业代表主要包含两个方面的意义,一是向上(政府)反映本行业利益集团的意见、要求和建议,以争取政府对本行业的支持;二是对外(行业以外或国外)参与侵权行为、反倾销、反垄断的诉讼,以维护本行业生产经营者的利益。行业服务的内容十分宽泛,既包括为本协会会员服务,也包括为本行业非会员服务,还包括为政府服务。行业自律就是在行业内部通过自我教育、自我管理,树立诚信为本的观念和形象,防止和避免出现过度竞争、不正当竞争等行为。行业协调则是对本行业内部会员之间或会员与非会员之间的竞争和合作关系进行协调,也包括本行业与外部各种关系的协调。

5.从国外农业行业协会的发展历程看,其组织体系不宜分级过多,通常以2~3级组织为宜。同时,不同层次组织的功能相对有所侧重,使之形成一个分工协作的有效机制。一般来说,全国性组织主要是负责与政府和国外组织的沟通,以争取政府的政策支持,协调本行业与国外组织和企业的关系,扩大本行业在国内外的知名度,处理国际纠纷等。全国性协会一般都建有自己的专业网站和刊物。地方性协会则通常侧重于国家和地方政策的宣传和解释,起草行业标准,推出本协会产品的统一商标,组织专业培训等。而基层组织更多的是进行生产技术的指导和具体的营销服务等。

三、建设我国农业行业协会的基本思路与方案

总体上说,我国农业行业协会的发展必须始终坚持为农民服务、为本行业服务的宗旨,遵循民间办会原则、因地制宜原则和民主自治原则,并且要妥善处理协会与政府的关系,协会与其他农业组织的关系,协会与会员以及公众之间的关系。借鉴国际经验,结合我国具体实际,当前中国农业行业协会的建设应按以下思路和方案开展。

1.正确认识和理解农业行业协会的本质特征。随着我国加入世贸组织后农业面临的严重挑战,人们对发展农业行业协会的重要性和必要性的认识已不断加强,但对农业行业协会本质特征的了解还有待于深入。最突出的表现是,在理论研究中,经常把农业行业协会与农业专业合作经济组织混为一谈,很多学者将农业行业协会作为农业合作组织的一种形式进行研究;而政府有关部门在某些指导性文件中,则将专业合作社、专业技术研究会等统称为农民专业协会,又把农业协会和合作社等统称为农业合作组织。这

些概念上的模糊,容易造成人们在认识上产生偏差。在我国现实发展中出现的合作社很少有国际通行的合作社性质,而农业行业协会却反而具有许多合作社的特征等现象,不仅与这些概念上的混淆有关,而且与过多模仿日、韩农协的做法也不无联系。虽然农业行业协会与合作社等合作经济组织有着密切的联系,都是为了解决农业的生产经营问题,但在内涵上它们之间其实有着本质的区别。最根本的一点,农业行业协会是一个非营利性质的联合组织,而合作社等则是以合作为纽带、以营利为目的的企业组织。

2. 合理定位农业行业协会在我国农业社会化服务体系中的作用。农业行业协会作为介于政府与其他农业组织和农户之间的一种(不是唯一的)组织形式,它不需要也不可能解决我国农业发展中的所有问题,也不必吸纳所有的农民成为其会员(这并不会影响其对本行业的代表性)。因为任何一类组织的功能都有其局限性,在制度方面每个组织必将存在某些缺陷。只有通过不同组织的相互分工协调,形成一个完整、网状的服务体系,使我国农业组织体系从现有的金字塔型(或工字型)结构向菱形结构转化,才能有效地解决农业生产中遇到的各种问题。也就是说,农业行业协会在整个农业社会化服务体系中的定位,应注意其层次性,以及服务对象的选择性,并且要与其他农业组织相互协调和配合,形成一个互补、促进的关系。在当前我国农业生产经营规模普遍较小、专业化程度不高的情况下,农业行业协会应把服务重点放在规模组织和专业大户上。因为一般农户的生产经营规模过小,农业收入极其有限,他们对行业协会的内在需求不大。尤其在一些沿海发达省份,农户的承包田收入已不是其家庭收入的主要来源,所以他们的农业生产经营行为都有一定的随意性。对于小规模的农户和农业企业,则主要应依靠农业合作社、专业(种植、贩销)大户、龙头企业等组织来带动,而不应是农业行业协会。

3. 加强农业行业协会的组织与队伍建设。农业行业协会的组织建设应考虑的问题主要包括:一是农业行业协会的组织构架。借鉴国际经验,并结合我国地域辽阔、区域差异大等特点,可以考虑建立三级组织,即全国性组织、省一级组织和县一级组织。后两级组织是按行政区域进行组建,还是跨区域建立,主要决定于该协会服务对象的实际分布,以及协会本身的吸引力。在当前我国行政管理壁垒较多的情况下,可以允许先按行政区域进行设立。待协会发展到一定程度以及各方面改革不断推进后,再通过合并、调整等手段,逐步消除行政界线。此外,由于协会必须具有一定的行业代表性和社会覆盖面,因此县级以下原则上不应设立协会组织。二是农业行业协会的组织形式。县级组织应围绕当地农业的支柱产业和拳头产品,以组建专业性协会为主,把发展协会与培育地方特色块状农业或农业产业带紧密结合起来。省级和全国性协会,则可以以联合会的形式出现,以便于综合协调。三是农业行业协会的内部组织机构。协会内部一般可以设立三级组织机构:(1)最高权力机构——会员(代表)大会,主要是对协会的一些重大决策进行表决,如选举会长、制定或修改协会章程、作出组织重大变动决议、通过财务预决算等,一般需要有三分之二的表决通过。(2)具体决策机构,县一级协会可直接设立会长、副会长,以会长办公会议的形式进行决策。协会的正、副会长或理事长,原则上要选有能力、号召力和凝聚力的种养大户和企业家等民间人士担任。如暂时没有合适的人选,也可考虑从政府主管部门退下来或分流出来、熟悉该行业情况、有精力且热心从事协会工作的人员担任。省级及全国性协会则可设立理事会和常务理事会。(常务)理事会的职能是执行会员(代表)大会的决定,并有权处理那些无法通过农业协会章程或全体成员大会解决的事项。根据发展需要,(常务)理事会可下设若干长期的专门委员会或临时的专题研究小组,具体负责完成一些特殊的任务。委员会或小组成员可以不是农业协会成员,它只是做一些咨询方面的工作。(3)日常办事机构,其工作人员可以由专职、兼职和志愿者组成,最好能聘请一些律师、博士、专家等,以便为会员提供较为前沿和专业的服务。(4)协会还可考虑设立监事或评议员。监事的主要任务是对行业协会的业务状况、财产运营和会计处理及其他事业执行情况进行监督。监事的资格与理事相同,经会员(代表)大会民主选举产生,但也可以由政府主管部门选派。设立评议员的目的是,通过评议员对行业协会重要业务活动提供咨询,促进事业的正确发展。评议员一般由对某项事业具有丰富经验的人员担任。四是农业行业协会的会员构成。协会的会员应以龙头企业、专业合作经济组织、种养和购销大户为主,同时也要积极吸收农业技术研究单位、技术推广中介机构甚至金融机构等组织加盟。

4.进一步强化和落实农业行业协会的职能。要使农业行业协会真正发挥作用,关键是要赋予其应有的职能。从调查了解的情况看,我国现有农业行业协会的功能还极其有限,除了行业统计、行业调查等工作外,大部分行业管理的职能仍然掌握在政府行政部门及其事业单位手里。当前急需解决的问题,就是要结合政府机构改革进程,主动将现有一些由政府承担的行业管理职能逐步转移给相关协会。根据目前我国实际,政府可以先将以下职能落实到农业行业协会,如农业行业发展规划、农产品生产与质量的国家标准和行业标准制订,WTO 规则下有关"绿箱政策"、"黄箱政策"的实施,农业行业资质的评定,行业名特优产品和先进企业的评选,对内部的成员组织或农户之间的各类技术纠纷、服务标准、商事磨擦和重大市场关系作出行业裁决,在成员发生与国外相关的反倾销、反补贴诉讼等案件时提供行业协会方面的法律援助,等等。

5.建立和形成政府与协会之间的协调、互动关系。首先必须肯定在现阶段下,我国政府在推动和指导农业行业协会发展的重要意义,同时在政府有关部门中设置与农业行业协会专门对接的机构和职能也是十分有必要的。其次,应从法律的角度明确行业协会与政府在相关领域的各自权利和义务。政府主要应以间接的方式、经济和法律的手段对行业进行管理,其行业管理功能主要应体现在:依据国家对农业的整体发展要求,制定经济发展目标及相关的农业产业政策;用法规等宏观手段对农业实行统筹规划;着力营造良好的经济环境;重视开发人力资源和社会伦理道德建设等。而农业行业协会的主要功能应放在宣传行业政策、提供行业信息、制定行业规范和行业标准、开展行业培训、处理本行业企业的国内外纠纷等中观层面上。再次,政府与行业协会之间应形成两个有效机制:一是合作机制,农业行业协会的活动要在政府的宏观经济政策指导下进行,同时农业行业协会又要成为政府对农业实行行业管理的依靠力量。二是谈判机制,农业行业协会的决定与政府意志发生矛盾甚至对抗,也应有一个解决的途径和措施。

6.加大政府对农业行业协会的扶持与激励政策。政府对农业行业协会的扶持与激励政策主要应体现在以下几个方面:一是尽量降低对农业行业协会的设立条件。在发展初期,出现数量过多、规模偏小的现象是正常的,市场经济发展必然要经历这么一个过程。二是各级政府每年应从财政收入中拨出一定的经费支持农业行业协会的活动。不过要注意支持的方式与方法问题,以避免农业行业协会成为"第二政府"。三是有关政府应为农业行业协会的活动提供必要的法律保护和设施。四是农业行业协会作为一个非营利组织,应给予一定的减免税优惠政策。

后 记

  本书是在我的博士学位论文基础上修改而成的。虽然论文通过答辩已有多年，但我一直不愿轻易付梓出版。一方面，窃以为论文在理论方面已有一些新的突破，尤其是交易成本理论框架和农业产业组织分析模型等的创建，或许对理论和学术能产生一定的影响；另一方面，我也自知部分的理论推导尚欠严谨，某些学术观点和研究结论还有待于更多的经验数据和典型案例来验证与支撑。追求经典，十年磨一剑，曾经是我的一个理想目标。然而，由于学识功力的局限，以及近几年研究主题的无奈转向，我在这方面的修正完善工作进展甚微，以致出版计划一推再推。自从奥立弗·威廉姆森教授获得 2009 年诺贝尔经济学奖后，我开始改变了原先的想法，决定将尚显粗糙的论文整理出版。

  本书的研究主题是中国农业产业组织的发展演变问题，而采用的分析工具则主要来自新制度经济学和新制度社会学。其中一个重要内容，就是对威廉姆森教授所创立的交易成本理论进行回顾、批评与修正。仅此一点，就足以说明这项研究工作的艰巨性，我不知当初何来如此之大的勇气。试身之后，方知一己力量之微弱，理论创新之艰难。本书的出版就是希望引起更多学者的关注，参与这个研究主题的探讨、验证和批评，共同来推动这一学术领域的进步。

  十年前能再次投于恩师黄祖辉先生门下，真是一种机缘，也是一生之幸事。先生既是我的博士导师，也是我的硕士导师。他和蔼可亲，孜孜不倦，豁达通畅，乃大家之风范。跟随先生多年，其为人之态度，治学之精神，已在我身上打下了深深的烙印。这是我人生中最宝贵的财富。

记得先生最初给我确定的博士论文研究方向,是农业行业协会的发展研究。2001年我国正兴起一股发展农业行业协会的热潮,而这方面的理论研究则相对滞后,该主题可谓当时国内农业经济管理领域的前沿研究。在参与先生主持的农业部软课题项目"建立我国农业行业协会的方案研究"(项目编号:2002012)过程中,我掌握了许多组织理论的知识和研究方法,并了解了不少国内外农业行业协会的发展状况。此后,我开始将研究视野拓展到我国农业产业组织的整体发展问题,并相继主持申报了国家社会科学基金项目(中国农业生产新型服务体系的社会学研究,项目编号:03BSH032)和国家自然科学基金项目(中国农业三大体系构建及其协调互动机制研究,项目编号:70473080)。在这两个项目的研究期间,我决定调整博士论文的研究选题。

由于国家社科基金项目的研究需要,我大量阅读了社会学的有关文献,从中让我了解到经济学和管理学以外的另一个精彩的学术世界。我发现虽然社会学并不像经济学那样具有严密的理论推导和统一的研究范式,但它比经济学更加接近现实,更加具有理论的解释力。为此,我产生了一个想法,如果能将经济学与社会学、管理学,甚至法学,进行交叉融合,就有可能弥补经济学在理论解释力方面的缺陷与不足,同时也有可能推动理论上的创新。在本书的内容框架中,读者可以明显地看出这样的一种研究思想。

农业产业组织中有许多类型的组织模式,而要对各种典型组织模式的优劣或者适用条件进行比较分析,势必需要有一个统一的衡量标准。通过对不同分析方法对中国现实所具有的解释力进行验证和比较后,我认为"交易成本"是一个较为理想的分析工具。当然,最初的想法只是想做一个应用性研究。但在查阅新制度经济学的大量文献,特别是认真研读威廉姆森30多篇论文原文和若干中译本后,我觉得现有的交易成本理论并非完美,尤其是它的几个理论假设存在严重缺陷。众所周知,任何一个理论都是建立在假设基础上的,如果假设不能立足,那么整个理论就会随之倾覆。正是基于这些考虑,我就产生了重构交易成本理论分析框架的冲动,并根据研究需要推导出一个用于解释中国农业产业组织发展演变的分析模型。结果发现，这个理论框架与分析模型对许多现实问题和组织现象均具有较好的解释力。读者可以显而易见，本书理论创新的源泉主要来自于比较理论研究，可以说这是多学科交叉融合的一个成果。

我曾经就读的浙江大学中国农村发展研究院(简称"卡特")，是一个名师荟萃之所。顾益康教授、林坚教授、卫龙宝教授、丁关良教授、钱文荣教授、邵峰教授、杨万江研究员、和丕禅教授、张忠根教授等众多老师，都曾经给过我许多悉心的指导和谆谆的教诲。他们深邃的思想和独到的见解，拓宽了我的研究视野，影响着我的学术思想。更有幸的是，在读期间我能有机会与陆文聪教授开展合作研究。陆老师扎实的学识功力和严谨的学术文风，让我敬佩不已，受益良多。

"卡特"是一个洋溢着浓厚学术氛围之园。频繁开展的学术交流，让我有机会能见识国内外该领域的一些知名教授和管理专家，并结交了一批知心的朋友。段应碧教授、程漱兰教授、程国强教授、孔祥智教授、史清华教授、杨列勋博士、曾骅主任、曹利群博士等师长，都给我过无私的关怀和鼎力的帮助。而与郭红东博士、徐旭初博士、周洁红博士、蒋文华博士、马述忠博士等师兄弟之间的学术探讨，常会让我产生诸多的感悟和心得。

"卡特"也是一个充满友爱温馨之地。在我撰写博士论文期间，研究院常务副院长徐丽安副教授和办公室主任毛迎春副研究员还专门为我安排了一个安静、舒适的研究场所，为我能在较短的时间里顺利完成论文写作创造了优良的环境和条件。宋瑜博士、彭熠博士、扈映博士、邓启明博士、程兴火博士等也从不同方面给予我热情的帮助。曹慧英女士则为我的论文编辑和装订做了大量细致的工作。种种这些，让我真切地感受到"卡特"这个大家庭的温暖。

在边求学边工作过程中，单位领导的热情关怀是我继续努力的动力和精神财富。原浙江农业大学校长夏英武教授每次相逢总是不断给予鼓励和鞭策，浙江理工大学历任领导白同平教授、赵匀教授、费君清教授和裘松良教授等都十分关心和支持我的学业和工作，曾经为我的学习和研究创造过许多便利的条件。

本书的顺利出版，则要感谢人民出版社的陈寒节先生。是他的一封约稿函，让我产生了出版本书的念头；也是他的多次催促，让我不好意思再提出拖延的理由。在断断续续中，我终于完成了书稿的修改工作。当然，书中存在的不足和缺陷还是在所难免。此外，本书汲取和引用了国内外众多前辈、专家、学者的研究成果，在此一并表示感谢。

回顾漫长的求学和忙碌的工作，几多坎坷，几多艰辛。在这段人生旅程中，让我收获不少，但同时也留下颇多缺憾。为人子，未能尽孝；为人父，未能尽慈；为人夫，则未能尽爱。回首静思，不免多有愧疚，唏嘘不已。

为此，谨以此书献给我的师长、父母和妻女。

胡剑锋
2010 年 6 月于浙大华家池